瓜饭楼丛稿

冯其庸文集

卷十 解梦集 下

青岛出版社

图书在版编目(CIP)数据

冯其庸文集. 第10卷, 解梦集. 下 / 冯其庸著. —青岛:青岛出版社, 2011.1
(瓜饭楼丛稿)
ISBN 978 - 7 - 5436 - 6791 - 4

Ⅰ. ①冯… Ⅱ. ①冯… Ⅲ. ①冯其庸—文集 ②《红楼梦》研究—文集
Ⅳ. ①C53 ②I207. 411 - 53

中国版本图书馆 CIP 数据核字(2010)第 244951 号

责任编辑 金 龙
责任校对 朱玉麒 齐海英 孙熙春

解梦集

红 楼 论 要

——解读《红楼梦》的几个问题

　　《红楼梦》是一部既浅易又艰深，既易读又难懂的书。二百多年来，《红楼梦》几乎家喻户晓，人人皆读，而且愈演愈烈。一部封建时代的小说，到了社会主义的今天，非但未见冷落，反而比以前更热，这正好说明此书的可读性、易读性的一面。但是二百多年来关于《红楼梦》的争论，也同样是愈演愈烈。这其间，除了一些人物的爱憎、情节的理解上的异见外，也含有关于对《红楼梦》深层内涵理解上的分歧，而这种分歧是很难取得一致的。曹雪芹自号"梦阮"，"阮"，就是阮籍，他是正始时期的大诗人，他有《咏怀诗》八十二首，世称难读。钟嵘说他"归趣难求"（钟嵘《诗品》），李善说他"常恐罹谤遇祸"，"虽志在刺讥，而文多隐避，百代下难以情测"（李善《文选》注）。曹雪芹自己也说"真事隐去"、"假语村言"，这可见他与阮籍有同样的隐忧。这"真事隐去"，并不是说把"真事"隐没有了，而是说把"真事"隐在"假语村言"的故事里。他还说，"满纸荒唐言，一把辛酸泪。都云作者痴，谁解其中味？"这"满纸荒唐言"也就是"假语村言"，可其中却隐着"一把辛酸泪"，"辛酸泪"当然是说自身的悲惨遭遇了。后两句是说怕读者不能理解他的这番苦心，不能看出他"隐"在故事里的种种悲惨的遭遇，是感叹后世有谁能理解他的苦心呢？

所以《红楼梦》实际上有两层意思，一层是书面上的故事情节、成败兴衰、悲欢离合，这大家是能看得懂的；另一层是隐在故事背后的情节，而且还只是事实的一点端倪、一鳞半爪，这是人们不易看到的。曹雪芹生怕他苦心隐藏的"一把辛酸泪"，这一鳞半爪的隐情，没有人能看出来，那末他就白费苦心了。但是，刘勰曾经说过"沿波讨源，虽幽必显"（《文心雕龙》），只要沿着水流去寻找源头，尽管最隐避的源头，也能被显示出来。刘勰的话是对的，我们对《红楼梦》的认识，也应当作如是想。

《红楼梦》的时代

衡量一部作品或者一位作家，首先要确定作品或作家的时代。时代是衡量作品或作家的一个座标。《红楼梦》的时代，也就是曹雪芹的时代。关于曹雪芹的生卒年和他的年寿，学术界一直是个争论的问题。曹雪芹的卒年，有两种说法，一种是甲戌本上脂砚斋的批语："壬午除夕，书未成，芹为泪尽而逝"，"甲午八月泪笔"。[①] 还有 1968 年北京通县张家湾出土的曹雪芹墓石，上书"曹公讳霑墓壬午"。"壬午"是乾隆二十七年，公元 1763 年，"除夕"是二月十二日。另一种说法是"癸未"除夕，根据是敦敏《懋斋诗钞》有《小诗代柬寄雪芹》，诗是约曹雪芹于上巳节前三日来喝酒。此诗无署年，但在此诗前三首《古刹小憩》题

---

①　同样的批语，在夕葵书屋本《石头记》卷一上也有，如果算上此条材料，可算有三条证据。但这条批语明显是过录的，故未列入。此条批语的署年是："甲申八月泪笔"，这"甲申"的署年很重要，可证甲戌本此条署年之误。

下有"癸未"两字纪年。"癸未"是乾隆二十八年。癸未说者认为乾隆二十八年春敦敏还邀曹雪芹于上巳节前来喝酒，可见此时雪芹还在。但这条论据十分脆弱，经不起分析：第一，如果雪芹还在，应该有诗答谢，现在却无他的答诗；第二，在《小诗代柬》以下的第三首，就是他们这次集会的诗，到会共七人，都是曹雪芹的朋友，却没有雪芹，则可见雪芹确实没有来，也可能已不在了；第三，从《小诗代柬》以后整整癸未、甲申两年，未见曹雪芹的信息，连其他朋友们的诗集里，再也没有雪芹的影踪了，到了第三年乙酉（乾隆三十年）却又有了关于雪芹的诗，但已经是悼念他的诗了。所以用癸未年的《小诗代柬》来证明曹雪芹死于乾隆二十八年除夕，是不可靠的。从当时的通信条件来说，雪芹于乾隆二十七年除夕死去，敦敏到第二年的二月中或末还未知道，中间只隔了一个多月，他还没有得到信息，这是并不奇怪的。因此曹雪芹的卒年，大家认为乾隆二十七年除夕（1763 年 2 月 12 日）比较可靠。

关于曹雪芹的年寿也有两种说法，一种是敦诚《四松堂集》里的《挽曹雪芹》诗，一开头就说"四十萧然太瘦生"，后来此诗又经改作，首句作"四十年华付杳冥"，诗题下又加了"甲申"两字，这是癸未后的一年，已是雪芹去世一年后的事了。因为两句诗都作"四十年华"，所以有的研究者就认定雪芹只活了四十岁。但是雪芹的另外一位朋友张宜泉的《伤芹溪居士》诗却说"年未五旬而卒"。也就是说还没有到五十岁就去世了。没有到五十岁，也总得有四十七或四十八岁吧。张宜泉的这句话是诗题下的小注，文字准确性较强，敦诚的"四十年华"是诗句，文字受诗律的拘束。坚持"四十年华"的认为活了四十八或四十九岁就不能说整数"四十年华"，这是把大的年岁说小了。最近，沈治钧同志作了统计，年近五十而诗语称四十者并不乏例，所以不能把"四十年华"看死了，何况张宜泉与雪芹同住西郊，用的又是注语，其准确程度应该是可信的，职是之故，目前一般都定雪芹大约活到四十八岁左

443

右，从壬午除夕上推四十八年，则雪芹的生年应该是康熙五十四年（1715 年）。关于曹雪芹的父亲，一般认为他是曹颙的遗腹子，是曹寅的嫡孙，但也无确切的根据。另一种看法认为是曹頫的儿子，但也无可靠的证据。所以只好两说并存。

我们用逆推法大体推算出雪芹生活的年代以后，则可以看到他是生活在 18 世纪初期到中期。

从全世界范围来看，18 世纪初期到中期，已经是世界资本主义化的第二次高潮了，第一次是葡萄牙、西班牙、荷兰等国，它们的资本主义化是在康熙之前，到了曹雪芹的时代，18 世纪的中期，已经是英国、法国、德国等国的资本主义化了。大概在乾隆二十五年（1760 年），也即是《红楼梦》庚辰本的年代，瓦特发明的蒸汽机在英国已大量投入生产，英国的工业革命发展到了高潮，资本主义的制度已经得到了确立，这也就是说，世界上已有若干国家、若干地区，冲破了中世纪封建制度的樊篱，世界的历史已经开始进入资本主义的时代了。这就是《红楼梦》的外部世界，这是非常重要的一个时代特征。

但是，《红楼梦》的内部世界，即当时的中国，却与外部世界大不相同。康、雍、乾的时代，还被称为封建时代的盛世，还在做着封建皇朝的好梦。然而，进一步看，中国封建社会内部，自明中、后期起，已渐渐孳生出资本主义性质的萌芽状态的经济因素，而且到了明代后期有了新的发展。正在这时却爆发了明金战争，在这一场战火中，明代覆亡，后金统一中国，改国号为"大清"。这一场战火，使原来较为发展的经济，特别是东南沿海城市的经济，遭到了严重的破坏，直到经过康、雍、乾三朝的政策调整，百余年的休养生息，到了康熙晚期，社会经济才有了恢复和发展。到康熙末年，社会经济的繁荣已超过了明朝末期，资本主义萌芽性质的经济也有了相应的复苏和发展。这就是说，尽管中国当时从总体来说还是封建社会的盛世，但从微观来说，社会的经济结构成分，已有了新的经济因素的萌生，社会在开始着缓慢的变化。由于社会经济构成上的新的因素的出现，在意识形态上，自然也相应地出现了反映这种新的经济因素的思想。经济基础和它的上层建筑，并不是等量的、等比例的发展的，而且一种意识形态，一种思想意识，往往会先于经济基础的发展。道理很简单，马克思主义并不是在社会主义制度确立以后产生的，相反，它却是在资本主义社会出现和完成的。所以在封建社会内部，在封建经济的基础上，当新的经济因素出现并发展以后，有反映这种新的经济因素的思想的产生，这是社会发展过程中极为正常的现象，而且初期的这种微弱的新思想的出现，往往是混杂着传统的旧意识的。我们的研究工作，就要善于去分析这种新旧混杂的思想文化，从中看出哪些是新生的幼芽，哪些是腐朽的旧枝。我们在研究《红楼梦》时所以一定要认真研究《红楼梦》时代的外部世界和内部世界，就是要分析《红楼梦》一书所反映的复杂的思想状况，从中区别出它的新旧来。

曹雪芹的家世和《红楼梦》的诞生

曹雪芹的家世，是一个典型的百年家世，他的六世祖曹锡远（世选）和五世祖曹振彦，是明代驻防在沈阳和辽阳的中下级军官，籍贯是辽阳。曹锡远曾任沈阳中卫指挥。天命六年（天启元年，1621 年）努尔哈赤攻下沈阳和辽阳，曹锡远和曹振彦归降后金，此后曹锡远即无记载。曹振彦则归后金驸马佟养性管理。佟养性死，曹振彦即转到多尔衮属下，任旗鼓牛录章京（佐领），是带领三百人的战斗部队的首领，以后就随多尔衮打进山海关到北京。顺治初年，又随多尔衮平定山西大同姜瓖之乱，立功，任山西吉州知州。从此曹家即从武职转为文职。曹振彦此后又任山西阳和府知府、浙江盐法道等职。他的儿子曹玺，曾从征山西，曹玺的妻子孙氏，当了康熙的保姆，康熙八岁登基，即简派曹玺为江宁织造。曹玺的儿子曹寅，曾为康熙的伴读和侍卫。康熙二十三年曹玺去世，由曹寅接任江宁织造。从曹玺开始曹家即成为康熙的近臣，曹寅则更为康熙所器重，曹家也从此走上了飞黄腾达的仕宦之途。曹寅是一个文武全才的人才，文的方面，诗、词、歌、赋、戏曲、书、画、琴、棋件件皆能，而且办事能力强，在江南和京城，团结了不少遗民和文人，他极为康熙所信任。康熙五十一年，曹寅在扬州病重，康熙特派快马专使送药，限九天送到，但药未到曹寅已去世。曹寅去世后，康熙即命曹寅之子曹颙继任，不想三年后曹颙又病逝。康熙为保全曹家，又亲自命曹寅之弟曹宣的第四子曹頫过继给曹寅，然后继任江宁织造。康熙于六十一年去世，雍正即位，曹頫仍任江宁织造，直到雍正五年十二月初四"骚扰驿站案"爆发，此案十一天后，即十二月十五日，曹頫被革去织造之职，十二月二十四日家产被查封，雍正六年初被抄家迁回北京。当时迁回北京的，有曹雪芹的祖母李氏，曹雪芹（约十四岁）和家仆三对，住在崇文门外蒜市口十七间半房。曹頫则枷号收监，到乾隆元年大赦才获释。曹雪芹的百年家世，从雍正五年十二月被查封，雍正六年二月抄家遣返北京，终于彻底败落，"落了片白茫茫大地真干净"。曹家从天命六年（1621 年）归顺后金，到雍正六年彻底败落，前后共一百零八年。

在这一百零八年中，曹振彦是以军功起家的，曹玺和曹寅两代，是曹家飞黄腾达，及于顶点的时代。但曹寅的晚年已是曹家败落开端的时代了，到曹頫就彻底败落。曹寅的妻子李氏，既经历了最繁荣的时代，也经历了彻底败落的时代，曹寅的过继子曹頫则经历了一小段败落前的繁荣，但主要是悲剧的承受者，曹雪芹童年的时候，曹家尚未败落，十四岁那年抄家北返，从此一直在生活的最底层挣扎。

　　曹家败落的原因，笼统地说是"织造亏空"，但亏空的原因始终没有人提及，亏空的数字则一直没有一个定数。两江总督噶礼参奏曹寅、李煦亏空三百万两，康熙则说："不至三百万两，其缺一百八十余万两是真。自简用李陈常为运使以来，许多亏欠银两，俱已赔完，并能保全曹寅、李煦家产，商人等皆得免死，前各任御史等亏欠钱粮，亦俱清楚。"① 康熙为什么对曹、李两家的亏空了解得如此清楚呢？根本的原因是这笔亏空与他的关系最大。康熙六次南巡，后四次都由曹寅、李煦接驾，请想想接待封建皇帝在封建时代还有比这更大的事吗？而且不是接待一次，而是连续接待四次，这笔账如何算得清呢？康熙当然冠冕堂皇地说："明白降旨，……官不宿民房，食物皆由光禄寺买给。"但实际上根本不是那回事。康熙四十四年第五次南巡，曹寅第三次接驾，康熙早在一年前就通知曹寅了，"明春朕欲南方走走，未定。倘有疑难之事，可以密折请旨。凡奏折不可令人写，但有风声，关系匪浅。小心，小心，小心，小心。"② 这不明明是示意曹寅、李煦要准备接驾吗？于是随即就有当年十二月十二日曹寅的奏折，报告康熙："臣同李煦已造江船及内河船只，预备年内竣工，臣等应于何处伺候，伏俟圣旨，臣等慎密遵行。"还有盐商修建宝塔湾行宫，曹寅、李煦各捐银二万两等的事。③ 盐商建行宫实际上也是借个名头，真正建行宫还是曹寅、李煦的事。造船、建行宫固然费钱，但比起整个接驾全程，那花费又不知要大多少，幸亏有《圣驾五幸江南恭录》作了记录，单是在扬州十一天，就是两次御宴一百桌，还有每天的摆宴演戏，进献古董、器玩、书画，老人恭进万民宴，晚间看灯船，"行宫宝塔湾上灯如龙，五色彩子铺陈古董诗画，无计其数，月夜如昼"。这是何等的场面，何等的花费？此外

---

① 见《关于江宁织造曹家档案史料》，第 123 - 124 页，中华书局 1975 年版。
② 见《关于江宁织造曹家档案史料》，第 23 页，中华书局 1975 年版。
③ 以上两条见上书，第 29 - 30 页。

还有随从人员皇太子、阿哥、嫔妃、宫眷、执事太监、护卫人员等等，都要供张应酬，而且这种需索无止无休，更不能有所凭据。据记载皇太子允礽一次就向曹寅索取六万两银子，其他阿哥等也有索取者。连康熙都说："皇太子、诸阿哥用曹寅、李煦等银甚多，朕知之甚悉。曹寅、李煦亦没办法。"① 他还说："曹寅、李煦用银之处甚多，朕知其中情由。"② 可见康熙南巡给曹、李两家带来的亏空是难以想象的，康熙心里是明白的。无怪当时的诗人张符骧要说"三汊河干筑帝家，金钱滥用比泥沙"，"欲奉宸游未乏人，两淮办事一盐臣"了。除了这一笔最主要的亏空外，其次就是曹寅、李煦代表朝廷向商人发放皇恩浩荡的恩贷。康熙四十三年，曹寅的奏折说："去年圣驾南巡，蒙恩赏借两淮商人库银一百万两。"③ 这是一种特殊的恩赏借贷，还有两淮盐商平时向曹、李织造借贷的，这也是属于官方与盐商的借贷关系，以示朝廷对盐商的恩庇。但是盐商的借贷，往往拖延归还，甚至久借不还，临到还时还要有各种折扣，如以九十两充百两的，有以八十两充百两的，甚或有七十两充百两的，但曹、李向朝廷交纳的都是足两，历年来这样的折耗也就相当可观了。李煦败落时最后的亏欠是三十八万两，但两淮盐商自愿承担的就有"三十七万八千八百四十两"，名称叫"少缴秤银"。也就是上面所说的各种折扣所短缺的银两。两个数字对照，李煦实际只亏空一千一百六十两。李煦抄家后官方查弻纳的估银是十二万八千余两，李煦的亏欠，连他家产的零头数都用不上，何况这一千余两的亏欠，也没有证明是李煦个人的贪污或挥霍，但是，皇法无情，李煦在雍正元年就被革职抄家了。家属共二百余名口，在苏州变卖，后来又弄到北京"交崇文门监督五十一等变卖"。李煦本人因为曾为允禩买过苏州女子，被目为

---

① 见张书才《曹雪芹家世档案史料补遗》，《红楼梦学刊》2001 年第 2 期。

② 见《关于江宁织造曹家档案史料》，第 136 页，中华书局 1975 年版。

③ 见《关于江宁织造曹家档案史料》，第 26 页，中华书局 1975 年版。

奸党，判斩监候，后来又宽免处斩，发往打牲乌拉。雍正五年，七十三岁的李煦被流放到东北，两年后在那里冻饿而死。很明显，曹、李两家的败落，是由于康熙的南巡。从实质上来说，康熙五十一年曹寅去世，曹家已是败落了。曹、李两家的巨额亏空，所有文书里都没有提出亏空的原因，连曹寅的政敌噶礼也只说曹寅的巨额亏空而不说这亏空是怎么造成的。实际上大家很清楚，是康熙造成的，只是不敢说破而已。然而，也不是没有人说破过，康熙第三次南巡，曹寅第一次接驾以后，安徽布政使张四教亏空库银，经两江总督阿山审理，审理结果，阿山说了实话，说是为"供办南巡所致"。奏折上去，遭到康熙一顿狠批，阿山被革职留任，从此就再也没有人敢说亏空的原由了。曹寅在去世前一年，在给康熙的奏折里说："臣身内债负，皆系他处私借，凡一应差使，从未挂欠运库钱粮，臣自黄口充任犬马，蒙皇上洪恩，涓埃难报，少有欺隐，难逃天鉴，况两淮事务重大，日夜悚惧，恐成病废，急欲将钱粮清楚，脱离此地，敢不竭蝼蚁之诚，以仰体圣明。"① 再看看曹寅临终时的情况，曹寅"于七月二十三日辰时身故。当其伏枕哀鸣，惟以遽辞圣世，不克仰报天恩为恨。又向臣言江宁织造衙门历年亏欠钱粮九万余两，又两淮商欠钱粮，去年奉旨官商分认，曹寅亦应完二十三万两零，而无赀可赔，无产可变，身虽死而目未瞑。此皆曹寅临终之言"。② 这是李煦向康熙报告曹寅去世的奏折里说的。前段所引曹寅自己说的"臣身内债负，皆系他处私借"，是指曹寅个人和家庭的费用，所负的债项是向朋友商借的，与公款毫无关系。"凡一应差使，从未挂欠运库钱粮"。这是说所有公家常规的差使，从未亏空，也从未动过运库钱粮。这两段话，说得清清楚楚，正常的公事来往，从未有过亏空，个人的私

---

① 见《关于江宁织造曹家档案史料》，第82页，中华书局1975年版。
② 同上书，第99–100页。

人开支，遇有不足，也是从朋友处商借。那末剩下来的大量亏空，当然只有南巡接驾的费用了。曹寅说："日夜悚惧，恐成病废，急欲将钱粮清楚，脱离此地。"终于一年以后，曹寅病死了，实际上曹寅是被泰山压顶般的债务压死的，他想"脱离此地"，也终未能脱离此地。到雍正五年底六年初曹頫抄家时，"封其家赀，止银数两，钱数千，质票值千金而已，上闻之恻然"。① 实实在在的，曹家早已彻底败落了。雍正原以为他还有多少家产，还防止他转移家产等，抄家的结果，终于使他也"闻之恻然"了！

看了上面这许多材料，我们可以肯定地说，曹、李两家的巨额亏空，实际上是康熙造成的。《红楼梦》里说："也不过是拿着皇帝家的银子往皇帝身上使罢了！谁家有那些钱买这个虚热闹去！"② 这看来轻描淡写的一句话，却具有千斤的重量。

曹雪芹抄家北归时，是虚岁十四岁，雍正元年李煦抄家，家人二百余口在苏州标价发卖，当时雪芹九岁，雍正五年七十三岁的李煦流放东北时雪芹已十三岁。据说，雪芹幼年，李煦非常喜欢他，那末，少年的曹雪芹对李家的败落和自家的败落，两家共四百来口人的飘零星散，其中有不少自家的亲人和舅祖家的亲人，应该都是雪芹所熟知的，还有可能是自己父亲的曹頫被枷号，③ 舅祖李煦的流放和二年后的惨死，这种种惨变，他应该已有很深的感受了。大家知道，曹雪芹的《红楼梦》是以自己家庭的历史和李煦家庭的历史为创作的生活素材的，那末，也就是说，一部《红楼梦》也混合着两家的百年家世和这许多人的血和泪。

曹、李两家的大量亏空，以至于家破人亡，这从根本上来说，是一桩冤案，这些人的彻底被毁灭，也是这桩冤案的结果。那末，作为这桩

---

① 《永宪录·续编》，第390页，中华书局1997年版。
② 《红楼梦》第十六回，第210页，人民文学出版社1998年版。
③ 曹雪芹的生父，一说是曹頫，另说是曹頫，均无确切史料可证实。

冤案的残存者，能对这桩冤案无动于衷吗？正是由于这样，这场噩梦式的灾难，就给了曹雪芹创作《红楼梦》的冲动。其实，曹雪芹在《红楼梦》开头的"作者自云"里就把他的创作动机和目的向读者作了交待的，不过由于当时的政治环境，文字狱的密布，他不能把话说得那么明白。他说，"因曾历过一番梦幻之后，故将真事隐去"，这就是说他的百年世家，经过了一场像黄粱梦一样的变幻，从荣华富贵变成了茫茫白地。他又说，"忽念及当日所有之女子"，这就是说他忘不了在这场噩梦般的冤狱中死去的亲人，所以他要"编述一集，以告天下人"。他还说，"以往所赖天恩祖德，锦衣纨袴之时，饫甘餍肥之日……"这说明他是经过了一段富贵荣华的日子的，并不是有人说的生于雍正四年，生下来的第二年就抄家了。他还说："背父兄教育之恩，负师友规谈之德。"这更说明抄家之前他已入学读书，他写这本书，是与父兄的教育相背的。这是一句非常关键的话。父兄的教育是指程朱理学，曹寅曾有诗教训他的子侄"程朱理必探"，[①] 一定要学好程朱理学。但曹雪芹在《红楼梦》里却是大反程朱理学。可见雪芹在他的"作者自云"里交待得非常清楚，他的反程朱理学是自觉的清醒的，是主观作用而不是客观作用。

所以，曹雪芹写《红楼梦》是与康、雍、乾时期政权转移的激烈斗争分不开的，是与曹、李两家的百年家世和蒙冤被毁分不开的，是与他的反程朱理学思想、反正统思想分不开的。他的写作，不是消愁，更不是消遣，而是对社会和现实的批判，对自己新的人生理想的憧憬。

那末，为什么曹雪芹会写出这样一部万古不朽的巨著来呢？我认为是三种因素巧妙的结合造成的：一是曹雪芹所处的外部世界和内部世界的客观条件，这是一个历史转变的时代，使得曹雪芹能得到时代环境、气氛的孕育，尤其是内部世界的新的经济因素的孳生，新的思想意识的

---

① 见曹寅《楝亭集》。

孳生和思想界激烈的斗争等等，这对他的影响是很明显的。二是曹、李二家的百年家世的彻底败落，而且是蒙受了重重的冤屈的败落，眼看着众多亲旧家人的遭难，这为他的写作恰好准备了充分的素材。我们要特别重视甲戌本上脂砚斋的批："能解者方有辛酸之泪，哭成此书。壬午除夕，书未成，芹为泪尽而逝。"这几句批语具有无比的重要性，它告诉我们，曹雪芹是用他的血和泪写成此书的。这一点，再从他的"作者自云"里也可以看得很清楚，可以说没有曹、李两家的败落就没有《红楼梦》。三是曹雪芹的天赋。曹雪芹是天才式的作家，要不是他的天才，也就不会有《红楼梦》，试想曹、李两家败落时，总人口在四百人左右，其中属于主人身份的两家合计也有百来人，这些人都经过了这场惨变，为什么没有第二个人写出这场惨变来呢？这说明曹雪芹确是天才式的人物，历史刚好把这三方面的条件，集中赋予了曹雪芹了，由于这三方面的结合，才产生了曹雪芹，才产生了《红楼梦》，所以伟大不朽巨著《红楼梦》，从根本来说，是历史的创造，单凭个人的主观创作计划是不可能产生《红楼梦》的。

《红楼梦》的思想

要准确认识《红楼梦》的思想，必须先明确两个问题，一是《红楼梦》的时代，前面已经说过，18 世纪初期，西方已进入资本主义时代，而中国还是封建盛世，但在这个封建盛世的内部，也已孳生了资本主义萌芽性质的经济因素，中国的封建社会，也在缓慢地发生变化，这种变化主要反映在人的思想意识的变化，产生了前所未有的微弱的新的思想。二是《红楼梦》是一部小说，它不是哲学著作，它是通过故事情节、人物形象、人物语言来表达作者的思想的，因此，作者的真实的政治思想，是用人物的日常生活语言表达出来的，也就是说它的真实的思想是被故事情节、人物的生活语言包裹着的，必须透过这种外部的包装，才能看到它的真实思想。这两点是认识《红楼梦》思想所不可疏忽的。

我曾经说过，曹雪芹的"批判是属于他自己的时代的，他的理想却是属于未来社会的"。① 所以《红楼梦》的思想，也可以分两个方面来谈，一是他对旧社会的批判，二是他对未来的理想。

曹雪芹对封建社会的批判

1. 对至高无上的皇权思想的批判

曹雪芹的时代，是一个文网密布的时代，曹雪芹却用巧妙的办法躲过了文网并且在《红楼梦》一开头，就借"冷子兴演说荣国府"说闲话的方式，大胆地提出了批判封建皇权的思想。他借冷子兴和贾雨村闲谈荣国府的情况，提出了"成则王侯败则贼"的说法。这本来是一句俗话，又用两人闲谈的方式说出来，显得非常平常，但实际上这句话是有政治斗争的背景的。清初的黄宗羲就强烈地反对皇权思想，他说："为天下之大害者，君而已矣！向使无君，人各得自私也，人各得自利也。""今也天下之人，怨恶其君，视之为寇仇，名之为独夫，固其所也。"② 与他同时的顾炎武则说："天子与公、侯、伯、子、男，一也，而非绝世之贵。"③ 这就是说天子是与公、侯、伯、子、男一样的一个爵位，并没有什么"绝世之贵"。他还主张要把天子的权分散，不能独裁。他

① 《曹雪芹是超前的思想家》（'97 北京国际《红楼梦》学术研讨会开幕词），见《论红楼梦思想》，2002 年黑龙江教育出版社。
② 黄宗羲《原君》。
③ 顾炎武《日知录》卷七《周室班爵录》。

说："所谓天子者，执天下之大权也。其执大权奈何？以天下之权，寄之天下之人，而权乃归之天子。自公卿大夫至于百里之宰，一命之官，莫不分天子之权，以各治其事，而天子之权乃益尊。"① 到了比曹雪芹略早一点的唐甄，则说："自秦以来，凡为帝王者皆贼也。"② 与唐甄同时的王夫之则更提出了人的天赋自然权利，他说："若土，则非王者之所得私也。天地之间，有土而人生其上，因资以养焉。有其力者治其地，故改姓受命而民自恒畴，不待王者之授之。"③ 与曹雪芹同时的袁枚则提出了反封建皇权的正统观念，他说："夫所谓正统者，不过曰有天下云耳。其有天下者，天与之，其正与否则人加之也。"④ 上引这些材料说明，自清初一直到曹雪芹的时代，思想界一直在批判皇权思想，甚至说到："自秦以来，凡为帝王者皆贼也。"袁枚说的那段话，说白了，就是说，谁当了皇帝，谁就说自己是"正统"，是"受命于天"，究竟是否是"正统"，是否是"天与之"呢，实际上是"人加之也"。这不就是说"成则王侯败则贼"吗？

　　上面是说关于"成则王侯败则贼"的政治思想斗争的背景，这说明曹雪芹在这里用这句话是有深意的。另外，这句话还有更现实的历史背景，这就是雍正即位的斗争。大家知道，康熙晚年，诸王子争位，各立党派，斗争非常激烈，雍正即位后，对与他争位的诸王子，杀的杀，关的关。这事离曹雪芹的时候，才不过二十多年。这件事对于雍正来说，当然是"成则王侯"，但对于允禩、允禟等来说，那就是"败则贼"了。因此，曹雪芹这句话，说他也是针对这段历史来说的，也不是没有根据的。所以《红楼梦》一开头这句看似轻描淡写的话，实际上是有着

---

① 顾炎武《日知录》卷九《守令》。
② 唐甄《潜书》下篇下《室语》。
③ 王夫之《噩梦》。
④ 袁枚《策秀才文五道》。

带有血腥味的背景的，无怪后来怡亲王府的抄本，要把“王侯”的“王”字改为“公”字，成为“成则公侯败则贼”了，因为他是亲历过这场斗争的啊！还有，在雍正的政敌，皇十四子允禵的孙子永忠的《延芬室集》里有三首咏《红楼梦》的诗，永忠的堂叔，乾隆的堂弟弘旿读后，在诗上批了一段话：“此三章诗极妙，第《红楼梦》非传世小说，余闻之久矣，而终不欲一见，恐其中有碍语也。”可见，经历了成王败寇的血淋淋的斗争的人，看到了这句话，还是有点忌讳，有点恐惧感的。但曹雪芹竟毫无顾忌地把它写进书里了。

2. 批判了贾府这个封建贵族官僚大家庭

封建社会，是以家作为社会的最基层的单位的，曹雪芹选择了一个封建贵族官僚大家庭贾府作为他的特写对象，这样的家庭当然具有更高的典型性，同时与他自己的家世和经历也比较切合。

曹雪芹一开始就提出了“四大家族”，这个“四大家族”，按照门子的说法“四家皆连络有亲，一损俱损，一荣俱荣，扶持遮饰，俱有照应”，“他的世交亲友在都在外者，本亦不少”，而且“各省皆然”。这无异是画出了一张封建社会的政治势力网，而贾府就是四大家族的总代表，也是这张网上重要的一环。

“四大家族”被提出来，是伴随着一桩人命案的，这就使人感到四大家族气焰熏天，权势吓人。在这样的铺垫下曹雪芹才展开了对贾府的描写。在曹雪芹的笔下，贾府是上通皇帝，下结贪官的一个世家大族。从可卿出丧、元妃省亲两桩大事来看，贾府正是鲜花着锦、烈火烹油之盛，但实际上贾府是用锦缎包裹着的一具腐尸，它的腐烂，首先是表现在贾府的这些人身上。在贾府的男性主子辈中，没有一个像样的男人，淫丧天香楼的事，正照风月鉴的事，私会多姑娘的事，偷娶尤二姐的事，种种脏事丑事，接连不断。焦大醉骂，是死寂中的一声惊雷，表明这个一贯以诗书礼仪为标榜的官僚家庭，实际上已经腐烂到臭气熏天了。贾府的贾政，表面上是方正不阿，实际上是按照封建主义模子刻出来的，只会打一副官腔，没有一点实际的本领。其他如贾珍、贾赦、贾琏、贾蓉等等，都是腐烂透了的人物。封建社会，是男权社会，曹雪芹写贾府这个贵族官僚大家庭的男主人辈的彻底腐败，是具有典型意义的。清代的二知道人就说："雪芹纪一世家，能包括百千世家。"① 这就是说，曹雪芹以他生花之笔，真实地再现了清代乾隆盛世时的一个诗礼之家，一个贵族官僚之家的腐朽情况，也就让人认识到所谓"诗礼"不过是个虚伪的装饰，而实际上当时上层官僚社会已经普遍的腐朽不堪了。这里既在总体上揭露了程朱理学的虚伪，也在总体上揭露了封建上层官僚的腐朽。

3. 对科举制的批判

《红楼梦》里的典型形象贾宝玉，给人最突出的印象之一，就是不肯读书，坚决不走"仕途经济"之路。所谓"仕途经济"之路，也就是科举考试、读书做官的道路。这是明清以来知识分子人人都走的道路，它是封建政权选拔自己的接班人，巩固自己政权的重要措施。反对科举制度，大家都不参加考试，岂不是让封建政权后继无人？但是科举制度，实在是毒害人心、禁锢思想、扼杀人才的一条害人的道路。因为考试限定在"四书"范围以内，文章有固定的格式（八股文），这样读书人只要死背"四书"，特别是康熙御定的朱熹的注，就能博取功名，享受荣华富贵。为了猎取功名，不少人揣摩题目，事先做好几篇文章，夹带入场。有的还把"四书"用细字抄在内衣上，要用的时候随时摘

---

① 二知道人《红楼梦说梦》。见一粟编《红楼梦卷》第一册第102页，中华书局1963年版。

取。这样读书人的头脑便为"四书"和朱注禁锢死了，而且社会风气和学风文风，都充满着虚伪浮夸。因此，明清两代的著名学者都反对科举制度，明末清初的顾炎武甚至说："八股之害等于焚书，而败坏人材，有甚于咸阳之郊所坑者。"① 所以曹雪芹笔下的贾宝玉坚决反对"仕途经济"，实际上就是当时社会反科举思潮的曲折反响。

4. 反"文死谏，武死战"的忠君思想

封建社会忠君思想是至高无上的最高原则，衡量人臣的好坏，"忠"是第一标准，反之，不"忠"就是大罪。但贾宝玉却说：

> 那些个须眉浊物，只知道文死谏，武死战，这二死是大丈夫死名死节。竟何如不死的好！必定有昏君他方谏，他只顾邀名，猛拼一死，将来弃君于何地！必定有刀兵他方战，猛拼一死，他只顾图汗马之名，将来弃国于何地！所以这皆非正死。……
>
> 那武将不过仗血气之勇，疏谋少略，他自己无能，送了性命，这难道也是不得已！那文官更不可比武官了，他念两句书汗在心里，若朝廷少有疵瑕，他就胡谈乱劝，只顾他邀忠烈之名，浊气一涌，即时拼死，这难道也是不得已！……可知那些死的都是沽名，并不知大义。②

曹雪芹让贾宝玉这样强烈地反对忠君思想，是为什么呢？要弄明白这一点，还是要从了解当时的社会思潮着手。其实这种反忠君思想，晚

---

① 《日知录》卷十六《拟题》。
② 《红楼梦》三十六回。

明的李卓吾就已经明确地提出来了，他说：

> 夫君犹龙也，下有逆鳞，犯者必死，然而以死谏者相踵
> 也。何也？死而博死谏之名，则志士亦愿为之，况未必死而遂
> 有巨福耶？[①]

又说：

> 夫忠、孝、节、义，世之所以死也，以有其名也。[②]

这两段话的意思，与贾宝玉说的"那些死的都是沽名"的意思完全一样，前面已经引过，清初的黄宗羲也说过："为天下之大害者，君而已矣！向使无君，人各得自私也，人各得自利也。"他还说，"天下之人，怨恶其君，视之为寇仇，名之为独夫。""岂天地之大，于兆人万姓之中，独私其一人一姓乎？"与他同时的顾炎武和稍后的唐甄等都有相同的思想。由此可知，曹雪芹通过贾宝玉反映出来的反忠君思想，实际上也是当时先进的社会思潮的反映。

5. 反程朱理学

程朱理学，自明以来，一直被定为国家的统治思想。到了康熙时代，更把朱熹尊为十哲之次，配享孔子。雍正和乾隆完全继承康熙的做法，有过之而无不及。雍正七年，谢济世撰《大学注》、《中庸疏》不遵朱注，以毁谤程朱遂成大狱。乾隆朝的文网更密，其中乾隆十六年的

---

① 李贽《答耿司寇》，《焚书》卷一。
② 李贽《何心隐论》，《焚书》卷三。

"伪造孙家淦奏稿"案，乾隆二十年的胡中藻"坚磨生诗抄案"，均是雪芹著《红楼梦》之时。在这样的政治气候下，曹雪芹居然还让贾宝玉说："更有八股时文一道，因平素深恶此道，原非圣贤之制撰，焉能阐发圣贤之微奥，不过作后人饵名钓禄之阶。"（七十三回）"宝钗辈有时见机导劝，反生起气来，只说'好好的一个清净洁白的女儿，也学的沽名钓誉，入了国贼禄鬼之流。这总是前人无故生事，立言竖辞，原为导后世的须眉浊物……'""因此祸延古人，除'四书'外，竟将别的书焚了。"（三十六回）他还说："除四书外，杜撰的太多。"（三回）上面所说的"八股文"是科举考试的官定文体，其内容就是依朱注四书阐发成文，所以反对八股科举，自然就是反对程朱理学，下面说的"除四书外，竟将别的书焚了"，这"别的书"也就是指程朱理学之书，因为不好直指，只好采用隐晦曲折的笔法。同样，"除四书外，杜撰的太多"，这"杜撰"也是指的程朱理学。所以上面所引的三段话，似乎词意表达得不很明显，但实际上确是写贾宝玉反对程朱理学，这只要看一看当时思想界反程朱理学的斗争就可以明白了。晚明的李卓吾说："今之讲周、程、张、朱者可诛也。彼以为周、程、张、朱者皆口谈道德而心存高官，志在巨富；既已得高官巨富矣，仍讲道德，说仁义自若也；又从而哓哓然语人曰：'我欲厉俗而风世。'彼谓败俗伤世者，莫甚于讲周、程、张、朱者也。"[1] 康熙时期的颜元则说："千余年来，率天下入故纸中，耗尽身心气力，作弱人、病人、无用人者，皆晦庵为之也。"[2] 他还说："必破一分程朱，方入一分孔孟。"[3] 与曹雪芹同时的戴震则说："宋以来，孔孟之书尽失其解，儒者杂袭老释之言以解之。"[4] "其所谓理（理学）者，同于酷吏之所谓法。酷吏以法杀人，后儒以理（理学）

---

① 李贽《又与焦弱侯》，《焚书》卷二。
② 《朱子语类评》。
③ 颜元《存学篇》卷一。
④ 《东原文集·答郑用牧书》。

杀人。""人死于法，犹有怜之者，死于理，其谁怜之！"① 我们看了这些激烈的反对程朱理学的言论，再来看贾宝玉的话，就不难明白了。实际上曹雪芹通过贾宝玉童言无忌，看似胡说八道讲出来的这些话，都是与当时的现实斗争密切相关的。

　　曹雪芹对自己时代的批判，除了上举这些最主要之点外，他对妇女的社会地位问题，妇女的守节问题，人与人之间的平等问题，社会的浮夸之风问题等等，在《红楼梦》里也都有所批判。总之，他从封建政权的实体封建贵族官僚家庭到封建社会的政治思想、意识形态，在《红楼梦》里统统作了批判。

曹雪芹的社会理想

　　如果说曹雪芹对现实社会的批判是非常清醒、游刃有余的话，那末，他对自己心目中憧憬的理想社会就有点朦胧了，过去我们只把他看作是批判现实主义者，并没有认识到他的理想，其实这是片面的。曹雪芹对未来社会的理想虽然不可能很清晰，但也并不是一片模糊，可以说，他对有些问题是认识得比较清楚的，追求的目标也是明确而坚定的，对有些问题的认识，还在模糊之中，还在摸索和寻求。

　　例如，他对婚姻自由的想法就是十分清醒和坚定的。贾宝玉对林黛玉的爱情尽管千回百折，困难重重，包括其他因素的引诱，但最终他还是百折不回，"俺只念木石前盟"，这表明贾宝玉对爱情的忠贞不渝。曹雪芹的《红楼梦》八十回后虽然没有了，但结局早已透露了，贾宝玉的结局是"悬崖撒手"，出家为僧。这就是说宝、黛爱情是彻底的毁灭，是大悲剧的结局，其间没有任何妥协的余地。我们应该充分认识到《红

---

　　①　戴震《孟子字义疏证》。

楼梦》里宝、黛爱情的描写，是有着鲜明的时代意义的，是具有新的时代也即是未来时代的意义的。它与《西厢记》、《牡丹亭》的爱情描写都有鲜明的时代区别。元代《西厢记》里的张生和莺莺是一见钟情，自我择配，在这一点上是突破了封建婚姻"父母之命、媒妁之言"的樊篱，但最终还是状元及第、皇帝赐婚，纳入了封建婚姻的规范。明代《牡丹亭》里的杜丽娘，连一见都没有，只是梦里相思。汤显祖所强调的是"情"，情之所至，金石为开，但最后还是封建的大团圆。这是元明两代的爱情描写，他们都突破了自己时代的某种束缚，但都没有彻底挣断封建的锁链。惟有《红楼梦》，它不是一见钟情，而是长期的共同互相认识，而且还有过误解，还有过同样条件的竞争，到最后贾宝玉的标准还是志同道合。"林妹妹从来说过这些混帐话（指劝他读书做官）不曾？若他也说过这些混帐话，我早就和他生分了。"（三十二回）可见确定宝黛爱情的根本原因，还是两人的志趣相同，思想一致。这样的爱情描写在以往的小说、戏曲里是从未出现过的，不仅如此，曹雪芹还通过尤三姐的嘴说："终身大事，一生至一死，非同儿戏。我如今改过守分，只要我拣一个素日可心如意的人方跟他去。若凭你们的拣择，虽是富比石崇，才过子建，貌比潘安的，我心里进不去，也白过了一世。"（六十五回）尤三姐的这段话，实际是对宝黛爱情的补充，因为这样直白的话，只有尤三姐来说才符合她的身份和性格。这段话里最强调之点，一是自由选择，二是要"可心如意"，要心里"进得去"，不能"白过了一世"。这里已经十分明显地认识到爱情的价值和人的独立的生命的价值了。这实际上也同样是宝、黛爱情的思想内涵。所以，细读《红楼梦》里宝、黛爱情的描写，他们相互的爱情原则，已经接近于近现代的爱情原则和爱情方式了。也正是由于这一点（还有其他例子），我们可以认识到曹雪芹的时代，虽然封建的制度和社会毫无变化，但它内在的社会意识，已经在开始缓慢地逐渐地变化了，新的意识孳生了，旧的意识虽然还很牢固，但已开始有先知先觉者逐渐加以抛弃了。但这种新的恋爱和婚姻观念要真正成为一种新的制度和普遍承认的方式，还有着遥远的路程，因此，连尤三姐的理想，也只能一并毁灭。所以我说曹雪芹的社会理想是超时代（他本身的时代）的、超前的意识，他的这一恋爱和婚姻原则，就是到现在也并未过时，甚至有些地区还未能实现。

恋爱和婚姻，是社会进步的一个标志，曹雪芹在 18 世纪中期，就为我们描绘了这样一幅恋爱和婚姻的理想蓝图，这不能不说是他对未来世纪的贡献，而他让他的这个理想彻底毁灭，这正表明他的爱情婚姻理想，已与元明两代有了质的区别了，他的这一理想的毁灭，正是他对这个理想的坚信和坚持，他宁可让它毁灭，而不要封建的团圆。这表明他意识到他的理想只有未来社会才能实现，而他让宝黛爱情的彻底毁灭，也正是他对他自己的时代的一个重重的批判。

伴随着他的新的恋爱和婚姻理想，他还提出尊重妇女、女尊男卑的思想。这也是惊天动地的一笔。这是对几千年来的男权社会的批判，这也同样表现了他的社会思想的先进和伟大。在这个前提下，他当然反对程朱理学所提倡的妇女守节观念。他写的李纨，虽然没有让她殉夫，但是写她从此"心如槁木死灰"，写她的守寡"枉与他人作笑谈"，写她的贞节的名声"也只是虚名儿与后人钦敬"。这就根本上批判了程朱理学的"饿死事小，失节事大"。尤三姐的自杀，实际上就是活生生地写出了"后儒以理杀人"的实例。应该认识到曹雪芹尊重妇女的思想，也是黑暗的封建社会的一道耀眼的闪光，而且他的这些思想，同样是与李卓吾以来的许多进步思想家的思想完全一致的，是这个时代先进思潮的一部分。我们必须记住，曹雪芹生于 1715 年（康熙五十四年）左右，下距孙中山先生的资产阶级民主革命（1911 年）还有两个世纪的历史进程，从这一点来说，他的这些思想，也是十分可贵的了。

贾宝玉还有对人际关系的友好平等的思想，对人的泛爱的思想。"愿奴胁下生双翼，随花飞到天尽头。天尽头，何处有香丘？"（二十七回）这虽是林黛玉的诗句，但同样也是反映了他们寻找理想世界的思想。这一切，正好证明了他们对未来、对理想还是在朦胧中，因为他们的时代，毕竟还是封建主义的沉沉午夜，距离黎明还很遥远啊！

《红楼梦》的人物

据统计《红楼梦》里共写了774人，这是有名字有绰号的，如连没有名字的也统计进去，则写了975人。这确是一个惊人的数字。凡是认真读过《红楼梦》的人，不管怎样，脑子里至少会留下几十个人的印象。

《红楼梦》的人物创作，最突出的一点，就是一个"新"字。这个"新"字有两层意思：一是人物形象的新，这是普遍的；二是人物形象和人物思想的新，这是个别的，只有贾宝玉、林黛玉两个正面典型具有全新的形象和全新的思想。

现在先说第一层意思，红楼人物形象普遍的新。尽管《红楼梦》里写了这么多的人物，但你却找不出一个雷同的形象来，不仅《红楼梦》自身的人物形象没有雷同，就是与《红楼梦》以前的小说、戏曲人物比，也找不出任何一个雷同的形象来。例如贾母。贾母是一位老夫人，在以往的小说、戏曲里，老夫人的形象多矣。《西厢记》里有老夫人、《牡丹亭》里也有老夫人，但与贾母这个老夫人却完全不同。前两个老夫人可以重叠起来，但与贾母却无法重叠。试想想你能从以往的作品里找出第二个类似贾母这样的形象来吗？不能。当贾母初次出场见黛玉时，她是一位"鬓发如银"慈爱的老祖母，但以后随着故事情节的发展，她的形象、她的性格内涵就愈来愈丰富了。当她训斥贾政毒打宝玉时，"忽听丫鬟来说：老太太来了。"一句话未了，只听窗外颤巍巍的声气说道："先打死我，再打死他，岂不干净了！"这一声断喝，具有雷霆万钧之势，下面对贾政的训斥，其言辞锋利如刀，令贾政毫无立足之地。这时她是一位家庭的最高权威者。当他训斥邢夫人为贾赦想娶鸳鸯作小老婆来请求贾母同意时，她不等邢夫人开口，劈头就说："我听见你替你老爷说媒来了。你倒也三从四德，只是这贤惠也太过了！"一句话，把邢夫人弄得满面通红，尴尬至极。这时她是一位邢夫人的婆婆，贾赦的母亲。……但贾母实际上是一个极会享乐的人，她性格开朗，喜欢热闹，喜欢听凤姐说奉承她的话，她在听戏时，能单点《寻梦》，而且指定只用"提琴（胡琴）至管箫合，笙笛一概不用"。可见她是听戏的行家。她到了潇湘馆，见窗纱的颜色旧了，立刻命凤姐去取"软烟罗"来糊窗屉。"软烟罗"是银红色，潇湘馆满园翠竹，所以她说配银红色的"软烟罗"好看，这时她又是一位懂得装饰，懂得色彩的调配，懂得环境艺术的人，特别是芦雪广赏雪的时候：

> 一看四面粉妆银砌，忽见宝琴披着凫靥裘站在山坡上遥等，身后一个丫鬟抱着一瓶红梅。众人都笑道："少了两个人，他却在这里等着，也弄梅花去了。"贾母喜的忙笑道："你们瞧，这山坡上配上他的这个人品，又是这件衣裳，后头又是这梅花，像个什么？"众人都笑道："就像老太太屋里挂的仇十洲画的《艳雪图》。"贾母摇头笑道："那画的那里有这件衣裳？人也不能这样好！"（五十回）

这一段描写，可见她的鉴赏力多高，她的审美情趣多高，这时她又是一位具有赏鉴水平的人。但是在宝、黛的爱情婚姻问题上，她尽管疼爱自己的孙子，也疼爱自己的外孙女，却不能逾越封建的婚姻原则，更不能不尊重元妃的示意（八十回前，宝黛婚姻尚未结局，但其发展趋势已不利于木石姻缘）。终于让宝黛的木石前盟彻底毁灭了。这时她又是一个封建婚姻制度的卫道者。《红楼梦》里关于贾母的描写十分丰富，不可能一一尽举，但仅举上面数例，已可看到这是一个在贾府中身份最高，有着坚定不移的封建正统观念，有着丰富的生活经验，有着较好的审美情趣，并且性格开朗乐观，又善于享受的一个崭新的艺术形象，是以往的小说戏曲里从未有过的形象。

再说王熙凤。论王熙凤的形象美，在《红楼梦》里也是顶尖的美人，所谓"彩绣辉煌，恍若神妃仙子"。但美并不就是"新"，在古典小说戏曲中，并不乏美女。王熙凤的特异之处是她美而又聪明，聪明到"机关算尽"。不仅如此，她还办事能力强，她帮着王夫人管理着整个荣国府，特别是协办宁府秦可卿的丧事时，大展才能，办得井井有条，而下人们也没有少吃她的板子。但王熙凤不仅仅是能干，而且还大胆泼辣放纵，更进而既狠又毒。她玩弄贾瑞引他上钩，直至把他玩弄致死。对于贾瑞来说，死是自己找的，对于王熙凤来说，是诚心把他往死路上引的。为了三千两银子，她可以伪造贾琏的书信，拆散张金哥夫妻，双双殉情自杀。为了惩治尤二姐，她可以毒设连环计，先把尤二姐骗进府里，还让贾母、王夫人等见过，以显示她的贤德，然后进一步折磨尤二姐，终至使她吞金自尽。除掉了尤二姐，她又转过手来，为了斩草除根，要把受她支使帮她告状的张华在事成之后，派旺儿去杀人灭口，幸亏旺儿不忍，谎说张华已死，张华才算躲过此劫。她玩弄封建司法于股掌之上，她要他们怎么判，县官老爷就怎么判。这一切，她都是背地里干的，表面上神不知鬼不觉。她深知在荣府最主要的是要伺候好贾母和王夫人，还有宝玉和黛玉（黛玉初到时），她也深知探春等姑娘们还有薛姨妈和宝钗等亲戚的关系也很重要，所以她把这些方方面面，协调得八面玲珑。

　　像王熙凤这样多方面性格，特别是阴暗面性格的美人，在以往的小说戏曲中也是从未有过的。以往小说戏曲中的形象，一般都是把美与善结合起来的，但王熙凤这个形象却是把美的极点与恶的极点结合了起来，把聪明的极点与奸诈阴险结合了起来，这确是以往所未见的，是一个崭新的形象。

　　再说薛蟠。我们初读《红楼梦》时，只是觉得薛蟠是个花花公子、呆霸王。这两个概念，当然都能符合这个人物形象，但只是他的一部分，不是全部，也没有什么"新"处。清人涂瀛说："薛蟠粗枝大叶，风流自喜，而实花柳之门外汉，风月之假斯文，真堪绝倒也。然天真烂漫，纯任自然，伦类中复时时有可歌可泣之处，血性中人也。脱亦世之所希者与!"① 涂瀛这一段话，说得有一定的道理，但还不够确切，不过比起"花花公子"、"呆霸王"这类概念化的词要实在得多，可以作为参考。当然"呆霸王"是《红楼梦》的原词，但这个见于回目的词，并不是对薛蟠的全面定评，如就他打死冯渊，抢走英莲来说，说他"呆霸王"，也还符合事实，不过还应该仔细想想，为什么在"霸王"前面要加一个"呆"字，可见与真正的"霸王"还有些区别。因此我也一直在思索这个问题。我认为曹雪芹创造的这个薛蟠，与以往所见的恶霸式的人物是有所不同的，曹雪芹所以在"霸王"前加一个"呆"字，就是说他还不是真正霸占一方的恶霸，但他的打死人命，强抢民女，却确是"恶霸"的行为。此后薛蟠到贾府以后的行为，多半是花天酒地的胡闹胡搅，用一个字来说就是"浑"。例如第二十六回他假借贾政的名义把宝玉骗出来参加五月初三他自己的生日宴会，当宝玉说他不该用他父亲的名义把他骗出来时，他就说："改日你也哄我，说我的父亲就完了。"这已经够胡闹够"浑"的了，到第二十八回在冯紫英家喝酒，当

---

　　① 《红楼梦卷》第一册，第141页，中华书局1963年版。

锦香院的妓女云儿唱完《女儿悲》的曲子后，他随即唱一个极粗俗极下流的曲子，惹得大家都骂"该死，该死"，这更显得他的粗俗下流胡闹和"浑"。第四十七回在赖大家喝酒时，他误把柳湘莲当风月子弟，结果被柳湘莲饱打一顿，还罚他喝泥塘里的臭水，这更是他粗俗下流胡闹的结果。特别是第三十三回宝玉挨打后，有人说是薛蟠说了宝玉的坏话，因此宝钗信以为真，批评了薛蟠，把薛蟠惹急了，就说："越性进去把宝玉打死了，我替他偿了命，大家干净。"又说，"好妹妹，你不用和我闹，我早知道你的心了。从先妈妈和我说，你这金要拣有玉的才可正配，你留了心，见宝玉有那劳什骨子，你自然如今行动护着他。"这一下把宝钗和薛姨妈的内心秘密全抖出来了，气得宝钗大哭，薛姨妈气得乱战。这又展示了他的性格的另一面，不是胡闹，而是粗鲁莽撞而率直。之后，薛蟠又与柳湘莲结为兄弟，第六十六回柳湘莲因尤三姐的死而断发出家，薛蟠为他到处寻找，还大哭了一场。但宝钗却说，"这也是他们前生命定"，"如今已经死的死了，走的走了，依我说，也只好由他罢了"。看薛蟠对待柳湘莲的事，倒还有点真感情，比宝钗要近人情得多，这又显得他的性格中还有人情味的一面。第七十九回娶了夏金桂之后，初时喜新厌旧，后来又受夏金桂挟制，弄得家反宅乱，不得不出外躲避（八十回后非曹雪芹原著，未评入），这又显得这个呆霸王还有受制于人的一面。综观薛蟠这个形象，他的性格也是多方面的，与以往旧小说戏曲中类型性的单一性格也不相同，也是一个具有新的意义的形象。

再说袭人。袭人是宝玉的贴身大丫环，丫环这种角色，在以往的小说戏曲中太多了，但是袭人却完全不同，她看起来非常忠厚朴实，温柔善良，循规蹈矩，她以其朴实、善良、忠厚的外部表现，博得了贾母、王夫人的信任。但实际上她却是一个阴暗诈伪的人物。明明她自己与宝玉初试了云雨情，她却装作是最纯真、最干净的人物，反以此而诬陷告许别人，宝玉的一举一动，尤其是与她闹矛盾的其他丫环如晴雯等的举动，她经常向王夫人诬陷密报，晴雯之死，就是她诬陷密报的结果。本来应该是忠实于主人的丫环，在《红楼梦》里却出现了一个监控主人、告密主人的丫环，这样的角色，也是以往小说里所未见的。

　　总之，你如能一一细看细味《红楼梦》的人物，你总会发现它与以往的小说戏曲人物形象不同之处，你会觉得这一大批形象，都具有不同的"新"的特征。但是上面所说的，还只是形象的外部和个性的新，还不是思想的"新"。

　　下面我们再说第二层意思，红楼人物形象和思想的"新"。

　　在《红楼梦》里形象和思想都具有"新"的意义的，只有两个人，即贾宝玉和林黛玉。这是作者塑造的正面形象，作者自己的思想，有时就借用这两个正面形象透露出来，当然是用形象自己的语言的透露，而不是直白的宣讲。

　　关于贾宝玉的形象。在《红楼梦》第三回里有一段正面的描写：

　　　　头上戴着束发嵌宝紫金冠，齐眉勒着二龙抢珠金抹额；穿一件二色金百蝶穿花大红箭袖，束着五彩丝攒花结长穗宫绦，外罩石青起花八团倭缎排穗褂；登着青缎粉底小朝靴。面若中秋之月，色如春晓之花，鬓若刀裁，眉如墨画，面如桃瓣，目若秋波。虽怒时而若笑，即嗔视而有情。项上金螭璎珞，又有一根五色丝绦，系着一块美玉。

　　这是在黛玉眼中看到的宝玉的正面形象，下面还有二首《西江月》词：

红楼论要

一

无故寻愁觅恨，有时似傻如狂。纵然生得好皮囊，腹内原来草
莽。　　潦倒不通世务，愚顽怕读文章。行为偏僻性乖张，那
管世人诽谤！

二

富贵不知乐业，贫穷难耐凄凉。可怜辜负好韶光，于国于家无
望。　　天下无能第一，古今不肖无双。寄言纨绔与膏粱，莫
效此儿形状！

这两首《西江月》是从世人的眼中看的，充满着对宝玉的不理解，把他看作是不肖子弟，也就是说这两首词都是反面话。按常情来说，这样一个超时代的绝顶智慧的人，他的行为确不是一般世人所能理解的，所以人们有知音之难的感叹。但细读这两首词，在反话里还可参悟到一些消息。第一首词，似乎是写他家庭败落以前的情况，第二首词是写他家庭败落以后的情况。

关于贾宝玉的思想（也即是曹雪芹的思想），前面已经叙述过了，此处不再重复。

这里要解释两个问题，一个是所谓小人大思想的问题。有人认为《红楼梦》里的贾宝玉，还是一个小孩，最大也只有十几岁，能有这样的思想吗？这个问题实际上是不少人共有的疑问。然而，这个问题只要历史地去看，就能理解了。曹雪芹的时代，离我们已经两个半世纪多一点，那个时代与今天是完全不同了。首先贾宝玉时代私塾里读的书就是四书五经，《红楼梦》里宝玉上学这一节里，李贵不是背了一段"幼幼鹿鸣，荷叶浮萍"吗？这虽然是笑话，但说明私塾里读的是《诗经》，

还有要宝玉背诵的是《孟子》，可见当时人们在学里读的就是这四书五经。这里有一段与曹雪芹同时代的思想家戴震幼年的故事。段玉裁《戴东原先生年谱》说：

> 授《大学章句》，至"右经一章"以下，问塾师："此何以知为孔子之言曾子述之？又何以知为曾子之意而门人记之？"师应之曰："此朱文公所说。"即问："朱文公何时人？"曰："宋朝人。""孔子、曾子何时人？"曰："周朝人。""周朝、宋朝相距几时矣？"曰："几二千年矣。""然则朱文公何以知其然？"师无以应，曰："此非常儿也。"①

戴震是曹雪芹同时代的人，戴震幼年读私塾所提的这些问题，现在看来，也会觉得小孩怎么会提这样的问题，但放在那个历史时期来看就是事实，何况"此非常儿也"。那末，曹雪芹让贾宝玉以童言无忌、信口雌黄的方式讲出这些话来，也就可以理解的了。

另一个问题是曹雪芹为什么塑造贾宝玉这样一个形象？我认为曹雪芹要表达的那些新的具有叛逆性质的思想，已经不是传统的形象所能承载的了，试想用《西厢记》里的张生行吗？用《牡丹亭》里的柳梦梅行吗？显然都不行。所以要表达在当时来说，正是社会最尖端的思想，曹雪芹不得不创造出这样一个既是贵公子，又是学童，又喜欢顽皮胡闹的全新的形象来，庶几人们看这个故事时，不会太过介意，而在学里读了四书五经，回来信口乱说，也就觉得没有什么奇怪了。既要躲过文字狱的灾祸，又怕真意太隐蔽了人们看不出来，所以曹雪芹才创作出了这样一个全新的形象来，但他仍担心后人真把贾宝玉看作"似傻如狂"，

---

① 段玉裁《戴东原先生年谱》，《戴震集》，第454页，上海古籍出版社1980年版。

看不出雪芹的深意来，因此他会发出"谁解其中味"的感叹来！

曹雪芹为了要表达他的新的社会思想，归根结蒂，内容决定形式，形象是为思想服务的，所以他才创造出这样一个独特的全新的人物形象来。

贾宝玉的形象的创作是这样的道理，那末林黛玉的形象的创作也是同样的道理，不过我认为林黛玉的形象的形成，是集中国古代文化型的女性的各种优点孕育而成的，她的聪明，她的敏捷，她的诗才，她的深情，她的妙悟，她的薄命，她的孤零，她的自怜和幽怨，都是古代才女分别有过的，但经过曹雪芹的化育，使它集于一身而且形成一个全新的形象。她的荷锄葬花的形象，恐怕将与屈子楚泽行吟的形象同为百世之所传诵。而她的"天尽头，何处有香丘？"她的"冷月葬诗魂"的名句，永远会成为她为寻求新的理想而殉身的诗谶！林黛玉实在就是诗的化身！

曹雪芹在《红楼梦》里创造众多形象的"新"的内涵，还有一层意思，就是人物性格的立体化，这就是说人物性格再不是片面的单一的了，以往的小说戏曲人物形象，普遍的是单一的性格，张飞、李逵就是卤莽型的，诸葛亮就是智慧型的，曹操就是奸诈型的。但到了曹雪芹手里，人物性格就是多方面的了，每一个性格不仅是独特的个性，而且可以看到性格的丰富性和多面性，这实在是曹雪芹在人物创造上的一大贡献，也是《红楼梦》与以往许多小说不同之处！

关于后四十回的问题

《红楼梦》的后四十回，人们最关心的，一是作者问题，二是评价问题。

　　其实这两个问题都并不复杂。关于作者问题，程伟元在程甲本的序里说："原目一百廿卷，今所传只八十卷，殊非全本，……不佞以是书既有百廿卷之目，岂无全璧？爰为竭力搜罗，自藏书家甚至故纸堆中无不留心，数年以来，仅积有廿余卷。一日偶于鼓担上得十余卷，遂重价购之。……乃同友人细加厘剔，截长补短，抄成全部，复为镌版，以公同好，《红楼梦》全书始告成矣。"再看程乙本上程伟元、高鹗共同的引言："一、是书前八十回，藏书家抄录传阅几三十年矣，今得后四十回合成完璧。""一、书中后四十回系就历年所得，集腋成裘，更无他本可考。"看以上这两篇文字，后四十回的来源写得清清楚楚，是从鼓担上得来，是历年所得，程伟元、高鹗是加以整理出版。有人一口咬定后四十回是高鹗所续，这是毫无根据的。如果是高鹗所续，那末程伟元为什么要说是他两次所得呢？为什么程、高两人署名的引言里要说"后四十回系就历年所得，集腋成裘"呢？这个时候，《红楼梦》已经是热门书，并不禁止，而且得到普遍好评，程甲本印后不到一年，就改出程乙本。如果是高鹗所续，为什么不在他们的共同引言里写明是他的续作呢？这里没有任何一点须要隐瞒的原因，所以这后四十回的作者在程、高时代已无可考了，只能说是无名氏所作，程伟元、高鹗是整理者。没有任何过硬的证据仅凭猜测臆断说是高鹗所续是不能令人信服的，现在红学界大多数已认识到这点了，不少新出的《红楼梦》后四十回也署无名氏续，程伟元、高鹗整理了。

　　关于后四十回的评价问题。我认为从当时众多的续书来说，程本的后四十回是高出诸续本很多的，这是它能一直延续至今的根本原因。程伟元、高鹗整理出版百二十回的程甲本也是有功的，如果当时没有这个活字本广泛发行，则难保原本被后人作更多的妄改，有此印本传世，则《红楼梦》得到了定格。虽然他们也作了若干修改，毕竟改动较少，所以从《红楼梦》的传播来说，程、高是有功绩的。

但是，后四十回毕竟不是原作，所以与原作比较，我认为有三点不如原作。一是续作者的思想离曹雪芹太远，所以后四十回在一些关键情节上违背了曹雪芹的原意，尤其是宝玉参加考试，连黛玉都劝他考试，还有贾家复兴等，这是明显违反原意的。二是作者没有实际的生活。曹雪芹是有真实的生活为基础的，所以前八十回作者主观的感情流露得非常明显，而且也很感动人，而后四十回因为缺乏生活，就完全成为对前八十回的模仿，语言的感情色彩大为逊色，有些情节还接不上头。三是后四十回作者的文笔离曹雪芹太远，所以显得捉襟见肘，显得无回旋之力。但是，平心而论，后四十回也偶有写得较好的部分，如黛玉之死等等。因此也有人提出后四十回中是否杂有少量雪芹原稿的问题，这当然是无法回答了。但这个问题也正好帮助说明了后四十回还是有它存在的价值的，把程、高本骂倒批倒，是不合事实，也缺乏历史观点的。

2008 年 3 月 20 日夜 12 时于瓜饭楼

《红楼梦》六十三回与
中国西部的平定

引　言

《红楼梦》六十三回有一段情节，贾宝玉将芳官改名为"耶律雄奴"。贾宝玉说：

> "雄奴"二音，又与匈奴相通，都是犬戎名姓。况且这两种人自尧舜时便为中华之患，晋唐诸朝，深受其害。幸得咱们有福，生在当今之世，大舜之正裔，圣虞之功德仁孝，赫赫格天，同天地日月亿兆不朽，所以凡历朝中跳梁猖獗之小丑，到了如今竟不用一干一戈，皆天使其拱手俛头缘远来降。我们正该作践他们，为君父生色。
>
> ……
>
> 如今四海宾服，八方宁静，千载百载不用武备。咱们虽一戏一笑，也该称颂，方不负坐享升平了。

这一段情节，初看起来，好像是儿戏，是贾宝玉与芳官等闹着玩的，但实际上却是有当时的现实背景的。

一

在中国的历史上，中国的大西部和东北地区，一直是不安定地区。一是当时的地方势力叛服无常，二是外国势力的侵入或指使，而且往往是两者的勾结。远的不说，就拿清代来说，清崇德元年，即明崇祯九年，公元1636年，沙皇俄国向东方扩张，向中国黑龙江地区侵入，这时，就开始了清廷与沙俄的斗争。入侵的沙俄哥萨克士兵，残暴凶狠，竟在崇德八年的一次入侵中，兽性大发，吃起人肉来，这一年的冬天共吃掉了中国老百姓50人。[①] 从这时开始，沙俄的入侵和中国军民的抗击就一直继续下去，直到1689年（康熙二十八年）9月中俄双方签订《尼布楚条约》，中国的东北边境才算平静下来，前后共历时53年。

在中国的西部，主要是新疆地区，康熙前期，原准噶尔部的噶尔丹，一方面统一了准噶尔部，控制了天山南部，同时又与沙俄勾结，背叛祖国。康熙二十九年（1690年），噶尔丹以沙俄为后盾，发动叛乱，初时得逞，后经清军在乌兰布通的一战，噶尔丹溃败。到康熙三十四年（1695年），噶尔丹在沙俄的支持下，再次发动叛乱，康熙决心剿灭噶尔丹，决定御驾亲征。在昭莫多一战，大败噶尔丹军，噶尔丹仅引数骑逃去，余皆投降。康熙三十五年，康熙再度亲征，此时噶尔丹已势孤力竭，只好饮药自尽，噶尔丹之叛终于平定。时在康熙三十六年。

噶尔丹虽死，准噶尔部并未彻底平定，只是暂时无力再生事端，清

---

① 弗纳德斯基主编《俄国历史资料集》第一卷，第269页，耶鲁大学1972年版。此处转引自戴逸主编的《简明清史》第二册，第82页。

朝政府也一直把平定准噶尔割据势力当作头等大事，所以从康熙三十六年以后到乾隆初期，中国的西部，只是暂时的平静。到达瓦齐夺得汗位后，残暴凶狠，加深了准噶尔的内部矛盾，而且矛盾愈演愈烈。达瓦齐众叛亲离，不少准噶尔人民和上层人物，都归附清朝。如：乾隆十五年，达什达瓦部的宰桑萨喇勒归附清朝，乾隆十八年（1753年）原杜尔伯特部的部长车凌、台吉车凌乌巴什、车凌孟克，率一万多人归附清朝。差不多与此同时，原为辉特部台吉后又拥戴达瓦齐的阿睦尔撒纳，也脱离达瓦齐归附清朝。在这种准噶尔分崩离析的形势下，乾隆帝感到彻底平定准噶尔的时机已经成熟，遂派定北将军班第、定边左副将军阿睦尔撒纳、定西将军永常、定边右副将军萨喇勒分路进剿达瓦齐，一路上，准噶尔军纷纷归降。清军渡伊犁河后，达瓦齐率部众万人退据格登山，背山据水，结营固守。昭梿《啸亭杂录》卷三《西域用兵始末》说："所至准夷各部落，大者数千户，小者数百户，无不携酒牵羊以降，兵行数千里，无一人敢抗者。五月五日，齐抵伊犁，达瓦齐阻淖为营，众尚万余。我兵追及之，侍卫阿玉锡以二十二骑（按：实际应是二十五骑——冯）直薄其营，呼噪突入，贼众惊溃。达瓦齐窜走，阴计阿克苏回人伯克霍迪斯为己所立，必不负之，因率亲丁百余骑逃至回疆。去阿克苏四十里，霍迪斯已遣人具牛酒以迎。达瓦齐之党以为不可信，而达以其有恩，遂杀牛酌酒，与众酣醉后，霍迪斯尽缚之入城。后承班公檄，献诸军门，并获青海叛贼罗卜藏丹津，先后槛入，行献俘礼，上御午门楼受之。"① 达瓦齐的覆灭，标志着新疆天山南北尽已入清朝的版图，标志着原有的西部割据势力已基本根除。（此后虽有大小和卓木在天山以南的叛乱，也随即被平定。）因此，乾隆于六月初一日以平定准噶尔告祭太庙，初七日加上皇太后徽号，颁恩诏，庆贺平准。六月十一

---

① 《啸亭杂录》卷三，第76页，中华书局1980年版。

日，乾隆即"命何国宗带同明安图、富德及西洋人傅作霖、高慎思，前往该处测量北极高度、东西偏度，及考订形胜，绘图呈览"①。七月十七日，梁诗正上《奏贺平定准夷折》说："今我皇上乾纲独断，扫荡伊犁，奏百年之绩于一朝，受诸部之降于万里。"十二月初八日，乾隆"宣谕用兵准噶尔始末，令天下周知"。②

以上是康熙订《尼布楚条约》前后的情况和乾隆平定准噶尔统一天山南北的大概。康熙朝的这些事情，当时曹雪芹尚未出生，这里只是把它作为了解东北边境的历史情况来看，但乾隆平定准噶尔，统一西部和青海的叛首罗布藏丹津来降，却正好是曹雪芹写作《石头记》之时。

二

现存《石头记》最早的抄本，是乾隆十九年的"甲戌本"。曹雪芹开始写作《石头记》的时间，据脂砚斋"十年辛苦不寻常"之句，当在乾隆九年前后，也可能更前一点。因为这句话是诗句，不一定是绝对准确的数字。现存"甲戌本"只残存十六回，其中无六十三回，有无本文开头所引这段情节，不得而知。"甲戌本"以后的最早本子是"己卯本"，即怡亲王府抄本。己卯是乾隆二十四年，在"己卯本"上，已有本文开头所引这段文字。按《红楼梦》的写作是不断修改，不断增损的，《石头记》的第一回就说"曹雪芹于悼红轩中披阅十载，增删五次"，可见他在写作过程中不断地增与删是事实。从时间来说，乾隆平

---

① 《清史编年》第五卷第 522－523 页，中国人民大学出版社 1991 年版。

② 同上，第 537 页。

定准噶尔,统一全疆,西部诸部纷纷来降,乾隆于二十年六月初一日以平准举行告祭太庙典礼,初七日加上皇太后徽号,颁恩庆贺平准。六月十八日,青海的叛乱头目罗布藏丹津、巴朗、孟克特穆尔解到北京,行献俘礼,① 巴朗、孟克特穆尔正法,罗布藏丹津由军机大臣审讯。② 本年十二月初八日,乾隆"宣谕用兵准噶尔始末,令天下周知"。③ 所以乾隆二十年,是乾隆皇帝武功赫赫的一年,也是中国历史上特别辉煌的一年。赵翼的《檐曝杂记》说:"上圣学高深,才思敏赡,为古今所未有。御制诗文如神龙行空,瞬息万里。平伊犁所撰告成太学碑文,属草不过五刻,成数千言。读者想见神动天随光景,真天下之奇作也。"("圣学一")④ 所以平准事件,是当时普天同庆的大事,乾隆皇帝为此事曾写过四通碑文:一是《御制平定准噶尔告成太学碑文》,这就是赵翼《檐曝杂记》所说的那篇。碑文的署年是"乾隆二十年岁次乙亥夏五月之吉御笔"。碑立在北京东城区国子监孔庙。二是《平定准噶尔勒铭格登山之碑》,这就是立在新疆昭苏的"格登山纪功碑"。1997 年 9月,我曾去昭苏,这里就是汉代的乌孙国,我特地到了格登山,爬上了山顶,看到了这块著名的"格登山纪功碑"。因四周有铁栏杆,无法靠近细看,但我看到了最后一行的署年是"乾隆二十年岁次乙亥夏五月之吉御笔"。这是乾隆撰写碑文的时间,建碑的时间是在乾隆二十五年。三、四是《平定准噶尔勒铭伊犁前后碑》,前后两碑碑文,俱载《西域水道记》卷四,碑建于宁远城东门外,后毁于战火。⑤

---

① 按:罗布藏丹津是早已逃到准噶尔的,在清军直抵伊犁时,率二子投降就擒,遂同时解京献俘,所以乾隆免其死罪。

② 《清史编年》第五卷,第 523 页,中国人民大学出版社 1991 年版。

③ 同上,第 537 页。

④ 赵翼《檐曝杂记》,第 7 页,中华书局 1982 年版。

⑤ 参见朱玉麒《乾隆平定准噶尔立碑全国考》手稿。

三

由于平准事件是当时普天同庆的大事，曹雪芹在写《石头记》时不可能不知道，特别耐人寻味的是，曹雪芹在《石头记》里，对封建的科举制度，对封建官场，对当时封建正统的统治思想程、朱理学，以及封建的婚姻制度和封建礼法，对妇女的守节制度等等，一概加以反对。《石头记》对封建社会，上至朝廷，下至地方官吏以及社会的种种陋习都一概加以讽刺反对和攻击，尤其对于"文死谏、武死战"更加以尖锐的攻击。可以说曹雪芹对当时社会的一切，官方的和世俗的，几乎没有不加以反对的，但唯独在这一段情节里，却对朝廷大加歌颂。明明眼前的"坐享升平"是"武死战"打出来的，献俘奏捷的活动，他不可能不知道，因为乾隆皇帝已明令"天下周知"。但他却不再讽刺"武死战"了，这不有点一反以往常态吗？我认为这是因为平准之役，实在是人人称颂，是安邦定国之役，对国家和人民都是有大利的，所以曹雪芹自然会一反常态加以热烈歌颂了。因此，我觉得《石头记》的这一小段情节和文字，极有可能是乾隆二十年扫平准噶尔，彻底解决了清朝定鼎以来顺、康、雍三朝想做而未能做到的事而增写进去的。对于西部的问题，康熙朝已经开始用力于边患的平定了，但还只做了一部分，有了一个极好的开端，也有不可磨灭的功绩。雍正则继承此业（雍正三年有《平定青海告成太学碑》），但为时太短，只是把罗布藏丹津逐出青海，未能活捉，终成后患。直到乾隆二十年，遂一举荡平边患，确定西部边界，建赫赫之伟业。虽然后来西部仍有边患，但已是余波，并且也被乾隆用兵底定，最终安定了西部和北部的边境。所以当乾隆二十年平准大捷之时，形成了举国欢腾的盛况。当然另一方面也是长期的边患，给人民带来的损失太惨重了，一旦得到了扫穴犁庭的胜利，自然会形成举国的欢腾。所以曹雪芹在《石头记》里，忽然出现了变调，变讽刺抨击为热烈的歌颂，如说匈奴、犬戎"两种人自尧舜时便为中华之患，晋唐诸朝，深受其害"。这是讲边患已是历经各朝，国家和人民深受其害。接着说："幸得咱们有福，生在当今之世，大舜之正裔，圣虞之功德仁孝，赫赫格天，同天地日月亿兆不朽。"这一段完全是对朝廷的正面热烈歌颂，而且歌颂到"同天地日月亿兆不朽"。这确是异乎寻常的歌功颂德，一点也不含别的杂意杂音。下面说："凡历朝中跳梁猖獗之小丑，到了如今，竟不用一干一戈，皆天使其拱手俛头，缘远来降。"这里所说的"历朝中"，实际上着重点是康、雍、乾三朝。说"拱手俛头，缘远来降"，历史事实如上面所述，确是有不少西部的部族首领，因不堪达瓦齐的蹂躏，都先后来降，以上这些话，都符合当时的历史真实。当然历史的另一面，是西部的平定，达瓦齐最终逃到格登山妄图据守，终于被清朝大军直捣巢穴，达瓦齐只落得落荒逃窜，这个结局还是经过无数次激烈的血战而得到的。这方面的情况，在贾宝玉的一片颂词中，当然就不适宜讲了，何况曹雪芹当时所能知道的，也只能是朝廷宣扬军威的捷报而不可能报导前方浴血的真实。最后贾宝玉说："如今四海宾服，八方宁静，千载百载不用武备。咱们虽一戏一笑，也该称颂，方不负坐享升平。"这段话，正是反映了百年边患，给边地人民造成了死亡相继，朝不保夕的痛苦，一旦和平突然降临，从此人民的生命财产得到了保障，所以，人们从心底里产生了幸福感和感恩的心情。这段话，也完全可能是曹雪芹发自内心的对西部平定的歌颂。

四

《石头记》里这段故事的情节和文字，虽然说得如同儿戏，有点像

"假语村言"，但拿它与当时的历史背景相对照，还是能够斗榫合卯的。

乾隆平定准噶尔的胜利是乾隆二十年五月，乾隆二十四年的"己卯本"已经有了上述这段情节和文字，乾隆二十五年的"庚辰本"第七十五回前，有脂砚斋的题记："乾隆二十一年五月初七日对清，缺中秋诗，俟雪芹。"这条脂批值得深思。其时间刚好是平准大捷后一年，"对清"是指核对清楚了稿子。为什么要核对？这是因为原稿又经改动，或增或删，可能改动文字较多一点，所以必须重新抄录，因此就必须重新核对，"对清"，就是已核对清楚完毕。下面说："缺中秋诗，俟雪芹。"是说宝玉和贾环所作的中秋诗还未补上，还空着。当时雪芹写这一段情节，一气直下，虽故事里写到宝玉、贾环做诗，故事里诗也已做出，但当时雪芹只写了情节，未来得及一起把诗做出，故脂砚提醒，等雪芹来，要把诗补上。现在的"庚辰本"里这两首中秋诗依然是空白。这说明脂砚斋的批是真实的。由此可知"对清"这一条批也是可信的，这就给了我们以启示，是否是雪芹在乾隆二十年五月得知此普天同庆的平准大捷后，随即将这一具有历史性的胜利，也用"假语村言"的方式补写进了《石头记》，加上可能还有其他地方的增删，所以才需要重新抄录，从时间和情节两方面来看，也都是对得上的。当然这里所说的重新抄录，当是从前面所有改动的地方开始，包括六十三回在内，而不仅仅是有题记的七十五回；相反，倒有可能七十五回以下未重抄，因为中秋诗未补，加上题记是在七十五回前，完全有可能七十五回以上已"对清"，以下未重抄。

上面这些，只是我的一点分析和推想，不是考证，更不是定论。因为不可能找到曹雪芹当时修改增补此段文字的直接证据，我不过是把自己的想法写出来给大家作一个参考。是与不是，敬请读者和专家裁定。

2009 年 9 月 26 日于石破天惊山馆，时年八十又七

附记：

本文承朱玉麒教授将其尚未发表的论文稿《乾隆平定准噶尔立碑全国考》供我参考，又承朱玉麒教授寄我周轩先生发表在《新疆大学学报》（1981 年第 4 期）上的论文《平定准噶尔勒铭格登山之碑碑文浅释》供我参考，获益良多，敬谢朱、周两教授。

冯 其 庸

9 月 26 日

读《红楼梦》

　　我认为《红楼梦》是康、雍、乾三朝的社会生活、社会矛盾、历史趋向的一个艺术的总概括和总反映。

　　它以贾宝玉、林黛玉的爱情悲剧为核心，以荣国府、大观园为典型环境，展开了一幅网式的波澜壮阔、层层曲折、四面辐射的历史画卷。它的画面，上至皇宫后妃、贪官污吏，下至贫苦农民，乃至县吏衙役、市井游侠、三姑六婆、道观寺庙等等。它以"四大家族"之一的贾府为具体描写对象，所有情节的开展，都以此为中心。贾宝玉、林黛玉的爱情由萌生到发展到生死不渝，是整个故事的一条主线，它是渐增的、发展的，而不是静止的。

　　《红楼梦》里写了两种毁灭，一种是新生事物的毁灭，这就是贾宝玉、林黛玉爱情的毁灭；另一种是古老的荣国府、宁国府的毁灭。① 前者的毁灭是新的生命由于它还未成熟，经不起狂风恶浪的摧折而毁灭，但它健壮的根系和茁壮的幼芽仍在适宜的土壤里保存着，"野火烧不尽，春风吹又生"，只要有适当的气候，它会继续生长，最终长成大树；而

---

① 　此处是指《红楼梦》的曹雪芹原著。原著的结局是"落了片白茫茫大地真干净"。

后一种毁灭,是腐朽加腐烂,是生命的尽头,最终是化为粪壤,永远成为过去,不可能再生。

所以这两种毁灭,具有两种完全不同的社会意义。前者反映的是历史前进的客观趋势,后者反映的是由荣、宁二府象征的那种腐朽势力的必然死亡。

曹雪芹的笔是非常狡狯的,他一再声称此书"亦非伤时骂世之旨,及至君仁臣良父慈子孝,凡伦常所关之处,皆是称功颂德,眷眷无穷,实非别书之可比"。表面上说得非常好听,都是对封建皇帝和朝廷的歌功颂德,但一开头他就写了一桩贪赃枉法的人命案,同时带出了炙手可热的"贾、史、王、薛"四大家族。由此开头,也就开始了他对封建社会的大揭露、大批判。而这四大家族的代表,实际上就是荣国府和宁国府,这就是"贾、史、王、薛"里的"贾"。"史",就是史太君,也就是贾母的娘家。但史家并未实写,只写了一个史湘云,已经败落了,所以从实写来说,就只是贾母。"王"就是王夫人和王子腾,王子腾在《红楼梦》里并未出场过,也是虚写,不过从虚写中又使人隐隐感到他握有权力,但从实写来说,还就只是王夫人。"薛",就是薛姨妈,是王夫人的妹妹,还有薛宝钗和薛蟠,他们又一起搬来住在贾府。贾府实际上就是四大家族的总代表。而贪赃枉法的贪官贾雨村,是全靠贾府一手提拔起来的,他枉断了薛蟠所犯的人命案以后,还直接向贾府和王子腾报告,这说明一切横行不法的事,都与"四大家族"有关。通过对这个具体的"贾"府的描写,也就可以清楚地看到"这四家皆连络有亲,一损皆损,一荣皆荣,扶持遮饰,俱有照应"的具体情况,而且"各省皆然,倘或不知,一时触犯了这样的人家,不但官爵,只怕连性命还保不成呢"!这就是封建社会政治势力的一张关系网。

所以,"葫芦僧乱判"一案,实际上是对封建社会、封建官场的一

读《红楼梦》

个总揭露和总批判。

《红楼梦》还批判了当时官方的统治思想——程朱理学以及八股科举制度。

《红楼梦》还特别提出了尊重女性和反对妇女守节。

当然，《红楼梦》最最动人之处，是贾宝玉、林黛玉的生死不渝的爱情和他们的爱情悲剧。《红楼梦》是以宝、黛的爱情悲剧来贯通全局的。这个爱情悲剧的内涵是誓死捍卫爱情和婚姻的自主、自择权，主张爱情和婚姻的自由。

但是，《红楼梦》是小说，是文学艺术，而不是哲学，也不是史学，所以它的表达方式不是哲学语言，也不是"本纪"、"列传"。《红楼梦》表达思想的方式是塑造典型形象，它使用的语言是生活语言。所以，要从《红楼梦》中寻觅我们上面所说的各项内容，从字面上是找不到的。这需要读者从人物形象、故事情节和语言中仔细体味琢磨，才能悟出它的真意。所以读《红楼梦》需要细心读、反复读，耐心参详。

《红楼梦》写了近千个人物，其中堪称典型的不下数十人。《红楼梦》里的人物形象，可以说是全新的，与传统小说中的人物形象无一雷同，但又是从传统中来，是传统的发展。例如：贾宝玉、林黛玉、薛宝钗、王熙凤、史湘云、贾探春、贾迎春、贾惜春、妙玉、贾母、王夫人、薛姨妈、夏金桂、刘姥姥、茗烟、晴雯、袭人、紫鹃、香菱、鸳鸯、司棋、麝月、莺儿、红玉、贾政、贾雨村、贾琏、贾环、贾瑞、薛蟠、平儿、尤二姐、尤三姐、赵姨娘、马道婆、铁槛寺老尼净虚等等等等，都可以说得上是"这一个"。读者闭起眼睛也能想得出这些人物的形象和说话的声音来。

以上这些人物，都是作者精雕细刻的（当然《红楼梦》里精雕细刻的人物不仅仅这些）。《红楼梦》的作者还能只用寥寥数笔，就勾勒出人物的形象来，连带有鲜明个性特点的人物语言，都能让读者永远留在心头。例如第七回"焦大醉骂"，全部叙述不到一千字，但焦大这个人物，凡是读过《红楼梦》的人，就不会忘记他。特别是他那句"红刀子进去，白刀子出来"的"醉汉嘴里混嗖"（《红楼梦》第七回），就成为焦大的名句。光凭这一句话就能让人想到嘴里被塞满了马粪，捆翻在地的焦大的形象和这句惊天动地的话语的声音。再如第二十四回写醉金刚倪二和贾芸的事，自"贾芸出了荣国府回来"起，直至"一面说，一面趔趄着脚儿去了"，一共一千八百字左右，却写了四个人：贾芸的舅舅卜世人，贾芸的舅妈，醉金刚倪二和贾芸。前面三人虽然都只是寥寥数笔，但俱各传神，卜世人夫妇的鄙吝和市井游侠倪二的仗义，皆历历如绘，雪芹之笔，真可谓勾魂摄魄。

还有："一碗茶也争，我难道手里有蜜！"这是初恋中的智能的语言，反映着她心里的甜意。"你忙什么！'金簪子掉在井里头，有你的只是有你的。'"这是金钏的语言，反映着她因为受到宝玉的心爱而心悦意肯、别无他虑的心态。尤其是三十三回宝玉挨打前，要老姆姆快去报信，老姆姆却耳聋，竟把"要紧，要紧"误听成"跳井，跳井"，还笑着说："跳井让他跳去，二爷怕什么？"情势一缓一急，两相对照，一方是紧急待援，一方是木然无知，形成了鲜明对比，而"跳井，跳井"这一句话，也就把老姆姆耳聋淡木的神态描摹殆尽。"'呦呦鹿鸣，荷叶浮萍'，小的不敢撒谎"。这是李贵的语言，反映着他护送宝玉读书，但不识字，也不理会读书，只是从旁听闻的状况。

《红楼梦》里最最能言善语的自然要数林黛玉、王熙凤、红玉、麝月这几个人了。林黛玉是慧心巧舌，聪明伶俐；王熙凤是先意承志，博取欢心；红玉是伶牙俐齿，如簧百啭；麝月在教训那些老婆子时的语言是词锋逼人，势猛气锐。我觉得《红楼梦》的作者对这四个人的语言特色是精心设计的，是特写。《红楼梦》里其他人物的语言也都符合各个人物的身份和性格，包括湘云说话时的咬舌，把"二哥哥"说成是"爱哥哥"等等。所以读《红楼梦》品味各个人物的说话，如在社会生活中一样，一片天然，没有斧凿，真所谓"大匠不雕"。

鲁迅曾赞《史记》是"史家之绝唱，无韵之离骚"。我借用这句话改一个字，可说《红楼梦》是"说家之绝唱，无韵之离骚"。《红楼梦》在古典长篇小说中确已成为"绝唱"，这是无庸争议的，但它还是一首不用韵的诗。这不仅仅是因为《红楼梦》里有许多诗，而是它从第一回至八十回的叙述，也都有诗的素质，它的叙述与诗是交融的，是一体。诗是什么？是抒情，抒喜怒哀乐各种各样的情而不是干巴巴的纪事，《红楼梦》确有这种抒情性的特点。实际上是因为曹雪芹在家败人亡之后，回思自己的百年世家，特别是它的败落，确有许多怨情、苦情和悲情甚而至于有满腔愤世之情，所以它的叙事波澜起伏，有如一首长歌。

《红楼梦》的作者，不但是叙事的能手，也是写景的能手。一回"大观园试才题对额"，前人已经说过，等于是一篇大观园游记，而且具有大观园初建、尚未竣工的特色，而山石树木，泉水溪流，台榭亭阁，竹篱茅舍，迴廊曲径，已经历历如绘，引人入胜了。但到元妃省亲时，还是这个大观园，却"只见园中香烟缭绕，花彩缤纷，处处灯光相映，时时细乐声喧，说不尽这太平气象，富贵风流"。又是另一番皇家的豪华气象。到了三十九回、四十回，贾母、刘姥姥游大观园，则竟又别出一番风光，另是一种游法。除了驾船引舟作水上游外，还观赏了潇湘馆、秋爽斋、衡芜苑，然后是一场"老刘，老刘，食量大似牛，吃个老母猪不抬头"的豪宴，之后再去栊翠庵品茶，直到刘姥姥醉卧怡红院。作者前后三次描写大观园，竟是三副笔墨，无一处使人有重复感。

《红楼梦》里的写景文字，通常是与叙事紧密结合的。除了上举大观园的描写比较突出外，其他都是情与景合。如写潇湘馆，便是"两边翠竹夹路，土地下苍苔布满，中间羊肠一条石子漫的路"。(四十回)"只见凤尾森森，龙吟细细，举目望门上一看，只见匾上写着'潇湘馆'三字。宝玉信步走入，只见湘帘垂地，悄无人声。走至窗前，觉得一缕幽香，从碧纱窗中暗暗透出。宝玉便将脸贴在纱窗上，往里看时，耳内忽听得细细的长叹了一声道：'每日家情思睡昏昏。'"以上两段文字，真是叙事与写景的天然结合，是情在景中，景与情合。特别是五十回"芦雪广争联即景诗"，和四十九回的后半部分文字，都是洋溢着诗情画意的绝世妙文。例如下面这段文字：

> 凤姐儿也不等贾母说话，便命人抬过轿子来。贾母笑着，挽了凤姐的手，仍旧上轿，带着众人，说笑出了夹道东门。一看四面粉妆银砌，忽见宝琴披着凫靥裘站在山坡上遥等，身后一个丫鬟，抱着一瓶红梅。众人都笑道："怪道少了两个人，他却在这里等着，也弄梅花去了。"贾母喜的忙笑道："你们瞧，这山坡上配上他的这个人品，又是这件衣裳，后头又是这梅花，像个什么？"众人都笑道："就像老太太屋里挂的仇十洲画的《艳雪图》。"

这样的文字，实在是写景和叙事的最天然的结合，也是《红楼梦》富有诗的素质的一个重要原因。

我还感到读《红楼梦》要读出它的味外味，韵外韵来。这就是说，在你读完了一遍，领悟了一遍以后，过些时重读一遍，又会悟出它的新的意蕴、新的内涵来，这样以至于无数次的重复。当你读到梨香院偶尔飘过来的一丝笛韵，读到林黛玉细嚼"如花美眷，似水流年"八个字的滋味，不觉心痛神痴、眼中落泪的时候，难道你每次重读的感受会是一样的吗？

当你读到三十三回宝玉挨打的情景，七十四回抄检大观园、七十八回"痴公子杜撰芙蓉诔"的情景，难道你每次重读的感受也是一样的吗？……

所以，《红楼梦》每次读，会有每次的味外味，韵外韵。不信，你就试着再读读看！

2007年2月6日下午三时半于瓜饭楼

《红楼梦》与教育

  《红楼梦》是一部百科全书式的伟大小说，它反映清代前期贵族家庭的生活排场、日常活动等等，达到了逼真的地步。上至皇宫贵妃，下至平民百姓、道院尼庵、市井贩夫走卒，社会各色人等无不有所刻画。因此，历来读《红楼梦》者，往往各取所需，各论其所欲论者。并不是不要全面研究《红楼梦》，而是全面研究实在很难。因此分而论之，也就是很自然的了。

  《红楼梦》没有专门谈教育，这是大家很清楚的，但是作为社会生活的一面镜子，当时的教育的一角，作者也是反映了的，那就是著名的第九回《恋风流情友入家塾，起嫌疑顽童闹学堂》。清代的一位评论家说：

  贾府家塾，一群兔之烟花寨也。自薛蟠来学后，挥金如土，引诱生徒，袖可断焉，桃将余矣！玷污函丈，不忍胜言。而贾代儒俨然而师长也者，高悬绛帐，土木形骸，既不能拒薛蟠于前，而一堂中四处各坐，八目勾留，又复漫无觉察，顾岸然道貌，自居为有德之人，是直在醉梦中耳。睹其孙盗嫂不

成，终为情死，天岂或爽其报施耶？（二知道人《红楼梦说
梦》）

说它反映的只是当时教育的一角，是因为它写的是贾府的家塾，不是官
学，但就此一角，已可以看到当时的教育是何等乌烟瘴气了。这一回情
节，读者们熟知，自然无需复述。

推而广之，涉及教育的，再有就是贾政对贾宝玉的教育。一种方式
是，"断喝一声：'作业的畜生，还不出去！'"另一种方式，就是三十
三回的大动干戈，"一叠声'拿宝玉！拿大棍！拿索子捆上！把各门都
关上'"，"只喝令'堵起嘴来，着实打死！'"这样做的目的，贾政自己
对贾母说："为儿的教训儿子，也为的是光宗耀祖。"再一种方式，就是
"大观园试才题对额"，这也可算是就题考试，至于元妃省亲时的"殿
试"作诗，自然更算得上是一种考试了。

再有第三十七、三十八回的"秋爽斋偶结海棠社"、"林潇湘魁夺
菊花诗"，第五十回的"芦雪广争联即景诗"，七十回的"林黛玉重建
桃花社，史湘云偶填柳絮词"等等，就只好算是大观园里的文艺社
团——诗社活动，一种包括自学作用在内的教育效果反映了。

从《红楼梦》里正经写到的贾府家塾以及贾政对贾宝玉的教育方式
来看，很显然作者的描写是带有暴露性质的，倒是对贾宝玉的"杂学旁
收"，作者却是饱含着感情来写的，特别是第二十一回宝玉续《庄子·
胠箧》，第二十二回"听曲文宝玉悟禅机"中的宝玉参禅，第二十三回
写宝玉与黛玉读《西厢记》、《牡丹亭》等等，都是《红楼梦》里的
"绝妙好辞"。这些活动，都是贾政所绝对不许可的，但这却是这些人的
真正的读书学习。

《红楼梦》里虽然没有正面地写教育，或者充其量只写了上面所举
的这些具有教育性质的活动，但是清代的学者，还有直接把这部书说成

是"教之以礼义"的书。观鉴我斋说：

> 曹雪芹见簪缨巨族、乔木世臣之不知修德载福、承恩衍
> 庆，托假言以谈真事，意在教之以礼与义，本齐家以立言也。

这可算是一种宏观的看法。同时，也有人认为一部《红楼梦》是"讥失教也"，这恰好是从相反的角度来看问题。一部《红楼梦》确定可以作面面观，因此近年来也有人从《红楼梦》里找到改革开放的先驱，现成的例子就是"探春理家"。由此可见，借《红楼梦》来谈谈教育的问题，并且生发开去，议论一些社会上的引人注目的现象，这也就是十分自然的事了。

1993 年 9 月 20 日

醉里乾坤大

——论《红楼梦》的情节和细节描写

恩格斯在给玛·哈克奈斯的信里说："现实主义的意思是，除细节的真实外，还要再现典型环境中的典型性格的真实。"恩格斯在谈现实主义的时候，把细节的真实与典型环境中的典型性格的真实并列了起来，由此可见，细节的真实，在现实主义的典型形象的塑造上，具有何等重要的意义。

伟大的现实主义作家曹雪芹，在塑造他的《红楼梦》中的一系列的典型形象时，对细节的真实，也表现了他高度的才华和卓越的技巧。《红楼梦》里许多典型人物之所以令人不可忘怀，与作者对这些典型形象的充分的真实的细节描写是分不开的。

然而，任何成功的真实的细节描写，往往离不开真实的情节，这两者，在一些优秀的古典作品里，常常是融成一体，不可分离的。因此本文的分析，也把两者结合起来，而不是孤立地单独分析某些细节。

中国古代作家，在描写中世纪的英雄人物时，常常喜欢描写这些英雄形象的豪饮和他们在酒醉以后惊心怵目的行动。例如《水浒传》中的"鲁智深醉打山门"、"武松景阳冈打虎"、"武松醉打蒋门神"等等情节，早已是家喻户晓的了，然而，人们尽管可以熟知《水浒传》里这些精彩的描写，却不大会想到一部《红楼梦》里，也同样有许多描写人物醉态、描写人物醉后行动的极为精彩的情节和细节描写。这些精确的描写，是曹雪芹的典型创造的一个极为重要的组成部分，分析和欣赏这些具有高度真实感的情节和细节描写，对我们今天的创作，也仍然具有重要的借鉴作用。

一

《红楼梦》里最为人们所熟知的描写人物酒醉场面的文字，无过于"焦大醉骂"这一段了，这确实是精光四射的一段文字：

> 凤姐起身告辞，和宝玉携手同行。尤氏等送至大厅，只见灯烛辉煌，众小厮都在丹墀侍立。那焦大又恃贾珍不在家，即在家亦不好怎样他，更可以任意洒落洒落。因趁着酒兴，先骂大总管赖二，说他不公道，欺软怕硬，"有了好差使就派别人，像这等黑更半夜送人的事就派我。没良心的王八羔子！瞎充管家！你也不想想，焦大太爷跷跷脚，比你的头还高呢。二十年头里的焦大太爷眼里有谁？别说你们这一起杂种王八羔子们！"
>
> 正骂的兴头上，贾蓉送凤姐的车出去，众人喝他不听，贾蓉忍不得，便骂了他两句："使人捆起来！等明日酒醒了；问他还寻死不寻死了！"那焦大那里把贾蓉放在眼里，反大叫起来，赶着贾蓉叫："蓉哥儿，你别在焦大跟前使主子性儿。别说你这样儿的，就是你爹、你爷爷，也不敢和焦大挺腰子！不是焦大一个人，你们就做官儿享荣华受宝贵？你祖宗九死一生挣下这家业，到如今了不报我的恩，反和我充起主子来了。不

和我说别的还可，若再说别的，咱们红刀子进去，白刀子出来！"凤姐在车上说与贾蓉道："以后还不打发了这个没王法的东西，留在这里岂不是祸害？倘或亲友知道了，岂不笑话咱们这样的人家，连个王法规矩都没有。"贾蓉答应"是"。

众小厮见他太撒野不堪了，只得上来几个，揪翻捆倒，拖往马圈里去。焦大越发连贾珍都说出来，乱嚷乱叫说："我要往祠堂里哭太爷去，那里承望到如今生下这些畜牲来！每日家偷狗戏鸡，爬灰的爬灰，养小叔子的养小叔子，我什么不知道？咱们'胳膊折了往袖子里藏'！"众小厮听他说出这些没天日的话来，唬的魂飞魄散，也不顾别的了，便把他捆起来，用土和马粪满满的填了他一嘴。

凤姐和贾蓉也遥遥的闻得，便都装作没听见。宝玉在车上见这般醉闹，倒也有趣，因问凤姐道："姐姐，你听他说'爬灰的爬灰'，什么是'爬灰'？"凤姐听了，连忙立眉瞋目断喝道："少胡说！那是醉汉嘴里混唚，你是什么样的人，不说没听见，还倒细问！等我回去回了太太，仔细捶你不捶你！"唬的宝玉连忙央告道："好姐姐，我再不敢了。"凤姐道："这才是呢，等咱们到了家，回了老太太，打发你同你秦家侄儿学里念书去要紧。"……

这短短的七百来字，把焦大醉骂的这一特写场面刻画得多么有声有色，淋漓尽致。一开始写凤姐起身，尤氏送行，大厅上灯烛辉煌，众小厮丹墀侍立，寥寥几笔，就渲染和烘托出了这个贵族家庭的富贵气派和凤姐的声势。接着就是写焦大醉骂大总管赖二，骂贾蓉、贾珍。这三骂又有区别，骂赖二时，抬出了焦大自己的身份，"跷跷脚比你的头还高呢。二十年头里的焦大太爷眼里有谁？"好一幅贾府功臣兼奴才头子的气派；骂贾蓉的时候，依仗他独特的经历，简直不把贾蓉放在眼里，更进一步

495

地摊开了他二十年前的"功劳簿"和"光荣史",然后直喊出了那句石破天惊的名言:"红刀子进去,白刀子出来!"这是一句惊心动魄的话,然而又是地地道道的"醉人口中文法"(甲戌本脂批)。这句话在己卯、庚辰和《红楼梦》稿本里,均是如此。但在其他本子里,已改为"白刀子进去,红刀子出来"了。殊不知这样一改,便把"醉人口中文法"全改掉了。这就牵涉到这个细节的真实性的问题,也就是说如果焦大不是在酒醉状态,他可不可能喊出这句话来?"红刀子进去,白刀子出来"是语无伦次的"醉汉嘴里混嗳";"白刀子进去,红刀子出来"是正常人的语言,没有醉意,那末让焦大对着主子直喊这句话,岂不变成焦大真像要"造反"了,真是"失之毫厘,谬以千里"!高潮是在第三骂骂贾珍,简直是万丈狂澜,奔腾澎湃,汹涌而出,"我要往祠堂里哭太爷去"几句,直揭贾府肮脏的老底,叫当日贾府的人们听了,真有"魂飞魄散"之感。最后凤姐、贾蓉"装作没听见",宝玉偏偏要问"什么是'爬灰'"这一段,是暴雨以后的几声轻雷,显得文情荡漾,余意无穷。尤其妙在凤姐、贾蓉的"装作没听见",这分明是作者有意提醒读者的皮里阳秋之笔,真有"不着一字,尽得风流"之妙。

这一情节刻画得极其成功之处,并不在于作者能让焦大骂出这些使人"魂飞魄散"的话来,重要的是这些十分贴切于焦大这个人物的身份、个性以及酒醉以后的这一特殊条件。如果不是醉后的焦大就骂不出这些话来,如果是别人,即使酒醉后也骂不出来。这就使得这一细节具有鲜明的个性特征。

焦大是属于《红楼梦》里的下层人物。《红楼梦》里描写了不少下层人物,同样也写了他们醉后的神态。我们再看一看曹雪芹对醉金刚倪二的描写:

> 且说贾芸赌气离了母舅家门,一径回归旧路,心下正自烦恼,一边想,一边低头只管走,不想一头就碰在一个醉汉身

上，把贾芸唬了一跳。听那醉汉骂道："瞎你娘的！瞎了眼睛，碰起我来了。"贾芸忙要躲身，早被那醉汉一把抓住，对面一看，不是别人，却是紧邻倪二。原来这倪二是个泼皮，专放重利债，在赌博场吃闲钱，专管打降吃酒。如今正从欠钱人家索了利钱，吃醉回来，不想被贾芸碰了一头，正没好气，抡拳就要打。只听那人叫道："老二住手！是我冲撞了你。"倪二听见是熟人的语音，将醉眼睁开看时，见是贾芸，忙把手松了，趔趄着笑道："原来是贾二爷，我该死，我该死。这会子往那里去？"贾芸道："告诉不得你，平白的又讨了个没趣儿。"倪二道："不妨不妨，有什么不平的事，告诉我，替你出气。这三街六巷，凭他是谁，有人得罪了我醉金刚倪二的街坊，管叫他人离家散！"

贾芸道："老二，你且别气，听我告诉你这原故。"说着，便把卜世仁一段事告诉了倪二。倪二听了大怒，"要不是令舅，我便骂不出好话来，真真气死我倪二。也罢，你也不用愁烦，我这里现有几两银子，你若用什么，只管拿去买办。但只一件，你我作了这些年的街坊，我在外头有名放帐，你却从没有和我张过口。也不知你厌恶我是个泼皮，怕低了你的身分；也不知是你怕我难缠，利钱重？若说怕利钱重，这银子我是不要利钱的，也不用写文约；若说怕低了你的身分，我就不敢借给你了，各自走开。"一面说，一面果然从搭包里掏出一卷银子来。

贾芸心下自思："素日倪二虽然是泼皮无赖，却因人而使，颇颇的有义侠之名。若今日不领他这情，怕他臊了，倒恐生事。不如借了他的，改日加倍还他也倒罢了。"想毕笑道："老二，你果然是个好汉，我何曾不想着你，和你张口。但只是我见你所相与交结的，都是些有胆量的有作为的人，似我们这等无能无为的你倒不理。我若和你张口，你岂肯借给我。今日既蒙高情，我怎敢不领，回家按例写了文约过来就是了。"倪二大笑道："好会说话的人，我却听不上这话。既说'相与交结'四个字，如何放帐给他，使他的利钱！既把银子借与他，图他的利钱，便不是相与交结了。闲话也不必讲。既肯青目，这是十五两三钱有零的银子，便拿去治买东西。你要写什么文契，趁早把银子还我，让我放给那些有指望的人使去。"贾芸听了，一面接了银子，一面笑道："我便不写罢了，有何着急的。"倪二笑道："这不是话。天气黑了，也不让茶让酒，我还到那边有点事情去，你竟请回去。我还求你带个信儿与舍下，叫他们早些关门睡罢，我不回家去了；倘或有要紧事儿，叫我们女儿明儿一早到马贩子王短腿家来找我。"一面说，一面趔趄着脚儿去了，不在话下。

以上不到一千字的篇幅，把醉金刚倪二的醉态描摹得活灵活现，神态逼真。然而，这个醉金刚倪二的醉态，完全不同于焦大，是另一个人物，另一个个性。在焦大的醉骂中，掺杂着大官僚奴隶主家庭里的奴才的"奴性"，尽管他眼里看不惯贾府这些"每日家偷狗戏鸡，爬灰的爬灰，养小叔子的养小叔子"的"这些畜牲"，他嘴里喊着要"红刀子进去，白刀子出来"，然而他全部的醉骂，没有一句话不浸透着浓厚的"奴才"气味。醉金刚倪二则完全是另一副面孔，另一个性格。不论他的醉态也好，醉骂也好，却具有鲜明的市井泼皮的特色，带有几分侠气。所以作者在正文里也点明"倪二虽然是泼皮无赖，却因人而使，颇颇的有义侠之名"，脂砚斋还特意批云："这一节对《水浒传》杨志卖刀遇没毛大虫一回看，觉好看多矣。"在"义侠之名"四字旁又批云："四字是评，难得难得，非豪杰不可当。"可见倪二之醉，醉里有侠气，近乎"水浒"里的人物；焦大之醉，醉里有奴性，近乎《一捧雪》里莫成一流人物

（就其奴性一点来说）。如果有人试图把以上两个角色的醉态、醉话和他们醉后的行动互换，让焦大带有倪二的侠气，让倪二带有焦大的奴性，这保证可以把这两个艺术形象彻底毁掉。由此可见曹雪芹在把握和塑造这些典型形象上，对社会各类人物的观察是何等的深刻，他所描写的细节具有何等的准确性！

二

在《红楼梦》里，不仅成功地刻画了这些平时就以酒为命的下层人物的醉态，惟妙惟肖地摄取了他们的神情姿态，精确地塑造出了这些活生生的个性，而且还别开生面地描写了大观园里这些贵族千金的酒醉场面，这在古典文学中确实是很少见的。且看六十二回描写湘云的醉态：

> 这些人因贾母、王夫人不在家，没了管束，便任意取乐，呼三喝四，喊七叫八。满厅中红飞翠舞，玉动珠摇，真是十分热闹。顽了一回，大家方起席散了一散，倏然不见了湘云，只当他外头自便就来，谁知越等越没了影响，使人各处去找，那里找得着。……
>
> 正说着，只见一个小丫头笑嘻嘻的走来："姑娘们快瞧云姑娘去，吃醉了图凉快，在山子后头一块青板石凳上睡着了。"众人听说，都笑道："快别吵嚷。"说着，都走来看时，果见湘云卧于山石僻处一个石凳子上，业经香梦沉酣，四面芍药花飞了一身，满头脸衣襟上皆是红香散乱，手中的扇子在地下，也半被落花埋了，一群蜂蝶闹穰穰的围着他，又用鲛帕包了一包芍药花瓣枕着。众人看了，又是爱，又是笑，忙上来推唤搀扶。湘云口内犹作睡语说酒令，唧唧嘟嘟说："泉香而酒冽，

玉碗盛来琥珀光，直饮到梅梢月上，醉扶归，却为宜会亲友。"众人笑推他，说道："快醒醒儿吃饭去，这潮凳上还睡出病来呢。"湘云慢启秋波，见了众人，低头看了一看自己，方知是醉了。原是来纳凉避静的，不觉的因多罚了两杯酒，娇嫩不胜，便睡着了，心中反觉自愧。连忙起身扎挣着同人来至红香圃中，用过水，又吃了两盏酽茶。探春忙命将醒酒石拿来给他衔在口内，一时又命他喝了一些酸汤，方才觉得好了些。

……

湘云的性格正如前面曲子中说的："幸生来，英豪阔大宽宏量"，"好一似霁月光风耀玉堂"，是一个性格豪爽、行为豁达的人物，这种喝醉酒的人物，这种喝醉酒的场面，如果按在大观园中其他任何一千金小姐的身上都是令人很难想象的。特别是"醉卧芍药茵"这种行为，不论是弱不禁风的林黛玉或端庄凝重的薛宝钗，都不可能做出来，这就使得这一细节描写，具有鲜明的个性特征，不可移植于别的艺术形象。所谓西子捧心则美，东施效颦则丑，不是"颦"这一动作本身有美丑之异，而是这一细节在西施身上具有它的独特的个性特征，移植到别人身上就失去了它的个性特征，因而也就失去了它的存在的条件。曹雪芹真是格物君子，现实主义的巨匠，他对他自己所塑造的这些艺术形象，早已烂熟于胸中，呼之欲出，所以那怕是一个细节，也是与形象本身血肉相连不可移动的，有正本的评语说：

　　探春围棋理事，气象严厉。香菱斗草善谑，姿态俊逸。湘云喜饮酒，何等疏爽。黛玉怕吃茶，何等妩媚。晴雯刺芳官，语极尖利。袭人给裙子，意极醇良。字字曲到。
　　写寻闹是贾母不在家景况，写设筵亦是贾母不在家景况，如此说来，如彼说来，真有笔歌墨舞之乐。

醉里乾坤大

> 看湘云醉卧青石，满身花影，宛若百十名姝抱云笙月鼓而簇拥太真者。

评语列举探春围棋、香菱斗草、湘云善饮、黛玉怕茶等一系列细节描写，然后总评说"字字曲到"。所谓"字字曲到"，就是说作者这些细节描写的高度真实性。《水浒传》里有武松景阳冈下酒醉以后上山醉卧青石板的场面，没想到《红楼梦》里竟会有史湘云醉卧青石板的场面，真是异曲同工，各极其妙。

《红楼梦》里除了史湘云的酒醉场面别具特色外，四十四回凤姐泼醋，酒后醉闹，也是特别有声有色的一段精彩文章。这段文章很长，从本回开头"原来贾母说今日不比往日，定要叫凤姐痛乐一日"起，一直到"平儿自觉面上有了光辉，方才渐渐的好了，也不往前头来……"为止，占了整整半回。值得我们注意的是作者在描写凤姐的酒醉时，完全换了一副笔墨，如果说六十二回描写湘云的醉态有如春露花浓，风光旖旎的话，那末本回描写凤姐的醉闹，便如秋风肃杀，万象萧森。最难写的是凤姐虽然也能勉强喝几口酒，但她毕竟不是酒徒，凭空很难让她喝醉。于是作者给她安排了一个适宜的场景，让贾母为凤姐过生日，贾母带头劝酒，然后尤氏、众姊妹、众嬷嬷、众丫环一齐都来敬酒，终于使凤姐不得不喝、不得不醉。于是作者把凤姐酒醉这一情节写得合情合理，具有浓厚的生活气息和真实感。其实直接描写凤姐酒醉的文字只有两句话：

> 凤姐儿自觉酒沉了，心里突突的似往上撞。

只这两句话，写得多么准确！凡不能喝酒而勉强喝酒以至于喝醉的人，都会有这种"心里突突的似往上撞"的感觉，然而这还不是凤姐的个性化的细节，以上也还不是这段文章的主要部分。凤姐醉闹这段文章的真

正精彩的地方是下面的部分：

　　凤姐儿瞅人不防，便出了席，往房门后檐下走来。平儿留心，也忙跟了来，凤姐儿便扶着他。才至穿廊下，只见他房里的一个小丫头子正在那里站着，见他两个来了，回身就跑。凤姐儿便疑心，忙叫站住。那丫头先只装听不见，无奈后面连平儿也叫，只得回来。凤姐儿越发起了疑心，忙和平儿进了穿堂，叫那小丫头子也进来，把槅扇关了，凤姐儿坐在小院子的台矶上，命那丫头子跪了，喝命平儿："叫两个二门上的小厮来，拿绳子、鞭子，把那眼睛里没主子的小蹄子打烂了！"那小丫头子已经唬的魂飞魄散，哭着只管碰头求饶。凤姐儿问道："我又不是鬼，你见了我，不说规规矩矩站住，怎么倒往前跑？"小丫头子哭道："我原没看见奶奶来。我又记挂着房里没人，所以跑了。"凤姐儿道："房里既没人，谁叫你来的？你便没看见我，我和平儿在后头扯着脖子叫了你十来声，越叫越跑。离的又不远，你聋了不成？你还和我强嘴！"说着，便扬手一掌打在脸上，打的那小丫头子一栽；这边脸上又一下，登时小丫头子两腮紫胀起来。平儿忙劝："奶奶仔细手疼。"凤姐便说："你再打着问他跑什么。他再不说，把嘴撕烂了他的！"那小丫头子先还强嘴，后来听见凤姐儿要烧了红烙铁来烙嘴，方哭道："二爷在家里，打发我来这里瞧着奶奶的，若见奶奶散了，先叫我送信儿去的。不承望奶奶这会子就来了。"凤姐儿见话中有文章，便又问道："叫你瞧着我作什么？难道怕我家去不成？必有别的原故，快告诉我，我从此以后疼你。你若不细说，立刻拿刀子来割你的肉。"说着，回手向头上拔下一根簪子来，向那丫头嘴上乱戳。唬的那丫头一行躲，一行哭求道："我告诉奶奶，可别说我说的。"平儿一旁劝，一面催他，叫他快说。丫头便说道："二爷也是才来房里的，睡了一会子醒了，打发人来瞧瞧奶奶，说才坐席，还得好一会才来呢。二爷就开了箱子，拿了两块银子，还有两根簪子，两匹缎子，叫我悄悄的送与鲍二的老婆去，叫他进来。他收了东西就往咱们屋里来了。二爷叫我来瞧着奶奶。底下的事，我就不知道了。"

凤姐听了，已气的浑身发软，忙立起身来一径来家。刚至院门，只见又一个小丫头在门前探头儿，一见了凤姐，也缩头就跑。凤姐儿提着名字喝住。那丫头本来伶俐，见躲不过了，越性跑了出来，笑道："我正要告诉奶奶去呢，可巧奶奶来了。"凤姐儿道："告诉我什么？"那小丫头便说二爷在家这般，如此如此，将方才的话也说了一遍。凤姐啐道："你早作什么了？这会子我看见你了，你来推干净儿！"说着，也扬手一下，打的那丫头一个趔趄，便蹑手蹑脚的走至窗前，往里听时，只听里头说笑。那妇人笑道："多早晚你那阎王老婆死了，就好了。"贾琏道："他死了，再娶一个也是这样，又怎么样呢？"那妇人道："他死了，你倒是把平儿扶了正，只怕还好些。"贾琏道："如今连平儿他也不叫我沾一沾了。平儿也是一肚子委曲不敢说。我命里怎么就该犯了'夜叉星'？"

凤姐听了，气的浑身乱战，又听他俩都赞平儿，便疑平儿素日背地里自然也有埋怨话了，那酒越发涌了上来，也并不忖度，回身把平儿先打了两下，一脚踢开门进去，也不容分说，抓着鲍二家的撕打一顿。又怕贾琏走出去，便堵着门，站着骂道："好淫妇！你偷主子汉子，还要治死主子老婆！平儿过来！你们淫妇忘八一条藤儿，多嫌着我，外面儿你哄我！"说着，又把平儿打几下，打的平儿有冤无处诉，只气得干哭，骂道："你们做这些没脸的事，好好的又拉上我做什么！"说着，也把鲍二家的撕打起来。贾琏也因吃多了酒，进来高兴，未曾作的机密，一见凤姐来了，已没了主意，又见平儿也闹起来，把酒也气上来了。凤姐儿打鲍二家的，他已又气又愧，只不好说的。今见平儿也打，便上来踢骂道："好娼妇！你也动手打人！"平儿怯打，忙住了手，哭道："你们背地里说话，为什么拉我呢？"凤姐见平儿怕贾琏，越发生了气，又赶上来打着平儿，偏叫打鲍二家的。平儿急了，便跑出来找刀子要寻死。外面众婆子、丫头忙拦住解劝。这里凤姐见平儿寻死去，便一头撞在贾琏怀里，叫道："你们一条藤儿害我，被我听见了，倒都唬起我来。你也勒死我罢！"贾琏气的墙上拔出剑来，说道："不用寻死，我也急了，一齐杀了，我偿了命，大家干净。"正闹的不开交，只见尤氏等一群人来了，说："这是怎么说，才好好的，就闹起来。"贾琏见了人，越发倚酒三分醉，逞起威风来，故意要杀凤姐儿。凤姐儿见人来了，便不似先前那般泼了，丢下众人，便哭着往贾母那边跑。

……

上面这一千三百多字，从凤姐看见小丫头生疑到凤姐、平儿、鲍二家的、贾琏一齐扭在一起大吵大闹撕打，行文有如疾风暴雨，而又层次井然：先是凤姐打第一个小丫头，接着是打第二个小丫头，其文势如骏马驰坂，一往直下。令人意想不到的是凤姐忽然回身竟把平儿先打了两下，然后"一脚踢开门进去，不容分说，抓着鲍二家的撕打"，然后又是打平儿，接着是平儿又打鲍二家的，接着又是贾琏打平儿，平儿要寻死，最后是贾琏拔剑要杀凤姐、平儿。这一场醉闹，确实写得有声有色，如同目见亲闻。

以上大段文字，实际上从前面提到的"凤姐儿自觉酒沉了，心里突突的似往上撞"两句直贯下来的，中间对凤姐虽然只提了一句"那酒越发涌了上来"，对贾琏也只提了一句"把酒也气上来了"，但酒的作用和力量，仍然是很明显的。对平儿则根本没有提她吃酒，因为她完全是被卷进去的，与吃不吃酒无关，但即使这样，仍能从侧面使人感到酒的作用和力量。所以尽管从表面上看来作者着墨较多的不是在写"酒"而是在写"闹"，但读者仍然能够清楚地感到作者是写的"醉闹"，而不是清醒的打架。

正是由于作者对具体的事件描写得如此真切生动、有血有肉，所以我们很容易地就把湘云的醉与凤姐的醉自然而然地区别开来了：湘云的醉是沉醉，是不胜酒力，她的醉卧芍药茵，是诗人韵事。而凤姐的醉，是微醉，是酒在肚，事在心，是借酒发作，她的大吵大闹大打，是她的泼辣性格的又一次揭示。

上面我们分析了作者着力描写的湘云的醉与凤姐的醉的截然不同的两种醉态，两种不同的性格，但是，作者并不是对任何人物都是如此着力渲染的，相反，作者在轻描淡写之处，也同样能传神。请看三十九回螃蟹宴时对平儿的描写：

> 周瑞、张材两家的因笑道："姑娘今儿脸上有些春色，眼圈儿都红了。"平儿笑道："可不是。我原是不吃的，大奶奶和姑娘们只是拉着死灌，不得已喝了两钟，脸就红了。"

就这样寥寥几笔，把平儿带酒微醺的神态描摹得十分传神，"眼圈儿都红了"这一句，真是传神阿堵、画龙点睛之笔，然而这样的描写，又是十分切合平儿的身份的，假使将湘云或凤姐任何一个人的醉态放到平儿身上，那都是不可想象的事。因为她终究只是大丫头和"屋里人"的身份，纵然她能饮酒，也不容许她放肆，所以这"眼圈儿都红了"一句，实在是颊上三毫，传神妙笔，胜过万言千语。

三

《红楼梦》第八回里，很精彩地描写了宝玉的醉态，而且是从开始喝酒到酒醉发脾气摔茶杯的全过程，奇怪的是对这段文字，对贾宝玉的酒醉，似乎很少为人们所注意。

这段文字也很长，开头是从"这里薛姨妈已摆了几样细茶果来留他们吃茶，宝玉因夸前日在那府里珍大嫂子叫人做的好鹅掌鸭信"起，一直到"彼时李嬷嬷等已进来了，听见醉了，不敢前来再加触犯，只悄悄的打听睡了，方放心散去"止，全过程将近三千字。真正进入描写宝玉醉态的是下面这段文字：

> 黛玉因问宝玉道："你走不走？"宝玉乜斜倦眼道："你要走，我和你一同走。"黛玉听说，遂起身道："咱们来了这一日，也该回去了。还不知那边怎么找咱们呢。"说着，二人便告辞。
>
> 小丫头忙捧过斗笠来，宝玉便把头略低一低，命他戴上。那丫头便将这大红猩毡斗笠一抖，才往宝玉头上一合，宝玉便说："罢，罢！好蠢东西，你也轻些儿！难道没见过别人戴过的？让我自己戴罢。"黛玉站在炕沿上道："啰唆什么，过来，我瞧瞧罢。"宝玉忙就近前来。黛玉用手整理，轻轻笼住束发冠，将笠沿披在抹额之上，将那一颗核桃大的绛绒簪缨扶起，颤巍巍露于笠外。整理已毕，端相了端相，说道："好了，披上斗篷罢。"宝玉听了，方接了斗篷披上。薛姨妈忙道："跟你们的妈妈都还没来呢，且略等等不迟。"宝玉道："我们倒去等他们，有丫头们跟着也够了。"薛姨妈不放心，到底命两个妇女跟随他兄妹方罢。他二人道了扰，一径回至贾母房中。

醉里乾坤大

贾母尚未用晚饭，知是薛姨妈处来，更加欢喜。因见宝玉吃了酒，遂命他自回房去歇着，不许再出来了，因命人好生看侍着。忽想起跟宝玉的人来，遂问众人："李奶子怎么不见？"众人不敢直说他家去了，只说："才进来的，想有事才去了。"宝玉踉跄回头道："他比老太太还受用呢，问他作什么！没有他只怕我还多活两日。"一面说，一面来至自己的卧室。只见笔墨在案，晴雯先接出来，笑说道："好，好，要我研了那些墨，早起高兴，只写了三个字，丢下笔就走了，哄的我们等了一日。快来与我写完这些墨才罢！"宝玉忽然想起早起的事来，因笑道："我写的那三个字在那里呢？"晴雯笑道："这个人可醉了。你头里过那府里去，嘱咐贴在这门斗上，这会子又这么问。我生怕别人贴坏了，我亲自爬高上梯的贴上，这会子还冻的手僵冷的呢。"宝玉听了，笑道："我忘了。你的手冷，我替你渥着。"说着，便伸手携了晴雯的手，同仰首看门斗上新书的三个字。

一时黛玉来了，宝玉笑道："好妹妹，你别撒谎，你看这三个字那一个好？"黛玉仰头看里间门斗上，新贴了三个字，写着"绛芸轩"。黛玉笑道："个个都好。怎么写的这们好了？明儿也与我写一个匾。"宝玉嘻嘻的笑道："又哄我呢。"说着又问："袭人姐姐呢？"晴雯向里间炕上努嘴。宝玉一看，只见袭人和衣睡着在那里。宝玉笑道："好，太渥早了些。"因又问晴雯道："今儿我在那府里吃早饭，有一碟子豆腐皮的包子，我想着你爱吃，和珍大奶奶说了，只说我留着晚上吃，叫人送过来的，你可吃了？"晴雯道："快别提。一送了来，我知道是给我的，偏我才吃了饭，就放在那里。后来李奶奶来了看见，说：'宝玉未必吃了，拿了给我孙子吃去罢。'他就叫人拿了家去了。"接着茜雪捧上茶来。宝玉因让："林妹妹吃茶。"众人笑说："林妹妹早走了，还让呢。"

宝玉吃了半碗茶，忽又想起早起的茶来，因问茜雪道："早起沏了一碗枫露茶，我说过，那茶是三四次后才出色的，这会子怎么又沏了这个来？"茜雪道："我原是留着的，那会子李奶奶来了，他要尝尝，就给他吃了。"宝玉听了，将手中的茶杯只顺手往地下一掷，豁啷一声，打了个粉碎，泼了茜雪一裙子的茶。又跳起来问着茜雪道："他是你那一门子的奶奶，你们这么孝敬他？不过是仗着我小时候吃过他几日奶罢了。如今逞的他比祖宗还大了。如今我又吃不着奶了，白白的养着祖宗作什么！撵了出去，大家干净！"说着便要去立刻回贾母，撵他乳母。

原来袭人实未睡着，不过故意装睡，引宝玉来怄他顽耍。先闻得说字、问包子等事，也还可以不必起来；后来摔了茶钟，动了气，遂连忙起来解释劝阻。早有贾母遣人来问是怎么了。袭人忙道："我才倒茶来，被雪滑倒了，失手砸了钟子。"一面又安慰宝玉道："你立意要撵他，也好，我们也都愿意出去；不如趁势连我们一齐撵了，我们也好，你也不愁再有好的来伏侍你。"宝玉听了这话，方无了言语，被袭人等扶至炕上，脱换了衣服。不知宝玉口内还说些什么，只觉口齿缠绵，眼眉愈加饧涩，忙伏侍他睡下。袭人伸手从他项上摘下那通灵玉来，用自己的手帕包好，塞在褥下，次日带时便冰不着脖子。那宝玉就枕便睡着了。彼时李嬷嬷等已进来了，听见醉了，不敢前来再加触犯，只悄悄的打听睡了，方放心散去。

上面这段文字，脂砚斋在"乜斜倦眼"四字旁批云"醉意"，在"宝玉听了笑道"一句旁批云"是醉笑"，在"众人笑说：'林妹妹早走了，还让呢'"句旁批云："三字是接上文口气而来，非众人之称。醉态逼真。"在"忽又想起早起的茶来"句下批云："偏是醉人搜寻的出细事，亦是真情。"在"将手中的茶杯只顺手往地下一掷"句旁批云："是醉后故用二字，非有心动气也。"在"我小时候吃过他几日奶罢了"句旁批云"真醉了"，在"撵了出去，大家干净"句旁批云"真真大醉了"，在此一大段眉端批云：

> 按警幻情讲（榜），宝玉系情不情，凡世间之无知无识，彼俱有一痴情去体贴，今加大醉二字于石兄，是因问包子问茶顺手掷杯，问茜雪撵李嬷，乃一部中未有第二次事也。袭人数语，无言而止，石兄真大醉也，余亦云实实大醉也，难辞碎（醉）闹，非薛蟠纨裤辈可比。

脂砚斋毕竟是曹雪芹最亲近的人，他批书有时深得雪芹文心，上面这一段旁批和眉批，就起了画龙点睛的作用，使作者行文细密隐曲的地方，能一一加以揭示，使读者了然胸中。

我们看上面这段宝玉的醉闹，很明显与以前所有的人各各不同，又是一番气象，又是一种笔墨，它真实而生动地把这个贵族公子发酒疯时的独有的生活，逼真地描摹了出来。本段所写的酒醉情景，只有这个贾宝玉才"当得起"。既切合他的公子哥儿的身份，又切合他毕竟是十多岁的未成年人，所谓童心尚存的特点，所以会说出"如今我又吃不着奶了"这类乳气未退的话来。特别要指出的是，作者在写宝玉的醉时，酒性是渐渐发作的，"乜斜倦眼"是开始点出醉意醉态，骂小丫头"罢，罢！好蠢东西"，骂跟随的老妈妈"我们倒去等他们"，"宝玉跄跄回头道，他比老太太还受用呢"等等的一路描写，都是醉中笔墨，直到掷杯，撵李嬷嬷则方是酒性大发作后的大醉之状。然后又是"口齿缠绵，眼眉愈加饧涩"，最后是睡下"就枕便睡着了"，这才是不胜酒力后的沉醉入睡。看贾宝玉的醉闹，作者把它写得多么富有生活气息，多么具有这个典型形象的个性特色！脂砚斋的批语里指出："难辞碎（醉）闹，非薛蟠纨裤辈可比。"确实宝玉的醉闹，与薛蟠的醉闹，闹得大不一样，各有各的个性，脂砚斋上述这段话确是有见解的。

在《红楼梦》里，突出地给人以一个"闹"字的印象的，无过于薛蟠了。薛蟠论身份，也是贵族公子哥儿，与贾宝玉有共同之处，然而作者并没有把这两个艺术形象混同起来，相反却是创造了两个具有不同思想、个性的艺术典型。

《红楼梦》一开头第四回里就写了薛蟠强抢英莲、打死冯渊的事，但这种事是霸道，是横行不法、鱼肉人民而不是"闹"，第二十八回在冯紫英家吃酒唱曲子，那倒确实是"闹"，但那次并没有喝醉酒。真正描写薛蟠醉闹的是第四十七回"呆霸王调情遭苦打"，这是一段绝妙的文字，与前面几种醉闹又截然不同，且看下面的这一大段文字：

　　刚至大门前，早遇见薛蟠在那里乱嚷乱叫说："谁放了小柳儿走了！"柳湘莲听了，火星乱迸，恨不得一拳打死，复思酒后挥拳，又碍着赖尚荣的脸面，只得忍了又忍。薛蟠忽见他走出来，如得了珍宝，忙趔趄着走上来一把拉住，笑道："我的兄弟，你往那里去了？"湘莲道："走走就来。"薛蟠笑道："好兄弟，你一去都没兴了，好歹坐一坐，你就疼我了。凭你有什么要紧的事，交给哥，你只别忙。有你这个哥，你要做官发财都容易。"湘莲见他如此不堪，心中又恨又愧，早生一计，便拉他到避人之处，笑道："你真心和我好，假心和我好呢？"薛蟠听这话，喜的心痒难挠，乜斜着眼忙笑道："好兄弟，你怎么问起我这话来？我要是假心，立刻死在眼前！"湘莲道："既如此，这里不便。等坐一坐，我先走，你随后出来，跟到我下处，咱们替另喝一夜酒。我那里还有两个绝好的孩子，从没出门去。你可连一个跟的人也不用带，到了那里，伏侍的人都是现成的。"薛蟠听如此说，喜得酒醒了一半，说："果然如此?"湘莲道:"如何人拿真心待你,你倒不信了?"薛蟠忙笑道:"我又不是呆子,怎么有个不信的呢!既如此,我又不认得,你先去了,我在那里找你?"湘莲道:"我这下处在北门外头。你可舍得家,城外住一夜去?"薛蟠笑道:"有了你,我还要家做什么!"湘莲道:"既如此,我在北门外头桥上等你,咱们席上且吃酒去。你看我走了之后,你再走,他们就不留心了。"薛蟠听了,连忙答应。于是二人复又入席,饮了一回。那薛蟠难熬,只拿眼看湘莲,心内越想越乐,左一壶右一壶,并不用人让,自己便吃了又吃,不觉酒已八九分了。湘莲便起身出来,瞅人不防去了。至门外,命小厮杏奴:"先家去罢,我到城外就来。"说毕,已跨马直出北门,桥上等候薛蟠。没顿饭时工夫,只见薛蟠骑着一匹大马,远远的赶了来,张着嘴,瞪着眼,头似拨浪鼓一般不住左右乱瞧。及至从湘莲马前过去,只顾望远处瞧,不曾留心近处,反踩过去了。湘莲又是笑,又是恨,便也撒马随后赶来。薛蟠往前看时,渐渐人烟稀少,便又圈马回来再找,不想一回头见了湘莲,如获奇珍,忙笑道:"我说你是个再不失信的。"湘莲笑道:"快往前走,仔细人看见跟了来,就不便了。"说着,先就撒马前去,薛蟠也紧紧的跟来。湘莲见前面人迹已稀,且有一带苇塘,便下马,将马拴在树上,向薛蟠笑道:"你下来,咱们先设个誓,日后要变了心,告诉人去的,便应了誓。"薛蟠笑道:"这话有理。"连忙下了马,也拴在树上,便跪下说道:"我要日久变心,告诉人去的,天诛地灭!"一语未了,只听"嗤"的一声,颈后好似铁锤砸下来,只觉得一阵黑,满眼金星乱迸,身不由己,便倒下来。湘莲走上来瞧瞧,知道他是个笨家,不惯捱打,只使了三分气力,向他脸上拍了几下,登时便开了果子铺。薛蟠先还要挣挫起来,又被湘莲用脚尖点了两点,仍旧跌倒，口内说道："原是两家情愿，你不依，只好说，为什么哄出我来打我？"一面说，一面乱骂。湘莲道："我把你瞎了眼的，你认认柳大爷是谁！你不说哀求，你还伤我！我打死你也无益，只给你个利害罢。"说着，便取了马鞭过来，从背至胫，打了三四十下。薛蟠酒已醒了大半，觉得疼痛难禁，不禁有"嗳哟"之声。

　　湘莲冷笑道："也只如此！我只当你是不怕打的。"一面说，一面又把薛蟠的左腿拉起来，朝苇中汀泥处拉了几步，滚的满身泥水。又问道："你可认得我了？"薛蟠不应，只伏着哼哼。湘莲又掷下鞭子，用拳头向他身上擂了几下。薛蟠便乱滚乱叫，说："肋条折了。我知道你是正经人，因为我错听了旁人的话了。"湘莲道："不用拉别人，你只说现在的。"薛蟠道："现在也没什么说的。不过你是个正经人，我错了。"湘莲道："还要说软些才饶你。"薛蟠哼哼着道："好兄弟。"湘莲便又一拳。薛蟠"嗳哟"了一声道："好哥哥。"湘莲又连两拳。薛蟠忙"嗳哟"叫道："好老爷，饶了我这没眼睛的瞎子罢！从今以后我敬你怕你了。"湘莲道："你把那水喝两口。"薛蟠一面听了，一面皱眉道："那水脏得很，怎么喝得下去！"湘莲举拳就打。薛蟠忙道："我喝，我喝。"说着说着，只得俯头向苇根下喝了一口，犹未咽下去，只听"哇"的一声，把方才吃的东西都吐了出来。湘莲道："好脏东西，你快吃尽了饶你。"薛蟠听了，叩头不迭道："好歹积阴功饶我罢！这至死不能吃的。"湘莲道："这样气息，倒熏坏了我。"说着，丢下薛蟠，便牵马认镫去了。

　　这里薛蟠见他已去，心内方放下心来，后悔自己不该误认了人。待要挣挫起来，无奈遍身疼痛难禁。谁知贾珍等席上忽不见了他两个，各处寻找不见。有人说："恍惚出北门去了。"

薛蟠的小厮们素日是惧他的，他吩咐不许跟去，谁还敢找去？后来还是贾珍不放心，命贾蓉带着小厮们寻踪问迹的直找出北门。下桥二里多路，忽见苇坑边薛蟠的马拴在那里。众人都道："可好了，有马必有人。"一齐来至马前，只听苇中有人呻吟。大家忙走来一看，只见薛蟠衣衫零碎，面目肿破，没头没脸，遍身内外，滚的似个泥猪一般。贾蓉心内已猜着九分了，忙下马令人拽了出来，笑道："薛大叔天天调情，今儿调到苇子坑里来了。必定是龙王爷也爱上你风流，要你招驸马去，你就碰到龙犄角上了。"薛蟠羞的恨没地缝儿，钻不进去，那里爬的上马去。贾蓉只得命人赶到关厢里，雇了一乘小轿子，薛蟠坐了，一齐进城。贾蓉还要抬往赖家去赴席，薛蟠百般央告，又命他不要告诉人，贾蓉方依允了，让他各自回家。

上面这一场醉闹，"闹"得实在新奇别致，与同样的公子哥儿贾宝玉的醉闹，可以说没有一丝一毫相似之处。我们试掩卷细想，薛蟠的全部行动，全部细节，可以说找不出任何一处是游离于这个艺术形象的思想和性格之外的，因而上面这一场醉闹，只能属于薛蟠这个艺术形象所独有，任何有本领的作家，都无法把薛蟠的醉闹按到别个艺术形象的身上去。

我们还可以联系到七十五回傻大舅邢德全赌场醉闹的情景，曹雪芹在这里又给我们展现了另一种生活场面，另一副那诗礼簪缨之家的"内幕"，这就是开夜赌，玩娈童，"天天宰猪割羊，屠鹅戮鸭，好似临潼斗宝一般"的贵族阶级特殊的腐朽生活。这节文字从"尤氏方告辞出来，走至大门前上了车"起，一直到"一面说，一面便进去卸妆安歇"止，下面我们只引醉闹的一段：

> 邢德全虽系邢夫人之胞弟，却居心行事大不相同。这个邢德全只知吃酒赌钱、眠花宿柳为乐，手中滥漫使钱，待人无二

心，好酒者喜之，不饮者则亦不去亲近，无论上下主仆皆出自一意，并无贵贱之分，因此都唤他"傻大舅"。薛蟠更是早已出名的呆大爷。今日二人皆凑在一处，都爱"抢新快"爽利，便又会了两家，在外间炕上"抢新快"，别的又有几家，在当地下大桌上打么番。里间屋里又一起斯文些的，抹骨牌，打天九。此间伏侍的小厮，都是十五岁以下的孩子。若成丁的男子到不了这里，故尤氏方潜至窗外偷看。其中有两个十六七岁娈童，以备奉酒的，都打扮的粉妆玉琢。今日薛蟠又输了一张，正没好气，幸而掷第二张完了，算来除翻过来倒反赢了，心中只是兴头起来。贾珍道："且打住，吃了东西再来。"因问那两处怎样。里头打天九的，也作了账等吃饭。打么番的未清，且不肯吃。于是各不能催，先摆下一大桌，贾珍陪着吃，命贾蓉落后陪那一起。薛蟠兴头了，便搂着一个娈童吃酒，又命将酒去敬邢傻舅。傻大舅是输家，没心绪，吃了两碗，便有些醉意，嗔着两个娈童只赶着赢家不理输家了，因骂道："你们这起兔子，就是这样专洑上水。天天在一处，谁的恩你们不沾？只不过我这一会子输了几两银子，你们就三六九等了。难道从此以后再没有求着我们的事了！"众人见他带酒，忙说："很是，很是。果然他们的风俗不好。"因喝命："快敬酒赔罪。"两个娈童都是演就的局套，忙都跪下奉酒，说："我们这行人，师父教的，不论远近厚薄，只看一时有钱势就亲近；便是活佛神仙，一时没了钱势了，便不许去理他。况且我们又年轻，又居这个行次，求舅太爷体恕些，我们就过去了。"说着，便举着酒俯膝跪下。邢大舅心内虽软了，只还故作怒意不理。众人又劝道："这孩子是实情话。老舅是久惯怜香惜玉的，如何今日反这样起来？若不吃这酒，他两个怎样起来。"邢大舅已撑不住了，便说道："若不是众位说，我再不理。"说着，方接过来，一气喝干了。又斟上一碗来。这邢大舅便酒勾往事，醉露真情起来，乃拍案对贾珍叹道："怨不的他们视钱如命。多少世宦大家出身的，若提起'钱势'二字，连骨肉都不认了。老贤甥，昨日我和你那边的令伯母赌气，你可知道否?"贾珍道："不曾听见。"邢大舅叹道："就为钱这件混账东西。利害，利害!"贾珍深知他与邢夫人不睦，每遭邢夫人弃恶，扳出怨言，因劝道："老舅，你也太散漫些。若只管花去，有多少给老舅花的。"邢大舅道："老贤甥，你不知我邢家底里。我母亲去世时，我尚小，世事不知。他姊妹三个人，只有你令伯母年长出阁，一分家私都是他把持带来。如今二家姐虽也出阁，他家也甚艰窘。三家姐尚在家里，一应用度，都是这里陪房王善保家的掌管。我便来要钱，也非要你贾府的，我邢家家私也就够我花了。无奈竟不得到手，所以有冤无处诉。"贾珍见他酒后叨叨，恐人听见不雅，连忙用话解劝。

外面尤氏等听得十分真切，乃悄向银蝶笑道："你听见了? 这是北院里大太太的兄弟抱怨他呢。可怜他亲兄弟还是这样说，这就怨不得这些人了。"因还要听时，正值打幺番者也歇住了，要吃酒。因有一个问道："方才是谁得罪了老舅，我们竟不曾听明白，且告诉我评评理。"邢德全见问，便把两个娈童不理输的、只赶赢的话说了一遍。这一个年少的纨裤道："这样说，原可恼的，怨不得舅太爷生气。我且问你两个：舅太爷虽然输了，输的不过是银子钱，并没有输丢了，怎就不理他了?"说着，众人大笑起来，连邢德全也喷了一地饭。尤氏在外面悄悄的啐了一口，骂道："你听听，这一起子没廉耻的小挨刀的，才丢了脑袋骨子，就胡沁嚼毛了。再俞攘下黄汤去，还不知沁出些什么来呢。"一面说，一面便进去卸妆安歇。

以上一段文字，把当时贵族统治阶级的这种特殊的腐朽生活表现得多么逼真，多么淋漓尽致！曹雪芹真是写生能手，他善于把生活描摹得就像生活本身一样地真实生动，当然曹雪芹不是自然主义者，而是现实主义大师，他反映生活是经过他的世界观对客观生活进行了评价、选择，经过了艺术的典型化的过程的。正是由于这样，他笔下的这些人物，能够个个有血有肉，有独自的生命和个性，这里的邢德全虽然着墨不多，但却独具个性，他既非贾宝玉，也非薛蟠，尽管他原先也是贵族阶级出身。

从以上一组人物画像中，我们可以看出，作者是多么善于把握住人物的个性特征，使自己的人物于行动中表现出自己独特的个性来。

四

在《红楼梦》里与焦大醉骂一样引人注目的，还有"刘姥姥醉卧怡红院"这一情节。曹雪芹把刘姥姥引进大观园，自然是为了通过这个"村姥姥"来更加鲜明地揭露和批判这个贵族家庭的"奢华过费"，一顿螃蟹宴，就抵得上庄户人家一年的生活费之类。另外，也含有对这个贵族公子富贵尊荣、饫甘餍肥的生活揶揄讽刺的意味。其"醉卧怡红院"一节，对宝玉的生活，就包含着某种程度的讽喻。至于他所摹写的生活，以及他所写的这个"村姥姥"的醉卧的场景，则同样是惟妙惟肖，活像生活本身那样真实和传神。也因此，这刘姥姥的"醉卧"或者说是"醉闹"，就又完全区别于以上所有人的醉闹，它又是另一种独特的生活和独特的个性。刘姥姥醉卧的这段文字实在太长，我们这里只能节引其中的一小部分：

　　刘姥姥觉得腹内一阵乱响，忙的拉着一个小丫头，要了两张纸就解衣。众人又是笑，又忙喝他："这里使不得！"忙命一个婆子带了东北角上去了。那婆子指与他地方，便乐得走开去歇息。那刘姥姥因喝了些酒，他脾气不与黄酒相宜，且吃了许多油腻饮食，发渴多喝了几碗茶，不免通泻起来，蹲了半日方完。及出厕来，酒被风禁，且年迈之人，蹲了半天，忽一起身，只觉得眼花头眩，辨不出路径。四顾一望，皆是树木山石、楼台房舍。

……

刘姥姥又惊又喜，迈步出来。忽见有一副最精致的床帐，他此时又带了七八分醉，又走乏了，便一屁股坐在床上。只说歇歇，不承望身不由己，前仰后合的，朦胧着两眼，一歪身就睡熟在床上。

且说众人等他不见，板儿见没了他姥姥，急的哭了。众人都笑道："别是掉在茅厕里了，快叫人去瞧瞧。"因命两个婆子去找，回来说没有。众人各处搜寻不见。袭人战剟其道路："是他醉了迷了路，顺着这一条路往我们后院子里去了。若进了花障子到后房门进去，虽然碰头，还有小丫头们知道；若不进花障子再往西南上去，若绕出去还好，若绕不出去，可够他绕回子好的。我且瞧瞧去。"一面想，一面回来，进了怡红院便叫人，谁知那几个房子里小丫头已偷空顽去了。袭人一直进了房门，转过集锦槅子，就听的鼾齁如雷。忙进来，只闻见酒屁臭气，满屋一瞧，只见刘姥姥扎手舞脚的仰卧在床上。袭人这一惊不小，慌忙赶上来将他没死活的推醒。那刘姥姥惊醒，睁眼见了袭人，连忙爬起来道："姑娘，我失错了！并没弄脏了床帐。"一面说，一面用手去掸。袭人恐惊动了人被宝玉知道了，只向他摇手，不叫他说话。忙将当地大鼎内贮了三四把百合香，仍用罩子罩上。些须收拾收拾，所喜不曾呕吐，忙悄悄的笑道："不相干，有我呢。你随我出来。"刘姥姥答应着，跟了袭人出至小丫头们房中。命他坐了，向他说道："你就说醉倒在山子石上打了个盹儿。"刘姥姥答应知道。又与他两碗茶吃，方觉酒醒了。

护花主人在"蹲了半日方完"到"只见眼花头眩，辨不出路径"一段上端批云："作者心思真是无微不入。"在"又惊又喜，迈步出来。忽见有一副最精致的床帐"一段上端批云："醉眼迷离，那能辨得清楚，以'最精致'三字括之，已觉斑烂五色，如在目前，无一处不写得入情入理。"在回末总评云："刘姥姥误入怡红院一段文章，有疑鬼疑神之笔。又照应凤姐代插满头花，想见席中醉态，真可发笑。"

无论是说作者"无一处不写得入情入理"也好，说"有疑鬼疑神之笔"也好，总之是说，作者刻画刘姥姥的醉态和醉闹，已换了一副笔墨，作者笔下的刘姥姥一路都是在"醉眼迷离"之中，一直到"扎手舞脚的仰卧在"贾宝玉的床上，"鼾齁如雷"，"酒屁臭气"满屋，这是刘姥姥酒性发作，醉极而卧，同时也是文章发挥到了淋漓尽致的程度。而这才是真正属于刘姥姥的醉，也是完全区别于任何人的醉。

＊　　　　　＊　　　　　＊

《红楼梦》是一部现实主义的伟大杰作，是一座艺术的宝库，曹雪芹以他的非凡的才华，表现了他艺术地再现生活的惊人的成就，它对我们今天的创作来说，也仍然是有着很实际的借鉴作用的。上面我们仅就《红楼梦》里关于人物酒醉情景的描写作一番归纳和比较，就可以看到作者表现生活的艺术手段，是多么卓越和不可企及啊。

"醉里乾坤大"，仅就人物酒醉的场面，已使我们看到作者在这里开拓了多么广阔的艺术天地。

生活是无穷无尽的，艺术的表现力，也应该与生活本身一样。

1980 年 2 月 8 日夜 11 时半于瓜饭楼

快读《红楼梦》 王蒙评

在十年前（1986 年）我曾写过一篇关于清代《红楼梦》评点派的文章，题为《重议评点派》，发表在《红楼梦学刊》1987 年第一期。同时我又辑录了清代八家著名《红楼梦》评点派的全部评语，以程甲本为底本，依原评位置排印，书名为《八家评批红楼梦》，于 1991 年由文化艺术出版社出版。《重议评点派》就是该书的序言。

我在这篇文章里提出了：一、重新评价清代的红学评点派，应该肯定他们的研究成果；二、具体地列举了十一个红学重大专题，都是评点派早已研究并提出了正确的或接近正确的看法的；三、我指出评点是传统的文艺批评方式，这种方式是可取的，行之有效的。有些人评点得不好，并不是这种方式不好，而是评点的人本身水平的问题。最后我呼吁说：

> 我敢断言，现在如果有哪一位红学大家，他确实具有很高的鉴赏力和很高的文字功夫，他对《红楼梦》具备了评批的条件，如果能由他来评批一部《红楼梦》，那么，这部《红楼

梦》肯定会受到人们的极大欢迎。①

现在，十年过去了，果如我所言，由当代最著名的小说家兼红学家王蒙来完成了这样一件当代红学史上的大事。

事情是突如其来的，王蒙评点《红楼梦》我事先并不了解，直到拿到了书，才惊喜参半地翻阅起来。翻着翻着，我就情不自禁地想写文章介绍，因为它给了我冲动，它让我读后睡不着觉，我为它半夜里又从床上爬起来，觉得这篇文章非写不可，不写我的内心就不会得到宁静。

我为什么在题上加"快读"两字呢？这倒不是叫大家快点读，虽然可包含这个意思在内。我这个"快"字，是痛快，解气，够味的意思。我敢说，读这个王评本《红楼梦》是真痛快，真够味的！真可以说"一下被他抓着了，半世让你说不得"！②

首先让我拍案叫绝的是王蒙的《序》。大家知道，在清代最有名的《红楼梦》的《序》要数戚蓼生的那一篇了，总共只有四百六十七个字，却让你回味无穷，真是"万千领悟便是无数慈航矣"！自乾隆以来，可以说至今没有一篇《序》文及得上它。有之！则就要数王蒙这篇《序》了。

王蒙的这篇《序》一共只有一千五百字左右，比戚《序》多出二倍，但在当代的《序》文中要算是最短最短的了。

王蒙说："《红楼梦》是经验的结晶。人生经验，社会经验，感情经验，政治经验，艺术经验，无所不备。《红楼梦》就是人生。《红楼梦》帮助你体验人生。读一部《红楼梦》，等于活了一次，至少是活了二十年。"

----

① 见拙著《漱石集》，第 269 页，岳麓书社 1993 年版。

② 明末清初诗僧担当有行书条幅云："一下被他抓着后，半生痒处一齐消。"予略更其语。

这段话说得多么好啊！最后两句是警句。按评点派的办法，应该加密圈密点。真是"一下被他抓着了"！"读一部《红楼梦》，等于活了一次，至少是活了二十年。"这话别人没有说过，是王蒙第一次说的。夫人生最长不过百岁，一般活到七八十岁也就可以了。可是到七八十岁时回顾往事，觉得有多少事想重新再来一遍啊！有多少事感到当时没有经验啊！但还真能再来一遍吗？逝水年华，是不可再来的。想再来一遍吗？那么就请读《红楼梦》吧！你可以随着他们从儿时到成年，随着他们去经历经历。我曾多次说过，《红楼梦》要曾经翻过觔斗的人来读，才会领会深切。感谢一场"文化大革命"，让当时所有的成年人都把觔斗翻了个够。有的是彻底打倒，随时被批斗，这是正翻；有的是将别人彻底打倒，自己高举造反大旗，但到头来也被人们彻底看透了，这是负翻；还有的是钻头觅缝，拉关系，往上往里靠，终于达到了目的，但终于也被人们彻底看透了，这叫做侧翻，……总之，一场"文化大革命"让人们火辣辣地活过了一次，增加了不少生活的回味。有了这个生活底子再来读《红楼梦》确实是增加了"万千领悟"，但论语言，总是比不过王蒙的"等于活了一次"！多精辟的思想，多精警的语言！

王蒙说："《红楼梦》是一部令人解脱的书。万事都经历了，便只有大怜悯大淡漠大欢喜大虚空。便只有无。所有的有都像是谵妄直至欺骗，而只有无最实在。便不再有或不再那么计较那些小渺的红尘琐事。便活得稍稍潇洒了——当然也是悲凉了些。"

"《红楼梦》是一部令人解脱的书。"这话过去有人讲过，也有人批评过，但经过"文革"这一场大波澜后，再来看这个问题，似乎应该看得深一些了。我们从"文革"中看到了从有到无，也看到了从无到有，甚至于再从有到无。这样的变化，能不发人深思吗？能不想到《红楼梦》吗？或者读《红楼梦》时能不想到这种变化吗？《红楼梦》里"你方唱罢我登场"的悲歌，多么富有历史的深度啊！

王蒙说："《红楼梦》是一部执著的书。它使你觉得世界上本来还是有一些让人值得为之生为之死为之哭为之笑为之发疯的事情。它使你觉得，活一遭还是值得的。所以，死也是可以死得值得的。为了活而死是值得的。一百样消极的情绪也掩盖不下去人生的无穷滋味！"

"《红楼梦》是一部执著的书。"这话，更抓住了《红楼梦》的根本。从根本上来说："字字看来皆是血""一把辛酸泪"才是作者的心声。《红楼梦》是写到了无，写到了"白茫茫大地真干净"，但《红楼梦》真正激动人心的不是这无，而是它对人生的执著，对爱情的执著，对是非的执著，对现实的执著……一句话，对自己个性的执著，对自己理想的执著。因为执著，宝玉几乎被打死，因为执著，可以不理睬仕途经济，因为执著，可以非圣贤而谤僧道，因为执著，宁要木石前盟而不要金玉良缘。清代的评论家涂瀛说：

> 宝玉之情，人情也。为天地古今男女共有之情。为天地古今男女所不能尽之情。天地古今男女所不能尽之情，而适宝玉为林黛玉心中、目中、意中念中、谈笑中、哭泣中、幽思梦魂中、生生死死中悱恻缠绵固结莫解之情，此为天地古今男女之至情。

西园主人评林黛玉说：

> 盖以儿女之私，此情只堪自知，不可以告人，并不可以告爱我之人。凭天付予，合则生，不合则死也。故闻侍书之传言则绝粒，听傻大姐之哭诉则焚稿，私愿不遂，死而后已。此身干净，拖噗自完。……

这是对贾宝玉、林黛玉对爱情的执著的最深刻的解释，这也是对《红楼梦》、对曹雪芹的执著的最好的解释。阅古今之书，写男女之情而能至于林黛玉、贾宝玉这样的执著深刻，确是古今少有。王蒙说："它使你觉得世界上本来还有一些人值得为之生为之死为之哭为之笑为之发疯的事情。"这话说得多好！正是因为有这一点坚定的信心，所以人才活得有意思，有目的，有滋味！人归根结底并不是专门为着活着而活着的，也不是专门为别人的需要而活着的。人应该为着真正的活着而活着，为着人的尊严，为着自己的崇高理想，为着自己的真感情，真思想，真喜、怒、哀、乐，真个性而活着。如果没有了这些，活着的人也不过是一个活的人体模型。读《红楼梦》里贾宝玉、林黛玉这两个典型，它有时让你笑，有时让你哭，有时又让你为之颠狂，就是因为它们是两个有美好理想的典型，是两个执著的典型。

王蒙说："读一次《红楼梦》，又等于让你年轻了二十年。"这话实在是读《红楼梦》而能深入肌理之言。

王蒙说："你会觉得：不可能是任何个人写出了《红楼梦》。""是那冥冥中的伟大写了《红楼梦》。假曹雪芹之手写出了它。""《红楼梦》是一部文化的书。它似乎已经把汉语汉字汉文学的可能性用尽了，把我们的文化写完了。"我国本来有"文章本天成，妙手偶得之"的说法，被王蒙巧妙地用到赞《红楼梦》上来，真是高明之极，比起那些死乞白赖地要把《红楼梦》说成是自己的什么人写出来的人来，不知要高明多少，岂止上下床之别而已。

我常常觉得我最幸福的是一个中国人。又认得汉字，又读过一些古书，特别是读了好多遍《红楼梦》，还在"文革"的大动乱中用毛笔偷偷地抄了一部庚辰本《红楼梦》。特别是还亲身经历了一场史无前例的"文化大革命"，看到了自有历史以来的一次大波澜，也是用自己的生命来读了一部历史！

我觉得中国的文字实在美妙极了，《西厢记》、《牡丹亭》已令人口齿生香，到了《红楼梦》，文字的精妙，语言容量之深度，表情达意之曲折入微，实在是说部第一。王蒙对中国文字的热爱和高度评价，真是说到了我的心里。记得前几年，徐朔方教授有一篇关于中国文字的好文章，精警至极！我读后多年来一直中心藏之。须知中国的文字是值得我们生死系之的啊！

王蒙说："你和《红楼梦》较劲吧，你永远不可能征服它，它却强大得可以占领你的一生。"这话说得多深刻啊！1986 年我在哈尔滨国际《红楼梦》研讨会上题过一首诗，诗云："大哉红楼梦，浩荡若巨川。众贤欣毕集，再论一千年！"1994 年 6 月，我在台北参加甲戌红楼梦研讨会，和周策纵先生韵再题云："故国红楼到海边。论红何止一千年。人书俱老天难老，更有佳章待后贤！"我的意思与王蒙的意思完全一样，但王蒙说得直截，说得现代化，说得容易叫人理解。如果一代代的每个红迷的一辈子都被《红楼梦》占领了，那么它的占领何止一千年呢？王蒙说得真深刻、巧妙而又易入。

在这篇《序》里，像上面这样的精警的段落、句子，几乎通篇皆是。可以说从头一句起，就让你不能放下，必须读下去。《红楼梦》也真幸福，前有戚蓼生的《序》，可以作为有清一代的代表。后有王蒙的《序》，可以作为我们时代读《红楼梦》的代表。所以，曹雪芹似乎也可以减轻一些他的"谁解其中味"的慨叹了！

王蒙对《红楼梦》所作的评语，也可以说随处散发着理解的智慧和意趣。他对《红楼梦》的理解是深刻的、广博的，他对曹雪芹的屈原式和司马迁式的胸怀，以及他的忧愁、多感、深沉和生死系之的真情是有相通之处的。他的评，是一个大才子的评，是一个大作家的评，是一个有大智慧大文化人的评。《红楼梦》的评，已经中断了将近半个世纪了，现在忽然出来了一位大评家，出版了一部评点本的《红楼梦》，这不能不说是红坛的一件大事和盛事！我曾经说过，有了《文心雕龙》，以前的优秀的文学名著，才能有刘勰和他的《文心雕龙》。我们的优秀的古典文学名著，它也在创造和培育着自己的知音。有了曹雪芹的《红楼梦》，历史必然会创造出能理解曹雪芹和他的《红楼梦》的人，"谁解其中味"的感叹和呼唤，终究会唤出能解其中味的人的！我们时代第一部王评《红楼梦》，就是这种标志和象征。当然，当代的和以往的红学家，《红楼梦》评点家，《红楼梦》的痴迷的读者，其中也不乏堪称解味或部分解味的人，但以评点派的形式出现的，王蒙是当代第一人。同时，我个人还觉得他是解味较深和较多的一人！如果要想找出一个彻头彻尾、彻里彻外，全部理解曹雪芹，把曹雪芹的学问和心意思想搞个底朝天的人，那是不可能的。因为曹雪芹毕竟是旷古未有的奇才，因为毕竟时代不同了，生活不同了，思想方式不同了！

我读王蒙的《序》，为之中夜不寐。我读王蒙的评语，时时为之击节，为之连连浮白，为之欷歔叹息，为之大欢大乐，也不免为之黯然神伤和凄然泪下，我几乎分不清是被曹雪芹感动，被续作者感动，还是被王蒙所感动了。

一部《红楼梦》，王蒙的评是那么多，不要说是一言难尽，就是万言也难尽的。我这里就拣几段重要情节的评，作些引录，至于要深入而全面了解品味他的评，那我的引录和介绍是无济于事的，充其量也只能算是尝鼎一脔罢了。

以下我就依情节的先后，对评语略作引录：

在第一回开头，王评说：

　　既为梦幻，何真事之有？"曾历……""故隐……"可见所历是真，非梦，但最后又确是一番梦幻，至少感到是梦了。梦耶？真耶？是人生的"根本"问题，也是文学的根本问题。无真无文学，无梦行吗？

在第一回赤霞宫神瑛侍者和绛珠仙草的神话故事上，王评云：

一个绝妙的爱情神话故事。神话故事却又是现实故事的升华。是悲哀的爱情故事的飞升。这个故事统御着宝黛爱情故事的全过程。令人神往。令人能不泪下。

在第四回正文前评云：

毛泽东始倡第四回是总纲说，他是作为革命家、政治家，把《红》定性为"政治小说"，把《红》的内容定为"贾、王、史、薛四大家族兴衰史"，以阶级斗争为纲来探讨的。当然四回极重要，四回确实讲到了"四大家族"，言之有理。如果从哲理上掌握，还是第一回开宗明义。

从爱情、从十二钗的命运及整个人物的命运来看呢，总纲却是下一章了。一般红学家最重视、最花力气破译的也是第五回。

"总纲"多了，还算不算总纲呢？

麻烦就麻烦在《红》这部书太立体，太"多元"了。谁又能一以制之呢？

在第五回开头综述往事这一段，王评云：

这段综述，一般地技巧地说，本为小说家所忌，盖综合判断跑到了叙述描写、情节展开的前面去了，概念走到了艺术表现的前面，作者先期把结论捅给了读者。

然而，大师、巨著，自有不计小节处，由于有真情实感真生活真学问，由于有无数活生生的东西即将表现出来，技巧不再重要，技巧上的失策仍更是不拘一格，化腐朽为神奇。而缺少总体价值的三流作家三流作品，即使手法讲究，也只是化神奇为腐朽。大师就是大师，不服不行。

在第三十三回贾政打宝玉一段，王评云：

> 雪芹写大场面，如指挥一个交响乐队，贾政如何，贾环如何，宝玉如何，小厮如何，清客如何，聋婆子如何，王夫人如何，李纨如何……有条不紊，错落有致，合成一个亦喜亦悲亦闹亦正的大交响乐。

在贾母在"窗外颤巍巍的声气说道：'先打死我，再打死他，岂不干净了！'"以下一大段，王评云：

> 语出不凡，先声夺人，一语穿透多少屏障！贾母岂是等闲之辈！

在贾母说："你原来和我说话！我倒有话吩咐，只是我一生没养个好儿子，却叫我和谁说去！"一段旁，王评云：

> 一句一刀，刺刀见红，字字出血！

在"难道宝玉就禁得起了？"数语旁批云：

> 对答如流，批深批透，贾宝玉体无完肤，贾政亦体无完

527

肤矣。

　　高屋建瓴，势如破竹。各有其悲。

在三十三回末尾宝玉挨打后抬进房里一段，王评云：

　　这是前四十回的一大高潮。

　　这一高潮涉及许多人和事，许多矛盾侧面。

　　各种矛盾积累到一定程度，便要大闹大乱一次。

　　每个人的表现都恰如其分，恰有其理。忠顺府长史官话说得并无差错，贾政怒得更有道理，也是一身正气。贾环进谗不佳，毕竟无风不起浪。贾政打得有理。王夫人说得有理。李纨哭得有理。贾母气得骂得赖得有理。凤姐料理得有理。袭人查核得有理。这一切矛盾又都成了以后的矛盾发展的预伏。

　　真大手笔也！

在三十五回开头"这里林黛玉还是立于花阴之下，远远的却向怡红院内望着"一大段旁，王评云：

　　黛玉立在花阴之下，看一批批人看望宝玉，这个角度选得极佳。突出了宝黛二人处境之大不同，更突出了黛玉与这个家族的疏离感。情也是负担，是沉重的包袱。黛玉反不能随随便便与别人一起去怡红院"打花胡哨"。

在黛玉进院进屋子后，"只见窗外竹影映入纱窗，满屋内阴阴翠润，几簟生凉。黛玉无可释闷，便隔着纱窗调逗鹦哥作戏"，这一大段文字后，王评云：

林黛玉的这种敏感清雅的独处生活方式，使评点者不伦不类的联想起美国女诗人艾米莉·狄金森（Emily Dickinson），她完成学业后几乎是足不出户。她写诗，完全不是为了发表，她很短命，温柔纤细，死后才成为著名诗人。

《追忆逝水年华》的作者普鲁斯特也是长期过着封闭的生活的。

林黛玉的特点其实适合搞艺术，她是艺术型人物。她与狄金森相比，最不幸之处是她并不能真正与世隔绝，相反，她处于关系复杂，一个个纵横捭阖、勾心斗角的贾府的矛盾中，她与宝玉的感情甚至把她也推到了矛盾漩涡的中心，她成了矛盾一方，孤立无援必败的一方。而且，她生活在一个视文学艺术为下流异端的社会里。

在三十八回吃螃蟹的一段，王评云：

吃螃蟹一节，确实可以当作风俗画来看，作者写得有鼻子有眼，实实在在，方方面面，严丝合缝。这是求实求真的一套笔墨，阅读效果是感同身受，使你忘了是小说。

好小说既是小说，又常常不是小说。是小说，使你惊叹于小说家的想象力、才华和博大精深，直至匠心独运。不是小说，使你见到感到了时代、历史、人生、宇宙，至少是生活的图画。

在黛玉咏螃蟹诗的一段，王评云：

这是大观园的一幅行乐图。简直是天堂，是活神仙的日子。有美景，有美食，有美文（诗），更有美人，几乎人人开心，个个高兴。几近于一次联欢节，狂欢节，诗歌艺术节，美食节，菊花节。节日般的快乐一去不再，永远难忘。即使重返大荒山青埂峰无稽崖，重新永远永远地复归为一块石头，想起这次吃蟹咏菊，能不依依？

乐哉人生，哀哉人生！《红楼梦》请君尝尽人生滋味！

在五十回争联即景诗的一段，王评云：

这是大观园的诗歌艺术节或青年联欢节。也可以叫白雪节。

这是一个高潮，一个青春、才华、欢乐的高潮。包括"时装表演"，野餐烤肉，联诗。诗可以"兴、观、群、怨"，也可以玩耍，比赛，尽情发挥。

这会留下永远的美好记忆。

此后虽仍有游乐，却再也没有这种规模了。

在五十一回月夜晴雯只穿着小袄出去吓麝月一段，王评云：

袭人不在，诸事略显蹊跷。

天冷、夜长。晴雯与麝月侍候宝玉入眠。夜半起来漱口喝茶。麝月出去，晴雯要唬她，受凉……云云，都是鸡毛蒜皮，平凡的琐事。

这些琐事的后面，有一种与白天的红火热闹纠缠赖皮完全不同的气象，给你以且惊且疑且闷的一种特殊的感觉。好像你也与他们共度了有事无事、无事有事、冷气逼人的一夜。你感到了生命的孤单和脆弱。

你有一种风雨飘摇的预感。

而这一切尽在不言之中。

雪芹真巨匠也。这样的笔墨，活似来自天授。

在五十三回"荣国府元宵开夜宴"，演《西楼·楼会》一出时，王评云：

一面是华丽雍容，庄严肃穆，一丝不苟，煞有介事，冠冕堂皇，排场讲究。一面是腐烂颓败，势孤力单，蝇蝇苟苟，鬼鬼祟祟，捉襟见肘，于是华丽中见空洞，庄严中见虚伪，严格中见呆木，堂皇中显露出无可挽回的颓势来。

一枝笔，既写了大面上的良辰美景气势煊赫，又顺手一击，暴露出了里子上的烂洞。

内里空了烂了，只剩下了表面的行礼如仪。

在五十四回"史太君破陈腐旧套，王熙凤效戏彩斑衣"王熙凤说到"也该'聋子放炮仗——散了'罢"时，王评云：

散了吧，散了吧的声音，从此不绝于篇。

接着在园子里大放烟火，贾母说："夜长，不觉得有些饿了。"凤姐忙回说："有预备的鸭子肉粥"一段，王评云：

消寒消夜，快乐中令人感到疲倦乃至清冷。

特别是凤姐的"笑话",欲笑不能,神龙见首不见尾,令人狐疑,令人不安。若有深意,文章后面似又有文章。

"红"书整个写得相当实在,过年、过元宵节诸事历历在目。但作者没有忘记非纪实的玄虚手段。

在五十五回"辱亲女愚妾争闲气",赵姨娘当着李纨的面羞辱探春时,王评云:

读"红",常常觉得赵姨娘的形象不够立体丰满,甚至觉得曹公对这个人物有成见,把她漫画化了,厌恶之情溢于笔端,没有深度。何至于一张口一举手便觉傻,鄙陋至此!

只是近一两年,这种想法略有变化。有什么办法呢,生活中就是有这样的人,生活就是这样的啊!

在六十二回"憨湘云醉眠芍药裀"段王评云:

这一个光明单纯青春的镜头照出了所有的"红楼梦女子"的可怜,也照出了此后湘云自己的命运的可怜。

这是"黑暗王国的一线光明",这是如诗如梦的刹那高峰体验,这是空谷足音,这是人生本来应该过得如何自由而且快乐的转瞬即逝的"闪过"。

从此,一去不复返矣!哀哉!

在"果见湘云卧于山石僻处一个石凳子上,业经香梦沉酣,四面芍药花飞了一身,满头脸衣襟上皆是红香散乱,手中的扇子在地下,也半被落花埋了,一群蜜蜂蝴蝶闹嚷嚷的围着,又用鲛帕包了一包芍药花瓣枕着"这一大段旁，王评云：

> 一副自然之子、光明之子的形象。
>
> 女孩子本来是天生光明纯美的，却封闭在那样一个外面光里面烂的环境之中，只是在醉卧之后，极其偶然地昙花般地一现自由人的光辉。
>
> 这样的女孩子却要被一再荼毒下去，令人怎生不慨叹。

在六十三回"寿怡红群芳开夜宴"宝钗抓签一段，王评云：

> 反映了宝玉也反映了作者对于钗、黛的选择上的困惑，乃至遗憾。似钗似黛（见第五回）才算"兼美"。
>
> 对于黛玉的定情，并不妨碍对于宝钗的高度评价、艳羡。
>
> 宝钗毕竟也是一种极致，一种理想，正像黛玉是另一种。
>
> 作者理想的女性似应是二者的兼美，实际上又做不到，实际上常常是顾此失彼，重此轻彼。
>
> 作者钟爱的女性当然是黛玉。
>
> 作者钦佩的女性却是宝钗。

在芳官唱了一支〔赏花时〕："翠凤翎毛扎帚叉，闲踏天门扫落花。"探春又抽了"日边红杏倚云栽"的签的一段，王评云：

> 是酒令，是花名，也是一些朦朦胧胧的诗句。
>
> 是花，是诗，是谜，是象征。
>
> 狂欢中不无凄凉，任是无情，红杏倚云，夜深花睡，花了送春，莫怨东风，又见一春，低吟短唱，余音绕梁，谁能解

破，谁能自已？

在黛玉"伸手取了一根，只见上面画着一枝芙蓉花，题着'风露清愁'四字，那面一句旧诗，道是：'莫怨东风当自嗟。'注云：'自饮一杯，牡丹陪饮一杯'"一段上，王评云：

> 这才是小说，高明的小说。
> 宝玉情感，或有专注，二人丽质，难分轩轾。宝玉的情感，又明白又不明白，又掰得开又掰不开，又专一又不那么专一，呜呼，此为小说笔墨也。
> 如果把其中一个看成"第三者插足"，看成阴谋家、坏蛋，那种人物、故事，与"红"首回便嘲笑的三流传奇又有什么两样？

在第七十四回"惑奸谗抄检大观园"，抄检到探春房里，王善保家的"便要趁势作脸，因越众向前拉起探春的衣襟，故意一掀，嘻嘻的笑道：'连姑娘身上我都翻了。'"一段，王评云：

> 探春一个耳光，余音绕梁，三日不绝，三百年不绝！
> 即使大势已去，也不能让恶人毫无忌惮。
> 整个"红"，粘粘乎乎，纷纷乱乱，如麻如粥，此一耳光，却有英勇豪迈气概，金声玉振，大快人心！
> 这一及时起板，大灭了小人的威风，大长了好人的志气。
> 王善保家的之类的家伙呀，你们不注意维护一下自己的嘴巴吗？

在七十六回"凸碧堂品笛感凄清，凹晶馆联诗悲寂寞"，妙玉最后完成联句后，王评云：

> 可以以本回写笛声的一些话头形容这一回文字。
>
> 搜检时波谲云诡，铙钹齐鸣；到此节，万念俱寂，一片空明，只剩了一件乐器的独奏。
>
> 舞台转换，角色转换，布景与灯光、效果皆别一个天地矣。于是黛玉湘云，尤其是妙玉，成了主角。
>
> 一个美貌的带发修行的才女——尼姑，提笔完成了联诗，而且说到气数。你能不怅然、嘿然吗？
>
> 读后夜风月色，滞留心中，难以忘怀。

在七十八回"老学士闲征姽婳词，痴公子杜撰芙蓉诔"，晴雯死后，宝玉听了丫头讲晴雯不是死，是上天去当花神，专管芙蓉花这一段，王评云：

> 此节小丫头谎言极有味道。
>
> 对于小丫头来说，纯粹信口开河，是假。对于宝玉来说，恰合他的幻想、愿望、思路，他对于这个谎言的充分相信，是真。
>
> 当人们对待真实毫无办法的时候，幻想便会应运而生。不能没有幻想。
>
> 当真实与人们背道而驰的时候，幻想表现着人，幻想就是人，而文学常常就包含着这样的幻想。美是幻想，美是纪念。美是"自欺欺人"。
>
> 小丫头在进行着文学创作，她的创作受到了美的接受者贾

宝玉的激赏，因为她的创作符合宝玉的美学理想，美学规范，而且包含童心。

这是幻想的美，文学的美。这又是幻想的可怜，文学的可怜，美的可悲可怜乃至可笑！

读了这一段，哭乎？笑乎？叹乎？嘲乎？摇头乎？惋惜乎？反正更加令人惆怅。

信手拈来，毫不费力，曹雪芹的笔当真成了精了！

在《芙蓉诔》旁，王评云：

贾宝玉——其实也是曹雪芹，确实以极大的篇幅，以极丰富的词汇，极丰赡的形式，下了工夫写了这篇诔文。

由此可见他——他对于晴雯之死这一人物的重视，对于晴雯之死这一事件的重视。"规格"是超一流的。

曹公本身亦有一种抑郁不平之气，假悼晴雯之诔以发之。一股未尽其才之怨，假此诔以展之。

在七十九回贾宝玉、林黛玉改《芙蓉诔》一段，王评云：

搜检大观园，从精神上说（即不是从考据上说），乃是曹氏"红"著的结束。具体的终结，应是终结在芙蓉诔上。以洋洋洒洒、规模宏大的芙蓉诔，以聪明美丽的晴雯的奇冤至死来结束曹氏"红"著，宜哉！晴雯之死，是搜检的最直接最严重最可悲的结果，是前八十回悲剧的顶峰，是事实上的对于王夫人——袭人（恰恰不是凤姐）的仁义道德直至权力运作（包括奴才们对于这种权力的投靠、适应、效忠）的控诉批判。

在九十七回"林黛玉焚稿断痴情，薛宝钗出闺成大礼"，黛玉焚稿的一段，王评云：

> 黛玉将死，要毁掉她与宝玉的情感的一切痕迹。毁掉她自己的青春、生命的一切痕迹。
>
> 这些举动，表达了她深切的绝望与痛苦，客观上，也是对人生的抗议。人生长恨水长东！人算什么！爱算什么！青春算什么！以死相争！首先从精神上自杀干净，再从肉体上闭眼，撒手而去。

同回在宝玉完婚一段，王评云：

> 宝玉"完婚"，真是天下奇事。奇闻。奇文。"红"真是奇书。
>
> 人生多误区！本以为走入这一间房子，却走入那一间房子去了。
>
> 婚姻离奇，凤姐离奇，薛宝钗更加离奇。她对这种"神出鬼没"的做法怎么毫无反应？连些微的疑惑、烦乱也没有？
>
> 事奇理不奇，自以为天从人愿得到了黛玉，揭开盖头却是宝钗，而黛玉已经一命呜呼。追求 A，得到 B，毁了 A，这样的事固不止宝玉碰见也。
>
> 后四十回诸多瑕疵，但还是被广泛接受，与这些关键段落写得好有关系。

第九十八回"苦绛珠魂归离恨天，病神瑛泪洒相思地"回目后正文前，

537

王评云:

> 魂归离恨天, 泪洒相思地, 此两句已脍炙人口矣!
>
> 读之怆然下。语言的力量是难以转述的。
>
> 此回回目极佳。特别是联系到神瑛侍者与绛珠仙草的故
> 事, 令人神伤!

在黛玉死的一段, 王评云:

> 死, 总有一死。
>
> 可悲在于临死不得交通, 隔膜着, 怨恨着, 遗憾着。
>
> 这样的人生的终结, 便只有痛苦了。
>
> 这样的痛苦, 又何必生? 天乎! 天乎!

第九十九回"守官箴恶奴同破例, 阅邸报老舅自担惊", 李十儿向贾政
说:"那些书吏衙役都是花了钱买着粮道的衙门, 哪个不想发财"一段,
王评云:

> 正面写大观园之外乃至京都之外的吏治官情, 除此回是绝
> 无仅有的。这是续作的一个突破。
>
> 贪赃枉法有理, 清廉没门儿, 风气已经如此, 实际利害关
> 系已经这样构筑起来, 任何人都没有回天之力。
>
> 而且贾政并不清廉, 他不是也参与了"营救薛蟠"的事
> 了么?
>
> 贾政又不了解下情, 没有一套应付对策, 怎能不落个虚张
> 声势, 徒落笑柄的下场?

快读《红楼梦》王蒙评

第一百五回"锦衣军查抄宁国府，聪马使弹劾平安州"，贾府抄家以后，王评云：

如此如此，这般这般，可将此前书中所写的一切，看作此回的准备铺垫。

一步一步，一站一站，终于走到了这一站，这是"红"的条条道路通向的"罗马"。

虽然紧紧勒住了"缰绳"，这一回仍然是惊心动魄！

读之心惊肉跳。

人皆有不忍之心，读了一百多回了，对贾府也有了点感情了，虽知其黑暗，知道其必败应败——恶贯终将满盈，读到这里，仍然难过。

多少经验，多少教训，多少痛苦，多少血泪，谁能学得更聪明些呢？

在第一百七回"散余资贾母明大义，复世职政老沐天恩"，贾母散资以后，王评云：

此前的贾母，一直是一个会享福、专门享福的老太太。

恰恰在抄家的大考验中，表现出贾母的另一面，她也会"度灾"。她周到，大气，不怨天尤人，不惊慌失措，不迁怒旁人，所言、所行、所思，老练、诚恳、全面。她不愧是见过世面的有经验的"老祖宗"，她表现了"帅才"。儿孙辈能不愧死！

在后四十回，性格大大焕发了光彩的是贾母。

在第一百十九回"中乡魁宝玉却尘缘，沐皇恩贾家延世泽"，宝玉考试毕出场失踪一段，王评云：

> 对宝玉中举后出走的设计，"红学"家颇多诟病，认为是俗，是脱裤子放屁……得失难较。首先，这是一个极大的反差与讽刺。从贾政到袭人，一直对宝玉谆谆教导，要取功名。偏偏他完成了功名任务后走了。其次，他如何能离开贾府，离开那种众星捧月式的包围呢？入考场最天经地义。入考场的结果不是得中荣归，而是中而后走，又是一种翻案的惊人之笔。再者，如果黛玉前脚死宝玉后脚走，反倒没有戏了。现写宝玉为黛玉之死而极端痛苦，而得了精神病，之后，是整个一个过程，与宝钗亦可相处居室了，袭人也俨然屋里人地教育上来了，他经历了家族的衰微，他经历了自己的小家的初步稳定，他像个傻子一样地接受上下左右的教导督促，他再次游历了太虚幻境，他经历了波涛起伏终于平静的精神旅程，最后，他又玩了一下功名，逢场作戏地考了个举人，该体验的他全部体验完了，不去做和尚，也就只有去自杀了。

> 但是不，他还有一条出路，把这一切写下来。以出家和自杀的决心写下一部小说来！

在第一百二十回"甄士隐详说太虚情，贾雨村归结红楼梦"，贾政来信，告知宝玉已成佛的消息后，王评云：

> 红尘福分，宝玉比任何人都多。
> 宠爱、地位、条件、服务，都是不可思议的最高级别的。

尤其是，他处于那么多女孩子的宠爱之下，他爱了那么多女（还有男）孩子，又那样深情地专一地爱上了黛玉。古往今来的读者，谁能不羡慕他的生活与环境？

这种福太多了。终于，混推混搡，更生厌烦了。他的人格，他的感情遭到了蹂躏、欺骗、歪曲、压制、漠视。更是由于有福，他才不那么满足于所生存能吃喝能从异性身上满足生理欲望，他才绝望。

这是一部绝望的书。这是一部控诉的书。这是一部无可如何的书。

在同回贾雨村重逢甄士隐追怀往昔的一段，王评云：

一个爱情悲剧与家族衰落败亡的故事。

把这样的故事推到尽头，便进入了生命发生、生命意义、爱情发生、爱情命运领域，进入了终极领域。

在这个领域，你见到了原生的大自然，女娲补过的天，你见到了一块石头——晶莹的宝玉——情迷而后豁悟，生活在温柔富贵乡得而终于弃绝了温柔富贵的贾宝玉——和尚——被和尚道士带走的宝玉——石头——大自然。

这是宝玉的故事，生命的故事，爱情的故事，也是人类的故事，地球的故事，宇宙的故事。

这样的故事无所不包。这样的故事永垂不朽。

在同回那一僧一道"携了玉到青埂峰下，将宝玉安放在女娲炼石补天之处"一段上，王评云：

站在青埂峰上看"红楼",不过是痴迷一梦,转眼成空。

呆在"楼"里看青埂峰,渺渺茫茫,深不可测,无休无解,无声无息。

而痴自痴,迷自迷,不仅"楼"里人痴,吾辈亦痴亦迷,亦为之长叹息以掩涕。叹息过后,回首青埂无稽大荒,原来一切洪荒,一切说过,一切有定,更觉无喜无悲,极喜极悲。

贾宝玉从"楼"回归"峰",用了十几——二十来年,吾辈读者,时而入楼而迷,时而归峰而止,体验了富贵温柔,体验了恩恩怨怨,体验了死去活来,体验了从骄奢淫佚到衰落败亡,最后,我们又体验到了那峰之高,那崖之峻,那山之空蒙缭远,安静肃穆,以至于永恒。

感谢《红楼梦》,让我们一次又一次多获得许多次生的体验,乃至——死的体验。阿弥陀佛!

在全书结束处,王评云:

大悲哀,大潇洒,大解脱。故有尘梦……山灵……一联。

越说是空的、假的、命中注定了的,你越为之伤肝痛肺,难分难解。

越感动就越为这部小说的开头与结尾而感到肃穆,开阔,无言。

面对着《红楼梦》就是面对着生,面对着情,面对着人间万景。

面对着《红楼梦》就是面对着死,面对着命运,面对着宇宙洪荒。

面对着时间,百年千年万年只是它的一瞬的永恒。

快读《红楼梦》王蒙评

　　面对着空间，大观园、荣国府，金陵与海疆，只是它的一
粟的沧海。

　　你面对着的是终极的——上帝。

　　上面，我引录了一部分王蒙的评。从本文来说，引录已够多的了，已大大超出我的原计划。从王评《红楼梦》来说，引录的只是极小的一部分。

　　我认为王蒙的评见解深刻，视野开阔，对读者将大有启示。但这并不等于说《红楼梦》评点即定于此。我认为王蒙的评是精彩的，并不等于说别家评就不精彩或不必有别家评了，这完全是两回事。

　　我希望从此《红楼梦》的评点派可以彻底翻身，我更希望从此作为文学批评的一种形式和手段，评批的方式可以扩大运用，把这种文艺批评的武器很好地继承和运用。

　　王蒙对于整个《红楼梦》有许多精到的见解，我在本文开头就明确地讲到了。当我引录到后四十回的评时，我感到他对后四十回的分析也是精到而深刻的。他对后四十回还有不少尖锐的批评，我也很同意，但不可能再加引录了。我感到他对全书结尾的分析尤为精彩，但我终究只能引录几小段，无法多引。关键还是要自己去读王评本《红楼梦》。

　　既有王评本《红楼梦》，也就有可能再有别家评本《红楼梦》。

　　《红楼梦》是永恒的！

　　论红何止一千年！

　　　　　　　　　　1995 年 7 月 15 日夜于京华瓜饭楼挥汗作

二百年来围绕着《红楼梦》的斗争

清代统治者对《红楼梦》的摧残

《红楼梦》这部书，在清代号称"盛世"的乾隆时期出现，是当时意识形态领域里的阶级斗争的一种反映，同时又给予当时意识形态领域里的阶级斗争以积极的作用。正因为如此，清代统治阶级对《红楼梦》这部书，一贯是加以打击和摧残的。

清代统治者为了巩固他们的封建统治，在政治、经济各方面，采取了一系列专制措施。在文化思想方面，大力提倡尊孔尊儒，以程朱理学作为官方的统治思想，借以加强反动的思想统治，同时还严禁小说戏曲等民间文艺的刊刻和流行。

清代统治者对待小说戏曲的这种反动政策，是他们强化反动思想统治的一个重要方面，并且随着阶级斗争的激化，禁令也愈来愈严。到了乾隆十八、十九年又有专禁《水浒》、《西厢》的禁令。这时正是曹雪芹创作《红楼梦》的时候，曹雪芹不但没有被这些反动禁令所吓倒，相反，他在《红楼梦》里还专写了一回"《西厢记》妙词通戏语，《牡丹亭》艳曲警芳心",来称赞《西厢记》、《牡丹亭》如何深入人心,令人如醉如痴,即此一点,也可以想见曹雪芹当时创作《红楼梦》是需要何等的勇气!到了太平天国农民起义的时代(咸丰、同治时期),封建阶级的反动统治更变本加厉,统治阶级在各地设立专门机构,销毁民间小说戏曲。在现存当时明令收毁的一百一十六种书目单中,《红楼梦》就是其中之一。① 同治七年江苏巡抚丁日昌所列一百九十种书目的禁书单子中,《红楼梦》与《西厢记》、《牡丹亭》、《水浒传》,都同样被列为禁书。

清代统治阶级,不仅利用政治权力对《红楼梦》严加禁毁,同时,那些封建官僚和反动文人还大造反动舆论,利用因果报应等封建迷信思想,对《红楼梦》及其作者肆意地造谣诬蔑,目的仍然是为了阻止人民群众阅读《红楼梦》。

然而,《红楼梦》这部书并没有被封建统治阶级禁尽烧绝。请听听一个封建统治阶级的爪牙玉麟的哀叹:

> 我做安徽学政时,曾经出示严禁,而力量不能及远,徒唤奈何!有一庠士颇擅才笔,私撰《红楼梦节要》一书,已付书坊剞劂。经我访出,曾褫其衿,焚其板,一时观听,颇为肃然。惜他处无有仿而行之者。②

"力量不能及远,徒唤奈何!""惜他处无有仿而行之者"。这是这个文化刽子手的一点相当真实的自白。

总之,曹雪芹的《红楼梦》终究是冲破了统治阶级的重重禁网,经历了二百多年的艰险历程,终于流传到了今天。

---

① 清余治《得一录》。
② 梁恭辰《北东园笔录》。

旧红学派的出现及其与社会
阶级斗争的关系

《红楼梦》这部书，在曹雪芹生前，就有抄本流传，① 到乾隆五十六年辛亥（1791 年）程伟元、高鹗的木活字本一百二十回本出世时为止，这三十多年的时间，是抄本流传的时期。高鹗于乾隆五十六年作序时说："予闻《红楼梦》脍炙人口者，几廿余年。"次年程伟元、高鹗作"《红楼梦》引言"时又说："是书前八十回，藏书家抄录传阅，几三十年矣。"程、高的这些话，大致说明了《红楼梦》抄本流传阶段的时间。当时抄本流传的情况，程伟元的序里也有生动的记录："好事者每传钞一部，置庙市中，昂其值得数十金，可谓不胫而走矣！"到了乾隆五十六、五十七年，程伟元、高鹗的一百二十回本先后两次印出以后，一方面抄本继续在流传，但更重要的是刻本广泛地流传开了。梦痴学人说："嘉庆初年，此书始盛行。嗣后遍于海内，家家喜阅，处处争购。"② 嘉庆元年离开程、高刻本行世只有四年，这里记载的正是程、高刻本行世以后的情况。

《红楼梦》"遍于海内"地传播以后，它的思想内容引起了强烈的社会反应，并且造成了一种"开谈不说《红楼梦》，读尽诗书是枉然"③的社会上竞谈《红楼梦》的风气，当时就称之为"红学"。而在广大群众中，则更引起了思想上的强烈反应。

从曹雪芹逝世到五四运动，这长长的一个半世纪中，各个阶级或各

---

① 依现存甲戌本底本的年代算起，《红楼梦》约于 1754 年或稍前一些时间开始传抄。
② 《梦痴说梦》，光绪十三年刊本。
③ 得舆《京都竹枝词》。

种不同的政治立场的人，对《红楼梦》的评价是各不相同，甚至是完全对立的。鲁迅说："经学家看见《易》，道学家看见淫，才子看见缠绵，革命家看见排满，流言家看见宫闱秘事。"① 这几句话，十分确切地揭示了不同阶级、不同政治立场的人对《红楼梦》的不同评价。所以说，自从《红楼梦》问世以来，二百多年中，围绕着《红楼梦》的评论，形成了一个思想斗争的大战场。

五四运动以前《红楼梦》的评论者，即所谓"旧红学派"，据初步估计，不下二百家。他们的意见，纷纭复杂，五花八门。究其实，不过是地主、资产阶级的文人们，从他们的阶级利益和政治需要出发，对《红楼梦》作的各种各样的唯心主义的解释，甚而至于诬蔑攻击而已。因此，他们的"红学"，实际上根本就谈不上是什么"学"。归纳起来，他们有的诬蔑《红楼梦》是"诲淫诲盗"的书，说它的"危险性""甚于刀兵水火盗贼"。主张"一火而焚之"②。有的歪曲这部书的思想，把这部批判孔孟之道、儒家思想的书说成是宣扬孔孟之道、儒家性理之学的书。③ 有的则更用儒、释、道三教合一或佛家的色空观念来歪曲《红楼梦》的思想内容，④ 说《红楼梦》是宣扬三教合一思想或色空观念的书。还有的用所谓索隐的方法，穿凿附会，或认为"是书全为清世祖与董鄂妃而作，兼及当时诸名王奇女"，⑤ 或认为是写康熙朝宰相明珠的家事⑥，或认为是写乾隆朝宰相"和珅之秽史"，或认为是"康熙朝政治小说，作者持民族主义甚挚。书中本事在吊明之亡，揭清之失"。⑦

---

① 《集外集拾遗·〈绛洞花主〉小引》。

② 齐学裘《见闻随笔》。

③ 张新之《妙复轩石头记》卷首《红楼梦读法》。

④ 梦痴学人《梦痴说梦》。

⑤ 王梦阮《红楼梦索隐提要》。

⑥ 梁恭辰《北东园笔录》四编，钱静芳《红楼梦考》，孙桐生《妙复轩石头记叙》。

⑦ 蔡元培《石头记索隐》。

等等，等等。另外还有不少人，把《红楼梦》看作仅仅是一部单纯的爱情小说，内容就是宝黛的恋爱悲剧。清末王国维则用 19 世纪德国哲学家叔本华的唯意志论和悲观主义以及佛家的解脱说来解释《红楼梦》，把《红楼梦》说成是一部厌世主义从而寻求"解脱""出世"的道路的书。"五四"以前，还有一批人，利用《红楼梦》宣传社会改良的思想，这一派的观点，显然是受了资产阶级改良主义思想的影响。

以上围绕着《红楼梦》的各种各样的主张，正是当时中国社会各个阶级的不同思想的反映。我们大致可以看到：

1. 地主阶级的当权派（地主阶级中最反动顽固的阶层），历来是对《红楼梦》采取禁毁政策的，越到他们的统治不稳固的时候，他们对《红楼梦》及其同类的书禁止得越严。那些攻击此书是"诲淫诲盗"或歪曲此书是"演性理"、演"三教合一"思想的书等等说法，都是反映统治阶级思想的，是他们禁毁政策的补充物。

2. 封建阶级中的一部分知识分子，把这部书当作单纯的爱情小说来看，他们比较同情宝黛，看出了王夫人的假慈悲，看出了宝钗的有心藏奸等等，但他们对《红楼梦》反映了政治斗争的思想内容这一点是不可能认识的。

3. 中下层的群众，特别是处在封建礼教压制下的青年男女，则简直把《红楼梦》作为一种反封建的精神力量，他们与统治阶级对待这部书的态度，是一个鲜明的对照。

4. 从清代末年到"五四"以前，中国社会正处在资产阶级民主革命的时期，具有资产阶级民主革命思想或社会改良思想的人，则把《红楼梦》作为宣传资产阶级民主思想或社会改良思想的工具。

总之，通过对《红楼梦》的各种各样的评论，我们可以看到阶级斗争在意识形态领域里的尖锐反映。

新红学派的出现及其反动性

毛泽东同志说："十月革命一声炮响，给我们送来了马克思列宁主义。十月革命帮助了全世界的也帮助了中国的先进分子，用无产阶级的宇宙观作为观察国家命运的工具，重新考虑自己的问题。"① "五四"以前，马克思主义在中国已经开始迅速传播。1919 年，爆发了五四运动，中国的革命，开始进入了无产阶级领导的新民主主义革命阶段。毛泽东同志指出："由于中国政治生力军即中国无产阶级和中国共产党登上了中国的政治舞台，这个文化生力军，就以新的装束和新的武器，联合一切可能的同盟军，摆开了自己的阵势，向着帝国主义文化和封建文化展开了英勇的进攻。"② 当时一批受到马克思主义影响和倾向革命的知识分子，在文化思想战线上，展开了对帝国主义和封建主义的旧思想旧文化的猛烈冲击，喊出了"打倒孔家店"的革命口号。这时，出身于官僚地主商人家庭的文人胡适，针对当时《新青年》出版的"马克思主义专号"，提出了"多研究些问题，少谈些主义"的反动口号，并且极力宣传他的"实验主义"，鼓吹"一点一滴的进化"，以反对马克思主义的革命学说。与此同时，他为了把青年引导到故纸堆里去使他们脱离革命，又大力提倡"整理国故"，他的许多小说考证的文章，就是为此目的炮制出来的。他自己也直言不讳地说："我几十万字的小说考证，……千言万语，也只是要教人一个不受人惑的方法。……被马克思、列宁、斯大林牵着鼻子走，也算不得好汉。"③ 这里，我们可以清

---

① 《论人民民主专政》，《毛泽东选集》合订本，第 1360 页。
② 《新民主主义论》，《毛泽东选集》合订本，第 658 页。
③ 《胡适论学近著》第一集，《介绍我自己的思想》。

楚地看到胡适大搞所谓小说考证的反动目的。

胡适鼓吹的一套考证方法，是为他的反马克思主义的政治路线服务的。他说："向来研究这部书（按指《红楼梦》）的人都走错了道路。"他希望他的这条考证的道路，"能把将来的《红楼梦》研究引上正当的轨道上去"。① 胡适打着批判索隐派的旗号，他自己提出来的这条研究《红楼梦》的"轨道"，把《红楼梦》处处比符曹家的人物和史事，却同样是一个误区。

那末，胡适在研究《红楼梦》的问题上，究竟作出了些什么"贡献"呢？

1. 在反对索隐派的基础上，他考出了《红楼梦》作者的家世和交游，从而提出了他的极其错误的"自传说"。他说："《红楼梦》明明是一部'将真事隐去'的自叙的书。""曹雪芹即是《红楼梦》开端时那个深自忏悔的'我'！""贾政即是曹頫。"等等。

2. 他完全抹煞《红楼梦》所反映的阶级斗争的内容和预示的封建制度必然垮台的典型意义，诬蔑"《红楼梦》的真价值正在这平淡无奇的自然主义的上面"。他说："《红楼梦》只是老老实实的描写这一个'坐吃山空''树倒猢狲散'的自然趋势。"

3. 他收买了一部《脂砚斋重评石头记》甲戌本的转抄本，根据上面的脂评，他正确地提出来了关于曹雪芹卒于壬午说的问题，但又提出了关于"脂砚斋"的种种主观唯心的猜测。

"新红学派"的另一个代表人物俞平伯先生的《红楼梦辨》是在胡适的《考证》发表以后一年写成的，他自己说："那时最先引动我的兴趣的，是适之先生的初稿《红楼梦考证》。""我的《红楼梦辨》是按着他的《红楼梦考证》来写的，完全是一派，我并不否认。"的确，俞平

---

① 《红楼梦考证》。

伯先生的这本书，可以说是胡适《红楼梦考证》的姊妹篇，在对待《红楼梦》的观点上，的确"完全是一派"。俞平伯先生在《红楼梦辨》里，除开那些关于考证方面的问题，究竟有哪些主要的观点呢？

1. 自传说。他与胡适一样，把《红楼梦》完全看作是作者的一部自传，他说："《红楼梦》是一部自传，这是最近的发现。""我们有一个最主要的观念，《红楼梦》是作者的自传。"

2. 他与胡适一样，完全抹煞《红楼梦》所反映的阶级斗争的内容和巨大的社会意义，说："平心看来，《红楼梦》在世界文学中的位置是不很高的。这一类小说和一切中国的文学——诗、词、曲，——在一个平面上。""其用亦不过破闷醒目，避世消愁而已。故《红楼梦》性质亦与中国式的闲书相似，不得入于近代文学之林。"

3. 他完全抹煞《红楼梦》中林黛玉和薛宝钗这两个对立的典型形象所代表的根本不同的社会阶级内容，也抹煞了作者对这两个形象的根本不同的态度，提出了所谓"钗、黛合一"论，说曹雪芹是在"悲金悼玉"，对钗、黛是一样的态度。

4. 俞平伯先生还抹煞曹雪芹对当时现实社会的批判态度，硬说作者对现实的态度是"一面公平的镜子"，说"作者的第一大本领"，"只是做一面公平的镜子"。

上面这些情况，可以清楚地看到，俞平伯先生的《辨》与胡适的《考证》，其基本的观点是完全一致的。

按照"新红学派"胡适、俞平伯的这些看法，《红楼梦》所包含的丰富的社会阶级斗争的内容被完全抹煞了，作者对作品中不同人物所表现的强烈爱憎被磨平了，作者所描写的四大家族、贾府的典型性，贾宝玉、林黛玉、薛宝钗等这些艺术典型的典型性也就不存在了。总之，这部古典名著所显露的思想锋芒，被"新红学派"加"旧红学派"所散布的重重迷雾给深深掩盖起来了。

当时起来与"新红学派"作斗争的，只有鲁迅一人。

鲁迅对新红学派的斗争

毛泽东同志在《新民主主义论》里指出："鲁迅是中国文化革命的主将，他不但是伟大的文学家，而且是伟大的思想家和伟大的革命家。""鲁迅是在文化战线上，代表全民族的大多数，向着敌人冲锋陷阵的最正确、最勇敢、最坚决、最忠实、最热忱的空前的民族英雄。鲁迅的方向，就是中华民族新文化的方向。"① 鲁迅对于五四运动中的资产阶级右派胡适的斗争，是早在"五四"时期就开始了的。这一斗争，也表现在《红楼梦》研究的问题上。1921 年 11 月，胡适发表了他的《红楼梦考证》，接着第二年，俞平伯先生就写出了《红楼梦辨》，声明是受了胡适的"感染"。胡适在他的《考证》里，狂妄地宣称，要"把将来（请注意'将来'两字——引者）的《红楼梦》研究引上正当的轨道"。俞平伯先生则同样声明："很想开辟出一条道路。"这样，这个"新红学派"的一《考》一《辨》，就把当时的《红楼梦》研究引向了他们的指向。仿佛他们的道路，正是一条研究《红楼梦》的正确道路。针对这种情况，鲁迅在 1921 年 12 月发表的《阿 Q 正传》的《序》里，就给了他们以辛辣的讽刺：

> 我所聊以自慰的，是还有一个"阿"字非常正确，绝无附会假借的缺点，颇可以就正于通人。至于其余，却都非浅学所能穿凿，只希望有"历史癖与考据癖"的胡适之先生的门人们，将来或者能够寻出许多端绪来，……

---

① 《毛泽东选集》合订本，第 658 页。

鲁迅的这几句话，对于因为发表了《红楼梦考证》而颇有点高兴得发狂的胡适，以及正在形成起来的"新红学派"，无异是当头泼了一瓢冷水！

我们知道，正是"新红学派"目空一切地大谈《红楼梦》的考证和自传说的时候，鲁迅自 1920 年到 1924 年，一直在北大讲"中国小说史"，并且写出了中国学术史上第一部小说史专著《中国小说史略》。这以后，鲁迅在不少杂文里，都还谈到有关《红楼梦》的问题，鲁迅对《红楼梦》的见解，虽然接受了胡适考证出来的一些成果，但在观点上与"新红学派"是针锋相对的。大致说来，有以下几个方面：

1. 关于自传说的问题。鲁迅在《中国小说史略》和《中国小说的历史的变迁》里，都提到了曹雪芹写作《红楼梦》，是以自己的家庭为素材的。他说："雪芹实生于荣华，终于苓落，半生经历，绝似《石头》。"① 又说："雪芹自己的境遇，很和书中所叙相合"，"大部分为作者自叙。"② 鲁迅在这里的说法，实际上是说曹雪芹写《红楼梦》，是以自己家庭为素材的，是有很强的写实性的，所谓"大部分为作者自叙"，就是强调它的写实性，强调作者取材于自己的生活经历。鲁迅的这种说法，决不同于胡适的"自传说"。胡适的"自传说"，是把曹家与贾家等同起来，把曹雪芹与贾宝玉等同起来，把曹頫与贾政等同起来，从而取消了这个封建贵族大家庭的典型意义，取消了这些典型人物所代表的不同的政治思想。显然，鲁迅的提法与胡适是有根本区别的。对于胡适提出来的《红楼梦》就是曹雪芹的"自传"的说法，鲁迅是明确地加以反对的，因此他在比胡适的《红楼梦考证》仅晚一个月发表的不朽巨

---

① 《中国小说史略》。
② 《中国小说的历史的变迁》。

著《阿Q正传》的《序》里，就给予胡适的"自传说"以当头一棒。特别是到1936年写的《"出关"的"关"》里，对这种自传说，批判得就更为深刻。鲁迅说：

纵使谁整个的进了小说，如果作者手腕高妙，作品久传的话，读者所见的就只是书中人，和这曾经实有的人倒不相干了。例如《红楼梦》里贾宝玉的模特儿是作者自己曹霑，《儒林外史》里马二先生的模特儿是冯执中（按：系冯萃中之误），现在我们所觉得的却只是贾宝玉和马二先生，只有特种学者如胡适之先生之流，这才把曹霑和冯执中念念不忘的记在心儿里：这就是所谓的人生有限，而艺术却较为永久的话罢。

请看，鲁迅对"新红学派"的"自传说"的批判是多么明确而深刻啊！鲁迅明确指出，文学作家一经把现实生活中的素材（模特儿）创造成为典型形象以后，就"和这曾经实有的人倒不相干了"。因为文艺作品中反映出来的生活比普通的实际生活更具有典型意义，因而也就更带有普遍性。而胡适的"自传说"恰恰相反，他妄图取消文学作家已经创造出来的典型形象的典型意义，把它与生活素材（模特儿）等同起来，实际上是妄图取消贾宝玉这个典型形象的社会阶级内容，掩盖它的反封建正统、反孔孟之道的思想锋芒。

2. 在对待《红楼梦》的评价上，鲁迅与"新红学派"也是完全对立的。"新红学派"的胡适说《红楼梦》不过是一部"平淡无奇的自然主义"的小说，俞平伯则说是"闲书"，"不得入于近代文学之林"，干脆一脚把《红楼梦》踢出了文学的大门之外去了。请看鲁迅的评价：

自从十八世纪末的《红楼梦》以后，实在也没有产生什么较伟大的作品。①

至于说到《红楼梦》的价值，可是在中国的小说中实在
是不可多得的。

总之自有《红楼梦》出来以后，传统的思想和写法都打
破了。②

在如何评价《红楼梦》这个根本性的问题上，"新红学派"与"旧红学
派"实质上没有什么重大的区别（"旧红学派"中的个别人如戚蓼生，
还比胡适、俞平伯的眼光高一点），它们都是用不同的方式掩盖这部书
的思想锋芒，鲁迅对于他们根本否定《红楼梦》的重大的社会思想意义
的谬论，给予了针锋相对的驳斥。鲁迅指出《红楼梦》是古典小说中成
就最高的一部小说，指出它"打破了""传统的思想"，也"打破了"
传统的"写法"。鲁迅这样的评价《红楼梦》，无疑是对"新红学派"
的严正批判。

3. 对高鹗后四十回的续书，鲁迅的意见，也同"新红学派"针锋
相对。俞平伯对续书是全盘否定的。他说后四十回"当然是个'四不
象'"，"只是'尸居余气'罢了"。说后四十回"面目虽似，神情全非，
真是'可怜无补费精神'的事情"!③ 鲁迅的看法则是：

后四十回虽数量止初本之半，而大故迭起，破败死亡相
继，与所谓"食尽鸟飞独存白地"者颇符，惟结末又稍振。

……

---

① 《且介亭杂文·〈草鞋脚〉小引》。
② 《中国小说的历史的变迁》。
③ 《红楼梦辨》。

其补《红楼梦》当在乾隆辛亥时，未成进士，"闲且惫矣"，故于雪芹萧条之感，偶或相通。然心志未灰，则与所谓"暮年之人，贫病交攻，渐渐的露出那下世光景来"者又绝异。是以续书虽亦悲凉，而贾氏终于"兰桂齐芳"，家业复起，殊不类茫茫白地，真成干净者矣。①

鲁迅在这里指出后四十回，与原作者的构思："'食尽鸟飞独存白地'者颇符"。指出高鹗"于雪芹萧条之感，偶或相通"等等，都是肯定后四十回的，也是针对俞平伯的全盘否定后四十回而发的，因为鲁迅发表这些见解的时候（1924 年），正是"新红学派"的上述这些观点甚嚣尘上的时候（俞平伯的《红楼梦辨》出版于 1923 年）。当然鲁迅在上引的文字里，也指出了续书背离雪芹原意的地方。鲁迅对后四十回是既有肯定也有批评的。到了 1925 年 7 月，鲁迅对这个问题，更作了进一步的分析：

《红楼梦》中的小悲剧，是社会上常有的事，作者又是比较的敢于写实的，而那结果也并不坏。无论贾氏家业再振，兰桂齐芳，即宝玉自己，也成了个披大红猩猩毡斗篷的和尚。和尚多矣，但披这样阔斗篷的能有几个，已经是"入圣超凡"无疑的了。②

在这里，鲁迅不仅肯定了《红楼梦》后四十回中宝、黛两个叛逆者的悲剧结局，而且指出了它的社会意义，这种悲剧，就是当时"社会上常有的事"，换句话说，是当时社会现实的典型概括，因此鲁迅称许作者"是比较的敢于写实的"。这与俞平伯的所谓"四不象"，"可怜无补费

---

① 《中国小说史略》。
② 《坟·论睁了眼看》。

精神"等等的全盘否定论,是多么的不同啊!当然,在上面这段文字里,鲁迅对"贾氏家业再振,兰桂齐芳",以及宝玉披着大红猩猩毡斗篷当和尚等描写,是给予了批评的,这表明了鲁迅对于具体问题总是作具体分析的。

以上情况说明:当胡适大吹大擂他们的"新红学"的时候,鲁迅先生在有关《红楼梦》的一系列的重大问题上,都是与"新红学派"针锋相对的。在《红楼梦》问题上鲁迅与"新红学派"的斗争,是当时的进步思想与资产阶级唯心主义思想尖锐斗争的反映。当然,"五四"时期的鲁迅,还不是马克思主义者,但是,他的世界观是不断用马克思主义自觉改造自己的,他热烈追求马克思主义的真理;在政治上,他是一个彻底革命派,他坚决拥护中国共产党,坚信无产阶级革命事业的必然胜利。

解放以后,1954 年,在毛泽东同志的亲自发动下,又展开了对以胡适派为代表的"新红学派"的批判,批判了"新红学派"的一系列的错误观点和胡适的唯心主义、实用主义的哲学思想,使《红楼梦》的研究,开始走上以马克思主义为指导的正确轨道。

但是,1966 年爆发的"文化大革命"后期,"四人帮"为了达到他们不可告人的阴谋目的,又大搞所谓"评红"运动,通过他们的御用班子,指桑骂槐,大搞"影射红学""阴谋红学",对《红楼梦》进行肆意的歪曲,一直到 1976 年"四人帮"终于彻底垮台。

当前,在《红楼梦》的研究上,彻底肃清"四人帮"的流毒,肃清他们的极左的影响,肃清他们所散布的主观唯心主义的思想毒素和坚持马克思主义的理论原则,坚持用马克思主义来研究《红楼梦》,这两方面,都是我们十分迫切的战斗任务,我们应该继续努力!

1981 年 3 月 1 日重改于宽堂

2010 年 7 月再次略作校改

一九八〇年六月在美国
威斯康辛首届国际《红楼梦》
研讨会开幕式上的致词

尊敬的主席

尊敬的教授先生们

尊敬的女士们

尊敬的红楼梦研究的专家们、朋友们：

　　您们好！

　　我谨代表周汝昌先生、陈毓罴先生和我自己，向大会致以热烈的祝贺，祝贺首届国际红楼梦研讨大会开得圆满成功，祝贺诸位身体健康！我并且代表我们三个人向大会的主人表示诚挚的谢意！

　　我们三个人，环绕了半个地球到这里来参加这个盛会，这在过去是不可想象的，就连曹雪芹的太虚幻境里也不可能存在，可是现在却是事实。我们讨论的是《红楼梦》，但我们的这个讨论会却不是梦而是美好的现实，这事实本身就充分说明了中美两国人民的深厚友谊，说明了中美两国学术界、红学界的深厚的友谊，说明了世界红学家们的深厚的友谊。

　　我们到这里来，是怀着虚心求教的目的和态度来的，我们诚恳地希望得到专家们的指正。我们拜读了诸位的大著，感到十分钦佩，我国的著名诗人陶渊明说："未饮心先醉，不在接杯酒。"这两句话恰当地形容了我们拜读诸位的大作以后的心情。我们之中有许多人虽然过去没有见过面，但是"披文如见其心"，我们早已"心先醉"了，今天的会议多么富于诗意啊！

世界的文学艺术遗产应该是属于全人类的，属于人民的，因此伟大的曹雪芹和他的《红楼梦》既是我们的，也是您们的。不仅如此，我们的屈原、司马迁、陶渊明、李白、杜甫等等也都一样。伟大的曹雪芹，他一生的遭遇是悲惨的，但是他毕竟又是幸运的，世界上有各色各样的"梦"，但是最伟大的是他的《红楼梦》。二百年来，他把多少人引进了他的"梦"中，现在他又把世界许多学者引入了他的"梦"中。"衣带渐宽终不悔，为伊消得人憔悴"，世界上有多少人为他的这部《红楼梦》付出了毕生的精力！

学术研究，必然会有意见分歧，因此需要讨论，需要相互切磋。我们诚恳地期望朋友们、专家们对我们的指正，我们过去有些意见不妥之处也希望谅解。争论是常有的事，不足为怪，重要的是相互尊重，相互友好。贾宝玉与林黛玉尚且争论得不可开交，难道我们的争论有什么值得大惊小怪吗？因此我们欢迎大家的帮助，我们将把大家的不同意见看作是宝贵的赠品。

我们身在中国，《红楼梦》研究的工作做得还很不够，我们一定要更加努力，来做好这项工作。我们诚恳地欢迎各位到《红楼梦》的故乡来参观访问，做研究工作，我们一定尽力协助。

最后，祝大会圆满成功，祝大家身体健康！

让我们再一次谢谢我们殷勤的主人！

一九八〇年六月廿日于威斯康辛大学

美国国际《红楼梦》研讨会书感

今年 6 月 16 日到 6 月 20 日，在美国威斯康辛州陌地生市威斯康辛大学举行首届国际《红楼梦》研讨会，到会的有中、美、日、英、加拿大、新加坡等国家的红学家，还有我国台湾省及香港的红学家。

我与周汝昌、陈毓罴两同志应邀参加了这次盛会，这里且记下一些印象。

"红学"是一门世界性的学问

这个会议给我以很深的第一个印象，就是红楼梦研究已成为一门世界性的学问了，从到会的这些国家的研究者来说，包括亚、欧两洲的主要国家，还有一些国家没有派专家来。这部小说现已被译成十六种文字，有的国家就有几种译本，例如日本就有松枝茂夫先生的译本和伊藤漱平先生的译本，松枝先生现在已七十五岁的高龄了，他已经把《红楼梦》译了两遍，出了两种本子。伊藤漱平教授的译本也是经过多次修改重版。在英国以至于欧洲，有牛津大学教授戴维·霍克思的译本，这是公认为一部最完美的英译本。在海外《红楼梦》的研究专著也可以开列一大堆书名，例如赵冈、陈钟毅的《红楼梦新探》、《红楼梦论文集》，余英时的《红楼梦的两个世界》，陈庆浩的《脂砚斋评语辑校》，潘重规的《红楼梦新解》、《红学六十年》，林语堂的《平心论高鹗》，宋淇的《论大观园》等等，函札单篇论文，简直是不胜枚举。一个作家的一部未完成的著作，引起世界学者的研究热潮，成为一门专门学问，而且为此而召开世界性的学术会议，这确实是历史上少有的事，这是伟大作家曹雪芹对祖国作出的贡献，也是我们国家和民族的骄傲。特别是在这次国际会议上收到的四十五篇论文，绝大部分都是用中文写的，在大会上宣读论文和进行答辩时，基本上也都是用的中文，即使少数学者用英文宣读自己的论文，也要同时由他自己逐句再用中文讲一遍。一个国际会议基本上用中文进行开会，这是第一次。对此，与会的中国人（包括中国血统的外籍学者）一致感到扬眉吐气，感到骄傲和光荣。

胜利的会　团结的会

这次国际《红楼梦》研讨会的召开，说明了曹雪芹是伟大的，他的《红楼梦》是真正属于全人类的宝贵财富。我感到筹备这次国际《红楼梦》研讨会的威斯康辛大学校长浓艾文先生，尤其是具体领导筹办这次会议的周策纵教授、赵冈教授以及其他几位有关的朋友，他们对这次会议作出了贡献。

这次会议是一次胜利的会，团结的会，这可以用下列许多事实来说明：一、参加这次大会的著名红学家有英国的霍克思教授，日本的伊藤漱平教授，美国的赵冈、周策纵、余英时、李田意、韩南、余国藩、唐德刚、程曦、王靖宇、马幼垣、马泰来等教授；有加拿大的叶嘉莹教授；中国除了我们三人外，还有台湾省的潘重规教授，高阳教授因故未能与会，但寄来了论文。香港的宋淇教授和美国的刘若愚教授都是临时因故未能到会，宋教授也寄来了论文。最为难得的是我们经过旧金山和香港时，与刘若愚教授和宋淇教授都先后会面并作了长谈，使这次会议惟一的缺憾得到弥补。我们只要看一看出席这次会议的这一长串的名单，就会感到这是一个很大的成功。二、会议提供了四十多篇论文，进行了五天认真的讨论，在会上会下都有不同意见的相互探讨、商量。我认为这是极好的现象，来自各个不同国家的专家，大部分是第一次见面，却能够坦率诚恳地交换意见，并且互相尊重，这是一种极为良好的学术民主的风气。会上讨论的问题，大致有关于曹雪芹家世和生平的问题，有关于版本方面的问题，有关于思想内容和艺术方面的问题，有关于后四十回的问题，有关于对新发现的材料的探讨和商榷的问题，差不多在每个问题上都有不同意见的商讨，我认为这是这次学术会议开得成功的重要标志之一。三、丰富多彩的展览会。会议期间举办了一个展览会，展出的东西有：1. 版本：甲戌本（胡适藏本原件）、上海古籍出版社影印己卯本、蒙古王府本、甲辰本、舒光炜序本、程甲本、程乙本等等（其中有的是复印本）；2. 文物：辽阳新发现的弥陀寺碑、玉皇庙碑以及大金喇嘛法师宝记碑等等的原拓本；3. 专著：与会红学家的许多专著；4. 字画：茅盾、俞平伯、吴组缃，百岁老人苏局仙，周汝昌、徐邦达以及台湾省的潘重规、台静农等的题诗和法书，老画家朱屺瞻、启功、许麏庐、刘旦宅、戴敦邦等的画，五庆堂后人曹悦的面塑红楼梦人物，王少石的《红楼百印》印谱等等。以上各件，形成了一个相当丰富的展览会，与会者越看越感到有兴趣，闭幕前一天的晚上，台湾成功大学中文系主任吴峙教授和台湾中央图书馆善本部主任也来参观了展览会，由我陪同参观并介绍展品，气氛空前的活跃和谐。四、最后一天的话别会，挥毫赠别，周汝昌同志和我，还有余英时、程曦等都挥毫写字作画赠别，求字画的人竟排成长队，情绪空前热烈，一直写到晚上六时半才结束。晚饭后又在周策纵教授家辩论、研究甲戌本、程甲本的问题，互相析疑问难，一直到深夜一时才依依不舍地散会。

这次尤其难得的是和台湾红学家在一起亲切交谈，而最后吴屿先生等也参观了展览会，出席了闭幕式，所以这不仅仅是胜利的会，团结的会，而且还是一次团圆的会。

良好的影响

对这次会议，新华社已作了生动的报导，美国的电台和报纸，香港的报纸以及其他地方的报纸杂志，都作了报导，这许多热情的报导，也是国际学术会议所少有的。开会期间，还建议成立国际红学会，出版国际性的红学专刊和通讯，与会者还纷纷提出第二届国际红楼梦研讨会应争取在北京开。

这一切都有力地说明了这次红学研讨会的影响很大，它在促进中外文化交流上起了积极推进的作用，它同时必然会推动世界各国的红学的大发展。

"红学"这门学问，是无所不包的，《红楼梦》可以毫无愧色地说是一部博大精深的书。因此作为研究这部书的专门学问"红学"，必然要继续大大地发展。俗话说"学无止境"，看来，"红学"也可以说是"无止境"的，随着时代的前进，"红学"必将有日新月异的发展，而这次会议也必将给予后来以深远的影响。

1980 年 8 月 13 日夜 1 时半

梦多湖畔论《梦》记

——首届国际《红楼梦》研讨会随记

经过两年多的筹备，首届国际《红楼梦》研讨会终于于 1980 年 6 月 16 日在美国威斯康辛州陌地生市威斯康辛大学开幕了。我与周汝昌、陈毓罴两同志，应威大校长沈艾文和大会主席周策纵教授的邀请，于 6 月 11 日离京赴美。12 日到香港，13 日飞机经东京、芝加哥到陌地生市。

陌地生市是威斯康辛州的首府，全市人口只有十八万，威斯康辛大学就占全市人口的三分之一，有六万多人。

陌地生可以说是一个大学之城。这个城市的特色是学校和居民住房完全混杂在一起，校区虽然相对地要集中一些，但仍与居民住房紧相衔接，而大学有些机构则仍散处在市内。大学的图书馆就同市图书馆一样，市民可以领取借书证向图书馆借书。

陌地生是一个宁静、美丽的城市。环绕这个城市有梦多榻湖（Mendota）、梦萝娜湖（Monona）和温故拉湖（Wingra）。从州议会的圆顶大楼的最高层纵览全城景色，看到碧蓝的湖水与市内的红楼绿树草坪相映衬，确实感到这个城市很美，很整洁。我们来自世界各地的红学家，来到这么一个湖光绮丽、风景如画的地方来论"梦",确是盛事。我在开幕式上致词时曾说:"我们三个人,环绕了半个地球到这里来参加这个盛会,这在过去是不可想象的,就连曹雪芹的太虚幻境里也不可能存在,可是现在却是事实。"

参加这次首届国际《红楼梦》研讨会的,有中、美、日、英、加拿大、新加坡等国,还有我们的台湾省和香港地区。到会的代表共有八十多人。从代表们的单位来说,美国有三十多个大学都派了专家或《红楼梦》的研究者来,加上美国以外的这些代表们的单位,共有四十多个大学和研究单位参加了这次会议。国际上著名的红学家如英国的霍克思、日本的伊藤漱平,美国的周策纵、赵冈、余英时、李田意、韩南、余国藩、马幼垣、唐德刚、程曦,加拿大的叶嘉莹。香港中文大学的宋淇和美国史丹福大学的刘若愚原定都是参加的,后因故临时未能参加。中国除我们三人外,还有台湾省的潘重规和高阳(高阳也临时因故未能到会)。从这个与会者的名单来看,可以说全世界研究《红楼梦》有成就的国家,绝大部分都有专家来参加这个会议了,只有少数的国家由于种种原因没有来人。

这个会议标志着曹雪芹这个伟大作家和《红楼梦》这部伟大著作,确实已成为世界学者们共同研究的对象了,"红学"确实已经成为一门世界性的学问,现在据知全世界已有十六种语言翻译了这部书,曹雪芹在《红楼梦》的开头题诗说:

> 满纸荒唐言,一把辛酸泪。
> 都云作者痴,谁解其中味!

现在,作者当年唯恐这部书不被人理解的担忧已经可以解除了。

当然,事情总是复杂的,有人甚至还认为《红楼梦》根本不是曹雪芹写的，也仍然有人认为《红楼梦》是一部宣传所谓反清复明的书，贾宝玉就是影射传国玉玺等等，诸如此类的曲解仍然是存在的。但这不是主要的，重要的是对曹雪芹的这部书理解的人愈来愈多了，不仅我国人民理解它，而且世界的学者和人民也在理解它，并且为了更多地理解它，他们正在进行艰苦的工作。例如著名的红学家霍克思，就宁愿辞去牛津大学的终身教授之职，退休后在家翻译这部名著，他的译本，在西方被认为是最完美的作品。又如我国著名翻译家杨宪益和他的夫人戴妳迭女士，穷数年的精力，用英文翻译了这部名著，获得了国际国内人们的赞赏。以上这些翻译家兼红学家们的精神，实在足以使曹雪芹告慰。

这次研讨会上，洋溢着团结的气氛，使我深深受到感动的是美国红学家、国际红学家们以及美国人民对我们的热情和友好的态度。我曾经说过，这个城市叫"陌地生"。但对我们来说，它既不像是"陌地"，更不觉得"生"，我们确实有"宾至如归"的感觉。我在开幕式的致词中也特别指出，"我们讨论的是《红楼梦》，但我们的这个讨论会却不是梦，而是美好的现实。这事实本身就充分证明了中美两国人民的深厚友谊，说明了中美两国学术界、红学界的深厚的友谊，说明了世界红学家们的深厚的友谊。"

在会上我们会见了久已向往但未见面或只是通信的许多驰名国际的红学家。在这样的学术交流中建立起来的友谊，是最宝贵的真挚的友谊。大会的主人周策纵教授和赵冈教授，为了让我们得以顺利到达陌地生，他们请夏威夷大学的教授马幼垣和他的弟弟马泰来教授在芝加哥机场迎接我们。这是我们到达美国下飞机时最早会见的两位学者，后来知道，马幼垣教授为了研究中国古典小说，查遍了全世界各大图书馆所藏的中国古典小说资料。在大会期间，我们会见了神交已久的《红楼梦》的著名英译者霍克思教授。霍克思教授早年曾在北大读书，能讲一口流利的北京话，还能写中国的旧体诗。他现在已经是白发苍苍，很像一个老人了，其实他年纪不算大，他的白发，看来是为翻译《红楼梦》增添的。我与他交谈，他说话不多，神情安详，真是一位醇厚的学者。但是我们一谈到《红楼梦》本题时，话也就谈不完了。最令人感动的是话别的那天，不少朋友要我和周汝昌同志写字和画画。我们从下午三点开始一直写到六点半才算结束，中间霍克思教授屡屡对我说："我有一个请求，你赶快休息，实在太累了！"他的这几句话，真正使我感到深厚的友情。

日本的伊藤漱平教授正患眼疾，动了手术，这次也会见了。伊藤教授和日本另一位著名的红学家松枝茂夫教授，不但是闻名已久而且也是通信已久了，只是没有机会见面，幸而这次见到了伊藤教授。伊藤在会上作了《日本研究〈红楼梦〉小史》的报告，给人以深刻的印象。伊藤还带来了他所收藏的多种《红楼梦》版本，使这个会议的展览会增加不少内容。6月20日晚上，本来是周策纵教授邀请我们到会的十几位学者，但我们三个却被从七百里外的明尼苏达州自己开车专诚赶来请我们吃饭的那宗训教授强拉去吃饭了，周先生对此颇有"意见"，结果讲好吃完饭仍把我们送到周先生的府上与大家欢聚，这样才算达成"协议"。这是一个难忘的夜晚，这不仅是那太太在深夜驾车费尽了周折才算找到了周先生的寓所，那太太和那先生的那种真诚恳挚，满腔热情的精神和毅力实在令人感动，而且赶到之时，正是赵冈、周策纵围绕着一部程甲本展开热烈争辩的时候。另外一些朋友，如专门研究中国古典小说的李田意教授，还有唐德刚教授、潘重规教授等四五个人正围绕着一座脚灯在仔细查阅甲戌本原抄本，他们见我进去，自然而然地把我拉到灯下，让我仔细验看这个著名的抄本，并要我找出我发现的"玄"字不避讳的地方，我一连找出了几处，大家一致觉得这是一个值得进一步研究的问题。这部抄本的纸张是乾隆竹纸，与己卯、庚辰两本的纸张差不多，其颜色黄脆的程度也差不多，今晚有幸亲自翻阅检查这部抄本，感到实在不容易，我仔细查阅，甚至有点感到舍不得离手。我们大伙继续争论、讨论和辩论，谁也没有提出要离去，一直到午夜一时多才散会。这正是一个令人难忘的夜晚。

值得一提的是我与潘重规先生的会见。潘先生的名字我是早已闻名了，他的著作也早读过一些，只是没有见过面。我们第一次见面是在赵冈先生家里，我与潘先生、周汝昌先生坐在一张长沙发上交谈。我告诉潘先生他的多年好友殷孟伦先生的近况，还有他的两位学生与我在一起工作的情况，潘先生听了很高兴。在旅馆里，潘先生的住处正好在我的斜对面，我们在旅馆里又进行了亲切的交谈，他爽朗地告诉我他冒着风险到苏联去看列宁格勒藏本《石头记》的情况，他一共耽了十天，其中只看了两天。因为时间太短，没有看够，尽管如此，也已经是很多收获了。潘先生热情地送给我《敦煌唐碑三种》、《姜香轩文稿》、《亭林诗文考索》等书和他的论文。他看到上海古籍出版社新出的由我作序的影印己卯本《石头记》，十分称赞，他希望早日能够买到。

在闭幕前一天的晚上，我们都在参观展览会上的陈列品，我正在给大家讲解辽阳新发现的几块曹家上世的碑刻拓本时，突然台湾成功大学中文系主任吴屿先生偕同台湾中央图书馆善本部主任来参观展览品了。潘先生为我向他们一一介绍问好，于是我领着吴屿先生一行参观并讲解了这些陈列品，他们对此很感兴趣。我深深感到过去是"盈盈一水间，脉脉不得语"，现在终于让我们可以在一起开会，一起亲切地研讨问题了。俗话说："天下大势分久必合"，我们盼望着这种大势早日到来。

回程时在香港的七天，同样令人难忘，感谢《文汇报》、《大公报》、《新晚报》、三联书店、商务印书馆，还有学术界的老前辈和许多新朋友，给予我们十分宝贵的帮助。无论是在美国还是在香港，使我感受最深的是"祖国"这两个字的力量，正是这两个字使我们的海外的同胞能如此热情地接待我们，我也深深感到友情的可贵。

梦多湖畔论《梦》记

　　回到广州，登上归程的飞机，心情感到十分愉快，陈毓罴同志要周汝昌同志题诗，周先生立即题了一首，写在机上赠送的扇面上：

御风万里快同行。只为芹溪笔墨香。

昨望京华依北斗，今离粤海是归航。

随即又给我题了一首，也写在扇面上：

万里重洋去复回。红楼盛会首番开。

与君偕影威州地，看尽鸿儒四海来。

我趁着一时的兴致，也勉强和了两首：

暂上西天喜重回。梦多湖畔胜会开。

多情词客如相问，也是青埂峰下来。

与君万里喜同行。一话芹溪意气生。

二百年来多少事，话到情深忘夜深。

一九八〇年七月十八日凌晨五时写毕

（原载 1980 年第 9 期《读书》）

569

红学的展望

——邸瑞平《红楼艺术撷英》序

《红楼梦》是一部奇书，初读似觉平平，再读便觉有味，三读而渐入佳境，此后读一遍便有一遍体会。所以《红楼梦》这部书，可以与古长新，虽历百千年而仍将如鲜露明珠，良玉生烟。

自从《红楼梦》这部书诞生以来，读者面之广，研究者人数之众，派别之多，争论之烈，可以说在文学史上是独特的。特别是近三十多年来，在《红楼梦》的研究领域里，无论是对于这部书的时代背景的研究，对于作者生平家世的研究，对于作品思想艺术的研究，以及对于版本问题的研究，后四十回问题的研究，乃至旁及与此有关的对高鹗、程伟元的研究等等，都已经取得了巨大的成就。"红学"研究，确实发生了重大的变化，比起"新红学派"的时代来，确实是不可同日而语了。

我认为这种成就之所以能取得，一是因为我们抛弃了唯心主义的思想方法，开始运用了马克思主义的唯物论和辩证法，运用了马克思主义的文艺理论。二是因为我们虽然批判了"新红学派"的错误，但对他们的正确的方面，对他们已经取得的成就和开辟的新的研究领域，① 在实践上我们仍然是采取了批判地吸取的态度，并没有加以一概抛弃。例如我们一直认为《红楼梦》的作者确是曹雪芹，② 我们对曹家家世、曹雪芹生平以及脂本、程本的研究也一直予以充分的重视。正是因为我们没有轻率地抛弃前人研究的积极成果，所以我们现在的研究才有坚实的基础。③ 三是因为解放以后，我们发展了一支庞大的有研究能力的生气勃勃的研究队伍，他们不仅在研究上不断提供新的成就，而且在研究方法上，也在进行新的探索。在我们现有的"红学"研究成果里，老一辈的红学家，固然作出了重大的贡献，而新的一代的"红学"研究者以及广大的"红学"爱好者，他们所作出的成就和贡献，也已经占有了重要的地位，④ 正是这两方面的汇合，才形成了今天"红学"的总成就。

———————————

① 前者如胡适指出《红楼梦》的作者确是曹雪芹，他的祖父是康熙朝的大红人曹寅，后者如对曹家家世的研究并指出此书的写作与曹家家事有密切的关系，如对脂本的发现和重视，并开始发表重要的研究文章等等。

② 近几年来有人撰文否定《红楼梦》的作者是曹雪芹，台湾还有一位作者写了一本书来否定《红楼梦》的作者是曹雪芹，但他们的否定是缺乏科学的依据的，在广大的"红学"研究者中间也是反映极微的，倒是不同意他们的意见的文章很多，所以这种否定性的意见并不能代表"红学"界的大多数。

③ 解放以后对"新红学派"的批判，就胡适所代表的以实验主义为核心的唯心主义思想体系来说，这种思想斗争是不可避免的，但其方法不是采取学术讨论或论辩的方法，而是采取政治运动的方法，并且加以扩大化，这就造成了"左"的错误，在学术上也产生了"左"的全盘否定胡适的学术成就的错误。特别是对俞平伯先生来说，更是把学术见解的不同当作政治问题来批判，混淆了学术问题和政治问题的界限，对他的学术成就也采取了片面否定的错误态度。这更是不对的。但这只是问题的一面，尽管它是主要的一面。问题的另一面却是"新红学派"的一些研究成果以及它所开辟的新的研究领域，仍然被学术界所吸收并加以改造了。这是因为已经被客观实践证明是正确的东西，主观上要否定它、抛弃它是不行的，所以"红学"研究的客观实践，使得广大的研究者仍然需要承认这些研究成果并在这个基础上前进。

④ 我这句话决不是一句空话，是有大量的事实根据的。目前所出的"红学"专著里，中年人（30 岁到 50 岁左右）的著作占有很大的比重，至于他们所发表的有质量的论文，更是众所共知的。所以事实上目前已形成了一支以中年人为主体的坚强的"红学"研究队伍，这是十分可喜的现象。

　　然而，尽管我们今天的"红学"研究已经取得了突出的成就，我们已经有了一支以中年人为主体的研究队伍，但是"红学"研究的队伍还必须充实和壮大，"红学"研究仍然须要努力奋进。为什么？因为《红楼梦》确是一部经天纬地的"奇书"。没有足够的研究力量和严肃认真、笃实精进的治学态度，以及朴朴实实的实事求是的学风，是不可能做出令人满意的成绩来的。

　　我们大家承认，屈原的《离骚》是一部可与日月争光的奇书，后人则干脆尊之为"经"。我们大家又承认司马迁的《史记》也是一部奇书，鲁迅称之为"史家之绝唱，无韵之《离骚》"。换句话说，也是一部如日月经天、江河行地的巨著。司马迁自己则称之为是"究天人之际，通古今之变，成一家之言"的著作。我们大家还知道，唐代的大诗人杜甫，是伟大的"诗圣"，他的诗集是一部"诗史"。对于《离骚》和"楚辞"的研究，虽然已经经历了千百年的历史，[1] 但至今却仍然方兴未艾，目前已经成立了"屈原学会"，这说明这门学问正在欣欣向荣地发展。对于《史记》的研究，也同样是已经经历了千百年的历史了，[2] 而对《史记》研究的这门学问，目前也正在发展，前途正未可限量。对于《杜诗》的研究，也是历千百年而不衰，[3] 目前正在进一步重新整理校注他的全集。而且还成立了"杜甫研究学会"。

　　那末，《红楼梦》这部书呢？它在文学史上的地位和它本身的成就，是否可以与《离骚》、《史记》、《杜诗》同等地看待呢？我的回答是完

---

　　① 按：从汉代刘向、刘歆、王逸以来，对屈原《离骚》和《楚辞》的整理研究，至今已有一千九百多年的历史了。

　　② 按：《史记》一书，自汉宣帝刘询（公元前 73 年至公元前 33 年）时代开始流布传钞，晋末徐广作《史记音义》，南朝宋裴骃作《史记集解》，即从后者算起，也已有一千四百多年的历史了。

　　③ 如果从元稹（779—831）写《唐故检校工部员外郎杜君墓系铭序》开始发表李、杜优劣论算起，至今也已经有一千多年的历史了。

全可以的。《离骚》、《史记》、《杜诗》这三部书，它们从各自不同的角度，反映了自己的时代，各自成为自己时代的镜子。它们的作者，伤时悲世，忧愤深广。其胸襟之博大，视野之广阔，可以说从宇宙到人生，从历史到现实，从帝王将相到人民群众，都在他们的怀抱之内和视野之中，都活跃在他们的笔底。当你打开他们的书卷的时候，诗人的自我形象以及他们的声音笑貌，诗人所描绘的社会的欢乐和灾难、正义和邪恶，都会一一活跃在你的眼前。你仿佛能看到他们的形象和听到他们的声音，从而使你看到了一个生动的、有形象、有声音的古代社会，而诗人忧国忧民的忧乐也就同样成为你的忧乐。

那末，一部《红楼梦》是否也是如此呢？且看一看前人的议论：

> 太史公纪三十世家，曹雪芹只纪一世家。太史公之书高文典册，曹雪芹之书假语村言，不逮古人远矣。然雪芹纪一世家，能包括百千世家，假语村言，不啻晨钟暮鼓，虽稗官者流，宁无裨于名教乎？况马、曹同一穷愁著书，雪芹未受宫刑，此又差胜牛马走者。
>
> ——二知道人《红楼梦说梦》

> 《红楼梦》一书，得《国风》、《小雅》、《离骚》遗意，参以《庄》、《列》寓言，奇想天开，戛戛独造。……
>
> 文心极曲，文义极明，细读之如释氏浮图，八面玲珑，层层透彻，如天女散花，缤纷乱坠，五色迷离；贯读之，则又如一片光明锦，一座琉璃屏，玄之又玄，无上妙品，不可思议，通矣哉！灵矣哉！文妙至此，蔑以加矣。
>
> ——解盦居士《石头臆说》

　　《红楼梦》是天下传奇第一书，立意新，布局巧，词藻美，头绪清，起结奇，穿插妙，描摹肖，铺叙工，见事真，言情挚，命名切，用笔周，妙处殆不可枚举。而且讥讽得诗人之厚，褒贬有史笔之严，言鬼不觉其荒唐，赋物不见其堆砌，无一语自相矛盾，无一事不中人情。他如拜年贺节，庆寿理丧，问卜延医，斗酒聚赌，失物见妖，遭火被盗，以及家常琐碎，儿女私情，靡不及人事之常而详序之。又其论琴则极其精，论画则极其妙，论医则穷其源，论卜则穷其理，三教九流，无不旁通博采。至若诗句清新，歌词靡丽，酒令典雅，笑言谑浪，又其余事矣。若《红楼梦》真可谓无格不备者欤！宜其脍炙人口，不胫而走天下也。

——洪秋蕃《读红楼随笔》

　　请看，以上的评论家，不是早就把《红楼梦》与《诗经》、《离骚》、《史记》等书相提并论了吗！不是早就指出这部书的深广内容和卓越的艺术成就了吗？由此可见，把《红楼梦》这部书与《诗经》、《楚辞》、《史记》、《杜诗》同等看待，把"红学"这门学问与"诗经学""楚辞学""史记学""杜诗学"同等看待，不仅是完全可以的，而且是合情合理的，是客观实际的正确反映。

　　当然，我们应该看到，比起以上这些"学"来，"红学"毕竟是年轻的，就连把《红楼梦》本身的历史计算在内，也才只有二百多年，可以说在整个学术史上，"红学"还只是一门年轻的新兴的学问，它没有太多的积累。特别是没有很多在学术上可以成为永久财富的积累。比较起来，还是"新红学派"作出了一些积极的成果，可以为我们吸取和运用。在它之前的"索隐派"，可供我们吸取和借鉴的东西实在不多，而它的错误的思想和错误的"索隐"方法，则是我们研究中的一重魔障，我们必须加以继续克服，才能取得积极的成果。

然而，我们的研究对象《红楼梦》本身，却是我们伟大祖国的悠久而优秀的文化传统长期积累的结果。我们的"红学"的底子不厚，积累太少，但我们的《红楼梦》却是一部包罗万象，具有极其深广的历史社会内容和高度的艺术成就和艺术传统的皇皇巨著，因此，我们不仅应该认识到"红学"与"诗经学""楚辞学"等等处在同样重要的学术地位，我们还必须认识到，《红楼梦》这部书所反映的我们民族的历史传统、文化传统、民族心理的传统、民族美学的传统，却要比《诗经》、《楚辞》、《史记》、《杜诗》等等深厚得多，博大得多，因为到了《红楼梦》的时代，我们民族已经有了起码是五千年到八千年的文明史了，①《红楼梦》就是在这样深厚的历史文化的积层上成长和发展起来的，如果把《红楼梦》比作一棵参天的大树，那末，它的树干已上薄云霄，而它的树根，则是扎到很深很深的地层里去的。它的最深的根须和较浅的根须伸展在不同的土层里，吸取了不同的养分，但却统统被吸收转化为一棵郁郁葱葱、生气勃勃的参天大树了。这样就给我们带来了研究这棵大树的成长历史和它的结构成分的重大任务，尽管这是一个难度很高的难题，但这却是我们责无旁贷的崇高任务。

应该认识到我们的"红学"正处在"继往开来"的时代，——一个学术上崭新发展的时代。

继往，就要"不薄古人"。尽管"红学"的家底浅，但这是因为它出生得晚，因此哪怕有一点点前人做出的可取的成绩，都不应该任意抛弃。

继往，不仅仅指要吸取和继承前人学术研究的成果，而且还应该指

---

① 据现有新石器时代的考古资料，如黄河流域的裴李岗文化，产生在公元前六千年左右，则距今已近八千年，长江流域的河姆渡文化产生在公元前五千年左右，则距今已近七千年。参见中国社会科学院考古研究所编《新中国的考古发现和研究》，文物出版社1984年版。

出：凡是过去长期研究的课题，只要还没有得出科学的正确的结论，还没有把问题解决，我们就应该继续研究下去。在学术上，我们要继承前人的接力赛，自觉地去接过前人手里的火炬。

开来，就要求我们必须有努力学习的勇气，认真实践的勇气和在学术上开创新局面、提出新问题、作出新结论的勇气。

开来，就是要在"继往"的基础上，开发新的研究领域；或者在前人研究的课题内，发现新问题，开拓新境界。学术是有时代性的，每一个学术领域，在不同的历史时期里就会呈现出不同历史时期的学术面貌。

继往和开来，是一个问题的两面，"继往"是为了"开来"，要"开来"就必须"继往"。否定一切，"白手起家"，一切都要求从零做起，这种想法，并不符合学术发展的客观规律，相反，会走向倒退。同样，只要"继往"不要"开来"，也会使学术停滞不前。

在"红学"研究的问题上，我们既要"继往"，更要"开来"，"开来"正是我们的时代给予我们的任务。

事实上，解放以后的三十多年里，已经出版了大量的前人和今人的"红学"研究专著和论文集，已经发表了大量的专题论文，在版本和文物资料上，也有极为重要的发现，以上这一切，蔚为当代"红学"的大观，从而已经呈现出我们时代"红学"的"继往开来"的学术新面貌。

摆在我们面前的这部"红学"论文集，是邸瑞平同志的新作。收在这个集子里的文章，大部分是从美学的角度来探讨《红楼梦》的。从美学方面来研究《红楼梦》，前人已经做过，现在也有人在继续做这方面的工作。所以这项工作，既是"继往"，又是"开来"。因为在《红楼梦》的美学问题的探索上，也还仅仅是开始，还有许多课题需要我们深入去做。

邸瑞平同志已经对《红楼梦》的美学问题进行了多方面的探索，例如关于《红楼梦》的共同美的问题、悲剧美的问题，关于《红楼梦》的意境问题、艺术构思问题、人物描写的问题、语言艺术的问题，等等等等，她都作了认真的探索并发表了很有见解的文章。她的文章我读后，感到第一是有新意，例如她对《红楼梦》的共同美的探讨，她对十二钗的悲剧的探讨，她对《红楼梦》里性格描写的探讨，她对《红楼梦》的艺术构思的探讨，这些有关《红楼梦》的重大问题，都是经过不少人探讨过了的，但她的文章仍能道出新意，表现出她读《红楼梦》的独自的心得。第二，是有诗意。她的文章写得生动活泼，引人入胜。我感到她的艺术感受力和艺术分析力都比较强，例如她对《红楼梦》的意境的分析、人物描写的分析、细节的分析等等，都表现出她在这方面的特色，所以读她的文章，就感到有味道，耐品味。第三，是没有框框。文章非常重要的一点是要能直抒胸臆，自出手眼，不落窠臼，不主故常。惟其是直抒胸臆，自出手眼，才能打破框框，随物赋形，也因之才能给人以新鲜活泼的感觉，不拘一格的感觉。

以上三个方面，我个人感到真是作文最困难的地方，而邸瑞平同志却能手挥目送，从容自如，从中也就可以看到她在《红楼梦》上所下功夫之深了。

读她的文章的另一点收获是：我感到她读《红楼梦》是差不多要读"熟"了，这种精读、熟读《红楼梦》的研《红》方法和态度，就是十分重要的一个关键。俗话说："熟能生巧"，不"熟"怎么能使自己"巧"？古人说"面壁十年，方能有此神悟"。"悟"是从下真功夫中来的。所以要精研这部《红楼梦》，不下真功夫，不从本书上下真功夫，岂能谈什么体会？当然，书外的功夫也是十分重要的，尤其是研究时代、家世、生平这类的问题，书外的功夫更显得是关键，但是也必须以熟悉《红楼梦》本身为基础的，不过这一关，就谈不上研究《红楼梦》。我感到有的同志，也包括我自己在内，熟读《红楼梦》这一点做得还很不够。郿瑞平同志的文章，给我以很好的启示。我提出这一点来，对其他同志也许同样有用处。

"红学"正处在"继往开来"的发展中，郿瑞平同志是属于中年的"红学"研究者的行列里的，我感到今后的"红学"的发展，主要是依靠现在中年的"红学"研究者，他们是今后"红学"研究的主力军，他们的努力和成就，将决定今后"红学"的成就和面貌。如前所述，我们现有的这支"红学"研究者的队伍，是以中年"红学"研究者为主体的，他们已经在"红学"研究上作出了可喜的成绩，今后的"红学"，可以预见，将在目前正处在中年一代的"红学"研究者们的努力下，取得更为巨大的进展。

《红楼梦》是一棵在我国五千年传统文化的土壤上成长的参天大树，是我们民族文化的结晶，它有无比深广的历史、思想、文化的内容，它将永远与我国的历史并存。对于它的研究，将是具有历史的长期性的。试想，谁有这么大的本领，在很短时间内，就能把这部蕴含着我们民族五千年文化积层的巨著研究透呢？认为这部书没有什么研究头，研究几年、几十年就没有可研究的了的这种想法，是因为对这部书缺少了解，认识不到，而不是这部书本身无需要人们作长期的研究或者经不起人们的长期研究。

由此可知，"红学"本身，必将长期发展下去，我们只要看看"诗经学""楚辞学"的历史，也就可以想见"红学"的历史将会如何发展了。

"红学"，现在正在年青的时候，它的发展就像黄河长江的奔流一样，什么力量也是阻挡不住的！

1985 年 12 月 11 日夜 11 时写毕于宽堂

红学无止境

——在扬州红学座谈会上的发言

同志们，你们好：

前不久，《红楼梦学刊》编辑部在北京召开过座谈会，那次会议开得很好，但到会的主要是老一辈的红学家，为了更广泛地听取各方面的意见，交流学术研究情况，我们决定再在南方开一次会，地点选择了扬州。因为扬州是一座文化历史名城，与曹雪芹和《红楼梦》又有一定的关系，交通也比较方便，特别是在这里还有几位老朋友可以给予帮助，所以我们决定在扬州召开这次会。

这次我们邀请的同志基本上都来了，十分感谢各位同志不远千里而来，我代表编辑部、代表全体编委向大家致以深切的谢意。

李希凡同志本来决定来的，后来因为有会，没有能来成，我代他向大家问候并致歉意。

我们今天的会，主要是邀请中年和介乎老年的红学家，因为上次会你们没有能参加。年纪大的在 70 岁以上的同志，我们没有敢请他们，因为现在交通、住宿等都很不便，怕老年人出门更加困难，所以我们没有邀请。

579

　　这次的会采取一种新的方法，开一个无题目的会，也就是说不规定论题的会。这样可以自由谈，各谈自己的见解、心得。当然说无题，也仍然是有题的，题目就是《红楼梦》研究，这个总题目当然要有的，没有这个总题目，就没法谈了。

　　我认为红学发展的前途还是非常广阔的，前些时候，学术界有一种时髦的说法，就是"危机论"。什么都有"危机"，传统戏曲有危机，中国画有危机，传统文化有危机，甚至说传统文化是一种毒素，是一味毒药，我们都中了毒了，只有抛弃这些东西，否定这些东西，一切向西方学才是出路。这真是奇谈怪论，令人气愤！我曾写了一篇长文章进行论辩，我认为这种"危机论"、"灭亡论"倒是真正的危机，如果让它泛滥，影响青年的话。

　　我认为红学研究正在向广泛和深入两方面发展，红学的形势是很好的。1985 年底我们到苏联去鉴定列宁格勒藏本。虽然时间短，但还是有了一个比较确切的看法。我代表小组作鉴定发言时，指出这个本子是脂本系统的抄本，其抄定年代是在乾末嘉初，而以嘉庆初年的可能性较大，我还肯定了苏联汉学家李福清、孟列夫对此本的发现和研究成果，指出这是对红学的贡献。苏联的朋友对此很满意，他们在吃饭时，对我开玩笑地说："你是一个好人！"当翻译将这句话翻给我听时，我不禁哈哈大笑，在这样的气氛下，共同出版的协议很快就顺利地签订了，现在此书已由中华书局出版。此书出版后，国内外红学家和读者都很重视，纷纷写信来要求买书，日本的伊藤漱平教授还写了介绍此书的文章，法国的陈庆浩教授来信委托买书，国内学者询问的更多了。据知此书平装本一下就卖光了，现在正在加印。这一情况，只能说明红学正在向深处发展，因为只有深入研究才需要看各种不同的早期抄本。前不久，我还得到上海季稚跃同志来信，说列藏本七十九、八十回已有分回的符号，其分回处正与庚辰本同。我翻查了列藏本，确是如此。季稚跃同志看书很细心，我请他写成文章，以飨读者，借助讨论。还有在座的朱淡文同志，写了长篇文章研究《红楼梦》的成书过程。她过去发表的多篇考订曹雪芹家世的文章，提出了一系列的证据确实、分析入里的可靠的结论，把曹雪芹家世的研究引向深入。当然，还有不少同志在《红楼梦》的艺术、思想方面作了很深入细致的分析，对红学起了很好的推动和深化的作用。例如在座的张锦池同志、吕启祥同志和这次没有来的刘敬圻同志等都是在这方面有突出的贡献的。当然我只是顺便举一些例子，因此不可能把所有的人都举出来，目的是说明红学确在深入，不是虚声唬人。

另一方面，红学也在空前规模上大普及，这就是目前正在放映的电视剧《红楼梦》，这是红学界的一件大事、好事，决不能低估它的积极影响。自有《红楼梦》以来，几时有过这样把全部《红楼梦》用电视的方式传达给广大观众？从来没有过。自有《红楼梦》以来几时有过连不识字的人也可看全本《红楼梦》？没有过。可现在这两件破天荒的大事都办到了，难道不是红学界的大事、好事吗？我说是大事、好事，是指事物的主流。至于这个片子还有不到之处，还不能尽如人意，这是自然的。万事起头难，好的起头更难。现在是应该实事求是地分析、评价这个片子，给予应有的肯定和鼓励，同时也指出它的不足之处的时候了。听说八十回以后的情节问题较多，褒贬很不一致，我还只看了开头的十四集，后面的部分等看后再说。

再有，目前胡文彬、周岭同志他们正在筹划拍摄一部大型的《曹雪芹与红楼梦》的文献纪录片。我过去出版过一部《曹雪芹家世·红楼梦文物图录》，深知这方面的重要意义。他们要我支持他们的工作，我当然全力支持，我希望这部片子能拍得更有学术水平。

还有谢铁骊他们正在拍制电影《红楼梦》，集合了不少著名电影演员，听说刘晓庆演王熙凤，我对她很有信心，也希望这部片子能拍好，早日问世。这样看来，红学不是正在愈来愈热吗？这都是现实的问题，不是理想，更不是空想。所以我说红学正在向广阔和深入两方面发展，一点也不是夸大其词，而是十分现实的。在哈尔滨国际红学会时，我曾写过一首诗，最后一句说红学要"再论一千年"！我们这样的估计，也只是说红学既经产生，就不会很短时间就完结。试看《诗经》、《楚辞》、《史记》、《杜诗》有那一种研究已经到头了？一种也没有到头。学无止境，红学也无止境。特别是我认为真正用马列主义研究《红楼梦》和曹雪芹，还只能说是刚刚开始，希望我们的红学家和红学爱好者们，能共同努力，对红学作出新的贡献。

我们这次的会，采取灵活的方式，上午开会，下午交流，还有几次调查参观。有的同志说过去有些学术讨论会，搞得太死，开成了学习班，紧张得很，因此也无从容的时间去思考，问题也不能深入。同行、老朋友见面也无时间交谈，实际上从长远看，不利于学问的深入。我感到这个意见很有道理，所以这次决心不把会议开成学习班！

我再次代表编辑部，代表全体编委，向到会的朋友致谢，也向扬州市委曹书记、向给予我们大力协助的扬州国际旅行社的杨礼莘副经理、向扬州市外事办的朱家华科长、向西园宾馆的丁经理和工作人员表示深切的谢意。

1987 年 3 月 22 日

红 学 随 想

我谈三点感想。①

一

我作为《红楼梦学刊》主编之一，感谢红学界的同志们对《学刊》的支持。《学刊》已出到 30 期了，回想 1979 年创办时，究竟能出多少期，那时心里没有底。但转瞬七年过去了，《学刊》的来稿却始终不衰，这除了《红楼梦》本身确是一部伟大著作，"红学"确是一门实实在在的专门性的学问外，主要还是靠同志们的热情支持和勤奋研究。当然，《学刊》人力不足，现在在印刷、发行上又都有很大的困难，不能准时出版，特别是发行渠道几同堵塞，每期的质量也不能很平衡，我们与作者的联系也很不够，这些都是亟待改进的。我们当继续努力，克服困难，加强与作者的联系，争取把《学刊》办得更好，更有生气，更有新

---

① 本文是在《红楼梦学刊》座谈会上的讲话。

意，同时又更加扎实，不发或尽量少发内容空洞的文章。我们希望作者同志能更深入地思考问题，并且在更广阔的视野上观察问题，文章的路子也尽可以宽一些。总之，作者尽可以各展所长，不必限死在一个框框里。

我们期待和欢迎广大"红学"界的同志们继续对《学刊》予以大力支持。

二

过去脑子里常有一个问题，"红学"能搞多久？还有的人说，考证派已到了尽头了，因为有关的史料毕竟有限，没有新史料出现，你如何考证？这话初听起来像是很有道理，但实际上是形而上学的道理，到具体实践中去，就不是那末回事了。就说曹家的家世史料罢，曹家的历史自关外到关内，直至曹家没落无闻，前后总在百年以上。人口有数百，其中做官食禄的决不是极少几人。要把这么长的时间和这么多的人物的家事、关系搞清楚，这岂是短期内所能完成的。当然，我们不是要把一百年间曹家的所有人物和所有事情都搞清楚，但起码曹振彦以下各代人物，一直到曹雪芹，总应该尽可能地搞清楚的罢；特别是曹寅以下的这几代最关紧要的人物，其人其事，其家庭情况、兴衰际遇，与《红楼梦》这部书的关系至大至深，了解它对了解《红楼梦》这部书确有大关系，但现在我们了解得又如何呢？可以说有了很大的进展，但还有很大的距离，离开史料的发掘尽净和考证得千准万确，一无遗漏，也还很远很远。譬如普通人爬喜马拉雅山，登珠穆朗玛峰，从理论上说，山不管有多高，总有爬到尽头的一天，到那时就没有可爬的了，这道理当然是十分正确，但要到达这一步又谈何容易！对于曹家主要史事的考证，其难度当然不能说像登珠穆朗玛峰，但也决不是轻而易举地就可以竭泽而渔的。

何况除家世以外，"红学"需要考证的方面实在太多了，譬如《红楼梦》里的西洋货，涉及当时对外关系的种种问题，不是至今尚未考证清楚吗？其他如《红楼梦》所反映的生活、礼节、制度、政治、经济、娱乐、宗教、风俗等等，无论从文艺学、社会学、历史学的哪一个角度，都是有必要把它搞清楚的，这对我们认识清代社会和当时的意识形态都有重大的关系。与此同时，我们再从文艺学的角度、美学的角度来分析研究这部巨著，不是会更深入更确切吗？而以上这一切，也都涉及考证的问题。特别是《红楼梦》的语言，无论是从文艺学的角度来看也好，从语言学的角度来看也好，也都有必要作调查和考证。搞清楚《红楼梦》语言的历史特征和地区特征，对《红楼梦》的研究，也会带来新的意义和新的内容的，我们决不能忽视这一点，所以，决不能把《红楼梦》的考证局限于家世、版本等等的几个方面。可以说，《红楼梦》的内容方面涉及的考证面更为广泛。

尤其应该充分认识到的是《红楼梦》这部书它涉及我们的文化历史传统太深太广。我们即使仅仅从文学的角度、美学的角度来探讨它，也是难以穷尽的。因为曹雪芹所反映的是整整一个时代的生活，是一个时代的人们——特别是青年男女们的共同的人生历程、共同的社会命运。同时，它又是反映作者个人对人生的认识和感叹。总之一句话，《红楼梦》这部书，概括点说，它反映的是人生的真谛、生活的哲理。所以它所描写的既是具体的生活，也是抽象的人生哲理，因此它能世世代代地打动人们的心。所以无论是它的抽象方面还是具体的描写，也就都具有永恒的认识价值和美学价值。因此，各个时代的人们都可以从《红楼梦》这部书得到自己的认识，从而各个时代的"红学"也就必然具有自己的时代特征。就"红学"本身的发展来说，当然具有前后的继承性，不可能也不应该把历史一刀切断。"红学"的时代特征和"红学"

的继承性，是辩证的统一而不是截然的对立。

所以我说"红学"是一门永恒的学问，就像《诗经》、《楚辞》、《史记》、《杜诗》一样，人们将世世代代研究下去。

"不废江河万古流"，"红学"是一门永恒不废的学问。

三

有清一代的"红学"，我以为可以概括为是评点派的"红学"。我说的是广义的评点派，即包括周春、裕瑞、二知道人、诸联、洪秋蕃等等的评《红》专著和王雪香等人的"评点红学"在内。① 以上广义的评点派的"红学"自乾（隆）末嘉（庆）初到辛亥革命前，整整持续了一个多世纪。著作很多，内容也很广泛，其中不乏有价值的东西。我们自解放以来至今，对这一派的"红学"，一直是采取基本否定的态度。现在看来，这实在是不合理的，这不是历史主义的态度。我认为对这一派的"红学"要认真总结，并且要以历史主义的态度来总结，而不是简单地批一通完事。我粗粗看了一些评点派（广义的）的作品，我认为其中颇有一些精到的见解，值得我们借鉴。至于他们说错的，那当然是不少。但责备古人，讥笑古人对我们没有多大意义，重要的倒是应该尊重历史，要吸取他们的有用的东西。

我觉得这个工作要大家来做。

1986 年 8 月 27 日凌晨于宽堂

---

① 清代还有题《红》派，他们是用诗歌来评《红楼梦》的。此派作品数量不少，其中虽有一部分评《红》的内容，但更多的是借题发挥，发抒自己的感情。他们所起的社会作用和影响远不如以上两种评《红》的方式，故未概入。

关于红学史的几点思考

—— 李广柏《红学史》序

  李广柏同志的新著《红学史》已经完成了，来信要我写序。我还记得此书开始写作是 2002 年，至今已历 8 个寒暑。此书开始写作时，广柏同志就与我约定，要我写序，我也答应了，想不到的是从 2006 年起，我一直患病，视力剧退，行步艰难。开始是寸步难行，至今总算已能在室内扶行。医生嘱咐我暂停工作，但我答应的事不能食言，何况我也想能早睹此书为快。

  广柏同志写《红学史》，我想是最理想的人选。因为他曾应匡亚明校长之请，写过《曹雪芹评传》，此书得到学界的高度评价。他还写过多种红学专著，还与我合作写过《红楼梦概论》，所以我当时就对此书抱有极高的信心。现在此书经过 8 年的艰苦奋斗，竟写成洋洋百万字的巨著，这应该是红学界的幸事、文化界的幸事。因为我已无力通读全稿，所以只好把我对《红学史》的一些想法写出来，以求教于专家和读者。这些想法，在广柏同志开始写作前，曾一起反复讨论过，所以这些想法，也就是广柏同志的想法，也就是贯穿于本书的几个根本思想。

一、历史的真实是史学的生命

作为《红学史》，当然是属于"史"的范畴。我国的传统，从古以来，对于"史"是十分尊重的，对于写"史"也是要求严格的。所以历史上才会有用生命来捍卫历史真实的董狐、南史这样被千载歌颂的史家，连孔子都说："董狐，古之良史也，书法不隐。"①《红学史》既然是"史"，那么，首先要求它能坚持历史的真实，捍卫历史的真实，要"不隐"。如果做不到这一点，那它一开始就失去了"史"的尊严，那就不成其为"史"了。

历史是在对立统一的矛盾中前进的，史实只有一个，而对同一史实的看法却可能有多种。作为一部"史"书，第一是要真实地反映历史的本体，反映历史的真面目，这在上面已经说过了。但同时还必须把对这一历史本体的不同反映真实地表达出来。不能只取其一不取其二，不能扬一种看法隐一种看法。例如曹雪芹的卒年问题，曹雪芹当然只能有一个卒年，但现在却有"壬午说"（乾隆二十七年，公元 1763 年 2 月 12 日）和"癸未说"（乾隆二十八年，公元 1764 年 2 月 1 日）两种说法，作为一部史书，就必须把这两种说法都反映出来，并各举其依据，使读者能明其所以然。再如北京通县张家湾出土的"曹雪芹墓石"，墓石只有一块，但说法却有两种，一种认为是真，一种认为是假，那么，这真假两种不同的观点，也必须并举，而且要各举其理由，由读者自己去辨别。再如曹雪芹的祖籍，主要的也有两种说法，一种是说祖籍河北丰润，另一种是说祖籍辽阳，对于这两种说法，自然也应该并举，并各举其主要根据，以便读者判断。

---

① 《左传》宣公二年，中华书局 1987 年影印《十三经注疏》，第 1867 页。

总之，历史的真实和对这一真实历史的主要看法，必须如实地反映出来，不能扬其一而隐其二。有人说："曹鼎望墓志铭"算不算历史的真实？"曹鼎望墓志铭"是历史的真实是毫无问题的，因为曹鼎望历史上实有其人，墓志铭实物俱在，岂能不是史实。问题是对这一历史真实，也有两种看法，一种是认为此墓志的出土，曹雪芹祖籍丰润由墓志的文字得到了确证，数十年来毫无依据的"丰润说"从此找到了铁证；但另一种看法，却认为墓志的文字只字未及曹雪芹，更无曹雪芹祖籍的丝毫记载，因此，此墓志铭与曹雪芹祖籍无丝毫关系，不能拿来作为"丰润说"的证据。对于这样两种截然相反的看法，作为一部严肃的《红学史》，就必须详实地把两种意见反映出来，尤其是认为"曹鼎望墓志铭"是曹雪芹祖籍丰润证据的看法，当时各大报纸均以头条新闻的位置加以报导，还报道了几位专家的论证，影响如此之大，岂能隐而不论。

二、史必有断，断必公正

作为一部《红学史》，必须有真实而充分的史料为其基石，史料是第一性的，有了史料才能建筑起"史"来，这一点，前面已经强调了。但是，如果一部史书仅仅有丰富而可靠的史料而没有对历史的评断，面对着各种各样的看法而没有自己的看法，那也不能成为一部优秀的史书，只能算是史料汇编。所以，对一个史学家来说，必须具备史识和史断。可以说史识或史断，是一部史书的灵魂。

李广柏同志对红学史上的许多问题，都作过深入的研究，都具有自己独立的看法，对红学史上涉及的问题，都会作出评断。例如上面所说的曹雪芹的卒年问题、祖籍问题等等重大问题，也都会作出自己的评断，而且应该是公正的评断而不是有所偏私的评断。

当然，我不是说红学史上的是非，要以李广柏的《红学史》为定论，我决无此意，广柏同志也决不会作如此想。读者也自然会在读过广柏的《红学史》后有自己的看法，同者自同，异者自异，决无任何约束。我只是说，作为一个史家，不可以对史事不作判断，判断也不应是平庸之见，应该有锐利的历史眼光，有睿智的史学识见，如此方能给人以启示。至于是否是做到了至公，那么，这要由历史来鉴定，广大的读者来鉴定，并不是可以自封的。

三、历史是发展的而不是静止的

历史是在滚滚长流中不断发展前进的，而不是静止的。自有红学以来，已有二百多年的历史了，这两百多年，特别是近百年的历史是急剧的发展变化的，因此按照历史唯物的观点，历史必须分阶段论述，评断也必须是贯彻历史唯物、历史发展的观点，不能拿今天的条件去苛求古人，要给古人以历史地位。例如清代的评点派红学，那时的研究方式主要是评点，还有笔记式和诗评式的，这是时代使然，我们不能嘲笑他们为什么不写论文或专著。特别应该指出来，后来"新红学派"一直到今天我们还在讨论的一些问题，如：

1. 关于《红楼梦》作者是曹雪芹的问题

2. 关于《红楼梦》是一部"别开生面"的书的问题

3. 关于"总纲"问题

4. 关于全书的结构层次问题

5. 关于《红楼梦》的人物论

6. 关于《红楼梦》的艺术描写

7. 关于发愤著书和自叙说

8. 关于后四十回是否是前八十回一人的手笔的问题

9. 关于《红楼梦》的抄本问题

10. 关于《红楼梦》八十回以后的情节的问题

11. 关于《红楼梦》的索隐的问题

以上十一个问题，在评点派红学中都已经提出来了，特别是关于《红楼梦》作者是曹雪芹的问题，当时的永忠、明义、周春、二知道人、裕瑞、梦痴学人等，都已经很明确了。当然，他们还没有作考证，但问题确是他们明确地提出来的。所以历史既是阶段的又是连续的，对他们的评价，既要符合他们的时代条件，也要看到他们提出来的一些新问题和这些新问题在后来的茁壮发展。我们看待以胡适为代表的"新红学派"也一样，我们说评点派红学已经指出了《红楼梦》作者是曹雪芹，并不贬低胡适对曹雪芹的考证，"新红学派"的红学总成就确是比评点派红学大大地前进了一步。我们在肯定我们时代的红学成就时，也并不需要把"新红学派"的成果全部否定，相反我们要指出，历史既是阶段的，又是连接的，既有否定的部分，也有肯定的部分，历史不能一刀切断，因此，"新红学派"的正确成果，我们今天也没有理由不接受。而我们在肯定新中国成立以来将近60年的红学巨大成果时，也不能一切皆好，全盘肯定。因为新中国60年的红学发展，道路也是曲折的，情况也是复杂的，不可能笼统地一概肯定，皆大欢喜，而更需要作者用严谨的史家的态度和观点来加以认真分析，从某种意义来说，比起前两个阶段的红学，编写起来，难度要大得多。总之不能因为是我们的时代，就一切都肯定。例如说脂本是伪本，说《红楼梦》最初的本子就是程甲本等等，这难道符合历史事实吗？所以，贯穿整部《红学史》的历史观点，应该是唯物论和辩证法，要用发展的观点来看待历史，分析历史，对我们时代60年的红学发展，既要看到它与以前的历史的连接，也要看到它的质的区别，这样才能看到历史的变化和发展，事物的肯定和扬弃，才能看到新中国红学的时代面貌。

四、新中国红学的开始

作为一部《红学史》来说，它面临着一个不可回避的问题，这就是将近60年的新中国的红学，与新中国成立以前以胡适为代表的"新红学"，是否有本质的区别？新中国的红学是以何时为起点的？

这两个问题，如果要认真写起来，都可以各自写成长篇论文，但我现在为疾病所困，已不可能写这样的长篇论文了，真是心有余而力不足，无可奈何。所以我只能用简短的方式，来说一说我的基本想法。这样的方式，当然是不完整不全面的，这只能请读者原谅了。

我认为将这60年的新中国红学，与以胡适为代表的1949年以前的"新红学派"的红学作比较，是有本质的区别的。从思想方法来说，胡适是以唯心主义的哲学思想为指导的，而新中国的红学，是以马克思主义的哲学唯物论辩证法为指导的。从文艺创作的角度看，胡适的"新红学派"把《红楼梦》看作是"平淡无奇"的"自然主义的杰作"。从文学成就来看，"新红学派"认为《红楼梦》的成就不高，不得入于世界文学之林。从作品的题材来说，"新红学派"认为《红楼梦》是自传体小说，贾宝玉就是曹雪芹。而新中国的红学，认为《红楼梦》是一部现实主义的杰作，其中还含有一定程度的浪漫主义成分，它是封建社会行将没落的挽歌，又是必将到来的新时代黎明前的晨曲，它是具有鲜明中华文化丰采的世界第一流文学作品。《红楼梦》决不是什么自传体的小说，贾宝玉也决不是曹雪芹自己。相反，它创造了一系列不朽的艺术典型，这些典型形象的思想意义和艺术意义都是无可估量的，是我国和世界古典文学的瑰宝。

至于新中国的红学是以何时为起点的，我认为就是从1954年李希凡、蓝翎批判俞平伯的红学研究开始的。其中关于政治性的内容和措施，与李希凡、蓝翎的文章本身无关，是由于当时特殊的时代背景和政治需要而发生的，不是李、蓝文章本身的内涵。所以，要讨论新中国红学的起点，只能就李希凡、蓝翎的文章本身来分析。

我认为李希凡、蓝翎的文章是新中国红学的开始，是因为他们的指导思想和研究方法、研究成果，都与"新红学派"判然有别，是截然不同的两种思想体系，两种研究方法，两种研究结果。这种区别，已在上面说清楚了，不必重复。但这里要特别强调的是：李希凡、蓝翎的文章，运用历史唯物论和辩证法的观点，指出了曹雪芹的时代，是从封建社会末期缓慢地向资本主义社会转型的时期，当然这种转型是微弱而缓慢的，当时的现实还是强盛的封建皇朝，但实际上这个社会已在走向没落了。李希凡、蓝翎文章的另一重要观点，是提出了贾宝玉、林黛玉是封建社会的叛逆，是含有新的民主思想的典型形象，"是当时将要转换着的社会中即将出现的新人的萌芽"。[①] 这样崭新的思想、崭新的方法、崭新的结论，是与"新红学派"截然不同的两种思想体系和两种研究结论。李希凡、蓝翎的观点尽管还未被当时的主流派所全部接受，但随着时间的推移，随着红学研究的实践，这个观点，已成为今天红学家们的共识了。所以，我认为1954年李希凡、蓝翎评红文章的发表，正标志着新中国红学的起步。

以上几点，是我对红学史的一点粗浅的思考，未必准确，充其量只能作为红学史研究的参考，敬请专家和读者指正。

2009年3月5日夜12时于

石破天惊山馆时年八十又七

---

① 见李希凡、蓝翎《关于〈红楼梦简论〉及其他》、《评〈红楼梦研究〉》，分别刊于1954年《文史哲》第9期和1954年10月10日《光明日报》。

伟大作家曹雪芹逝世
二百四十周年祭

——在北京市纪念曹雪芹逝世二百四十周年大会上的报告

伟大作家曹雪芹逝世已经二百四十周年了。

曹雪芹约生于康熙五十四年（1715 年），卒于乾隆二十七年壬午除夕，公历 1763 年 2 月 12 日。曹雪芹的家是一个百年世家。祖籍今辽宁省辽阳市，古称襄平。始祖曹世选，在明代曾任沈阳中卫指挥，但无其他记载。从高祖曹振彦起，经曹玺、曹寅、曹颙、曹頫，共四代人都在清朝做官。后三代世职江宁织造，到雍正五年底至六年初抄家败落，这时曹雪芹虚岁十四岁（雍正六年）。抄家后即随祖母李氏回北京崇文门外蒜市口居住，这时曹頫还枷号在监，其余家人都已星散。其父亲究竟是曹颙还是曹頫，莫能考定。曹雪芹后来曾流落到西郊居住，生活贫困，乾隆二十七年因其子殇，曹雪芹忧愁以终。

曹雪芹的时代，是中国封建皇朝的康熙、雍正、乾隆时代，这是 18世纪的初期到中期。这在欧洲正是工业革命的时代，在中国则是封建社会缓慢转型时期。中国自明代中后期起，封建社会内部即产生并发展了资本主义萌芽性质的新的经济因素，到了清代康雍乾的时期，资本主义萌芽性质的经济又有了发展。因此，一种新的性质的民主思想，即反映资本主义萌芽经济性质的民主思想，也在随之而发生发展。

由于曹雪芹时代的特殊历史环境，主要是残酷的文字狱和思想领域里程朱理学的统治和反程朱理学的斗争，反科举八股的斗争等等，曹雪芹的《红楼梦》不得不采取"假语村言""真事隐去"的写作手法，这一方面固然躲过了"文字狱"的网罗，但也使人们难以捉摸到他书中蕴藏的真意。所以曹雪芹在当时即有"谁解其中味"的感叹。而事实上，自《红楼梦》问世以后，随即就遭到了种种的曲解和误解。这种状况，至今并没有得到完全解决。

但是，曲解和误解只是事物的一个方面，而另一个更重要的方面，则是研究和爱好《红楼梦》的人愈来愈多了，其中包括着世界各国的人民。

《红楼梦》虽然有它隐秘和难解的一面，但我国晋代的陆机说："或沿波而讨源，或本隐以之显。"① 到了梁代的刘勰则说："夫缀文者情动而辞发，观文者披文以入情，沿波讨源，虽幽必显。世远莫见其面，觇文辄见其心。岂成篇之足深，患识照之自浅耳。"② 陆机和刘勰说：不是客观事物不可认识，而是一定要找到认识它的轨迹。找到了它的轨迹，则虽然很隐蔽的东西，也必然会明显起来。这是非常正确的见解。对《红楼梦》的认识也是如此，不是《红楼梦》不可认识，而是如何去认识它，怎样找到认识它的轨迹。

第一个敲开认识《红楼梦》的大门的是胡适。1921 年胡适发表《红楼梦考证》（改定稿），首先揭出《红楼梦》的作者是曹雪芹，《红楼梦》是作者的自序传。1927 年胡适购得甲戌本，1928 年 2 月发表《考证〈红楼梦〉的新材料》，在这篇文章里他指出了脂本的重要性，

---

① 陆机《文赋》。
② 刘勰《文心雕龙·知音》。

指出了脂批的珍贵史料价值，指出了《红楼梦》里隐寓了曹家的家史等等。这样就终于找到了认识《红楼梦》的正确途径。近代红学的曹雪芹家世研究，《红楼梦》脂本研究，《红楼梦》脂评研究这三大课题，都是从这里开始的。这就是说，《红楼梦》经过了一百七十四年的误解曲解（从乾隆十九年甲戌本算起，1754 年到 1928 年），人们才算找到了认识《红楼梦》的正确途径。可见认识客观事物之不易。

然而，找到了认识《红楼梦》的正确途径，进了认识《红楼梦》的大门，并不是一看就都明白了，《红楼梦》千门万户，目迷五色，仍然能令人迷路。第一个迷路的人，也就是第一个找到认识大门的人胡适。他把《红楼梦》看作了曹雪芹的自叙传，这就又在《红楼梦》的认识大门里头迷路了，跟着他相信自传说的人自然也都迷了路。

当然，胡适找到认识《红楼梦》的正确途径，使人们能从猜谜的歧路上走出来，这是红学史上一个划时代的贡献，这个贡献是永恒的，而他的"自传说"的失误，只是局部的、暂时的，两者是不能相等的。从 1928 年至今，又已经经过了七十五年了，在这七十五年中，一方面，人们不仅早从"自传说"的迷误中走了出来，而且《红楼梦》的思想内涵，对曹雪芹当时不可能明言而隐秘起来的思想，也终于找到了认识的钥匙，解开了百年未解的认识的奥区；而另一方面，却仍有不少人在误区里迷恋，还有一些人，则又制造了新的误区。这并不奇怪，认识客观事物，本来就不是那么容易的，只有坚持正确途径，不怕攀登之苦，不怕种种干扰的人，才能得到胜利的果实。

《红楼梦》的思想，概括来说，就是对当时现实社会的批判和对未来社会的理想和希望。

《红楼梦》对当时现实社会的批判：

一是，政治批判。

1. 曹雪芹在《红楼梦》第二回里借冷子兴的口，说出了"成则王侯败则贼"，这是清初以来思想界对现实政治的批判课题，比曹雪芹略早一点的唐甄就说过："自秦以来，凡为帝王者皆贼也。"到了曹雪芹的时代，又经过了雍正的夺位斗争，凡与雍正夺位的人都遭到了杀戮或终身监禁，胤禩和胤禟，还被"赐"呼为"阿其那"（夹冰鱼）和"塞思黑"（讨厌），不久又被害死。因曾为胤禩买过苏州女子而被视为"奸党"的李煦，也遭到了抄家和判斩，后又改为流配。曹雪芹自己的家被抄，罪名是亏空国帑，但又查出了曹𫖯为胤禟寄藏的一对镀金狮子，虽未见处理，却是随时可以爆炸的一枚定时炸弹，因为李煦也是雍正元年被抄家，到雍正五年又发现为胤禩买女子的"罪"而判"秋后斩决"，后又改流配的。但曹雪芹却仍然把这句对现实政治批判性极强的话写进了他的书里。敦诚曾称赞曹雪芹的诗说："知君诗胆昔如铁，堪与刀颖交寒光。"曹雪芹把这句话写进《红楼梦》里，也无异是"与刀颖交寒光"了。由此可知，难怪弘旿听说《红楼梦》里有"碍语"，就吓得连书也不敢看了。

2. 曹雪芹在《红楼梦》里一开头就写了"贾、史、王、薛"四大家族，还写出他们"连络有亲，一损皆损，一荣皆荣，扶持遮饰，俱有照应"，这无疑是揭出一个官僚政治势力集团，这是附属于皇帝的另一个政治势力实体，皇帝是成功了的"贼"，那末这些也就是贼党，他们共同把持朝政，欺压人民。

3. 《红楼梦》里写一个世家大族从荣华富贵到彻底败落。其中尤其着重写大族世家表面上是诗书礼仪，实际上是男盗女娼，活生生地揭露出一切都是虚伪，一切都是表面文章，其内部的糜烂不堪，通过焦大醉骂"爬灰的爬灰，养小叔子的养小叔子"，揭露无余。这实际上是对当时官方大力宣扬的程朱理学和封建伦理道德的辛辣讽刺。二知道人说："雪芹纪一世家，能包括百千世家，假语村言不啻晨钟暮鼓。"曹雪芹揭露一个贵族世家，也就等于揭露千百个贵族世家，把封建社会的一个活体细胞，在显微镜下作了层层解剖，证明它已经是腐朽不堪了。

4.《红楼梦》里一开头就写了贪官贾雨村徇情枉法，草菅人命，讨好四大家族权贵，杀人者逍遥法外，老百姓死了白死，这就又画出了从皇帝到权臣到地方官的一张统治人民的天罗地网。这就是曹雪芹时代的一个政治总貌。

二是，思想批判。

《红楼梦》里的典型人物贾宝玉不肯读书，反对"仕途经济"，反对"文死谏""武死战"，说这些人都是为了"邀名"，这些人都是"国贼禄鬼"，还说"除明明德以外"，其他的书都是杜撰，他还要把这些书都烧了。这些描写，初看起来，真是"似傻如狂"，而实际上却是另有含意。当时思想界的激烈斗争，是统治阶级大力宣扬程朱理学，宣扬朱学（朱熹），康熙把朱熹尊奉到"十哲"之列，但是进步的思想家则大力批判程朱理学，批判朱学，同时批判自明朝以来到当时推行的科举制度，八股文。《红楼梦》里写贾宝玉不读书，不走"仕途经济"，骂"除明明德之外"都是杜撰，实际上就是反对程朱理学，反对朱学，反对科举八股，因为连书都不读了，这一切也都说不上了。曹雪芹正是用这种隐蔽的手法、巧妙的方式来表达他反程朱反科举的精神。

三是，社会批判。

自明代实行科举制以来，社会上形成一种严重的虚假风气，样样可以弄虚作假，再加上吹牛拍马，自我吹嘘等等，此风直到清代康乾之世，更是风靡天下，弄得世人反而把假的当真的，把真的当假的。《红楼梦》里把具有真知灼见、真才实学、真性情、真思想的人叫作"贾宝玉"（假宝玉），把走仕途经济，读圣贤书，走科举之路的人叫作"甄宝玉"（真宝玉），这就是对真假混淆的辛辣讽刺。

《红楼梦》里还创造了一个"贾政"。"贾政"者，假正、假真也。此人之"假"即是他的"真"，也即是：他只有"假"，没有"真"。所以"假"即是他的"真"，而"真"也就是他的"假"。这是一个极具讽刺性，极具思想内涵的名字，耐人寻味。

更有意思的是跟随他的清客叫"单聘人"（擅骗人）、詹光（沾光），他的亲戚叫王仁（忘仁），还有一批人叫卜固修（不顾羞），程日兴（趁人兴），卜世仁（不是人）、胡斯来（胡乱来）等等，读者通过以上这些人的名字，也就可以想见当时社会风气之虚浮污浊，也就可以明白这个贾政是何等样人了。

《红楼梦》里对当时社会风气的批判，还有很多方面，这里只是略举一二例而已。

《红楼梦》更重要的一面，是作者的社会理想，而这一方面，恰恰是一直未为世人所理解，甚至过去还认为曹雪芹只有对旧社会的批判，缺乏新的社会理想，这真是对曹雪芹的最大的不理解。然而，终于被认识到了。

曹雪芹的新的社会理想：

一是，对人生的理想。

贾宝玉的不读书，不走"仕途经济"的道路，表面看来，是无所事事，不求上进，殊不知在他那个社会里求上进，那就等于是同流合污。贾宝玉的所作所为，实际上是与现实社会的彻底决裂，而他所要走的道路，是不受封建约束的完全自由自在的自由人生之路。

二是，对婚姻的理想。

贾宝玉与林黛玉的生死恋爱，就是曹雪芹婚姻理想的具体描写，这个理想在《红楼梦》里完全破灭了，表明作者认为这个理想在现实社会里是不能实现的。这个婚姻理想的根本内涵：一是婚姻要自由选择，独立自主；二是男女双方要相互长期了解，而不是一见倾心；三是男女双方的人生理想、社会思想要完全一致；四是双方要文化修养、个性爱好的一致。在这个基础上凝结成的爱情，才是万劫不磨、生死不移的爱情。曹雪芹所写的这种爱情，是以往从未有过的爱情，是以往爱情的发展和升华，正是这一点，它反映了宝黛爱情新的思想性质和它的时代特征。

三是，关于妇女的理想。

曹雪芹在《红楼梦》里用大量的篇幅，写了妇女问题。在封建社会妇女是没有社会地位的，宋以后，更增加了贞节问题，丈夫死后，妻子必须殉节或终身守节不嫁。这种风气，明代到清代更加严重，女子被逼殉夫者层出不穷。就是上层社会的女子，也没有真正的社会地位。《红楼梦》里的妇女，十二金钗结局都很悲惨。《红楼梦》里的下层女子，命运则更悲惨，所以曹雪芹说"千红一窟"（千红一哭），"万艳同杯"（万艳同悲）。曹雪芹用沉痛的笔墨，写出了不同社会地位的妇女的同一悲惨命运，所以他在"作者自云"里说："当日所有之女子……其行止见识，皆出于我之上"，"闺阁中本自历历有人，万不可因我之不肖，自护己短，一并使其泯灭也。"他还说："女儿是水作的骨肉，男人是泥作的骨肉，""须眉男子不过是些渣滓浊沫"，这些话，都是为妇女作的呼喊，是男女平等的一种矫枉过正的呼声。曹雪芹写李纨的守寡，心如槁木死灰，这是无声而沉痛的哭泣。写尤三姐的死，是一声强烈的呼号。一篇《芙蓉女儿诔》，是向社会的沉痛控诉。总之，曹雪芹用他沉痛的笔墨，喊出了救救妇女的呼声，这是在黑暗的封建社会里发出的一声惊雷，一道冲破黑夜的闪光。

四是，关于社会的理想。

《红楼梦》是一部小说，而不是理论著作，所以它反映作者的社会理想只是通过故事的情节、人物的言论行动，而不是长篇大论的论述，所以《红楼梦》所写到的人生理想、婚姻理想、妇女问题等等，都是曹雪芹的社会理想的一部分。

《红楼梦》六十六回兴儿对尤三姐说宝玉"也没刚柔。有时见了我们，喜欢时没上没下，大家乱顽一阵；不喜欢各自走了，他也不理人。

我们坐着卧着，见了他也不理，他也不责备。因此没人怕他，只管随便，都过的去"。他还说要把"这屋里的人，无论家里外头的，一应我们这些人，他都要回太太全放出去，与本人父母自便"。芳官的干娘扣芳官的钱，他就说："怨不得芳官，自古说：'物不平则鸣。'"他还对妙玉说："常言'世法平等'。"这句话出自《金刚经》。其本义就是"人无贵贱，法无好丑，荡然平等"。这些描写，都反映了他的人与人之间的平等思想、仁爱的思想，所以鲁迅说他"爱博而心劳"。曹雪芹还通过林黛玉的诗，提出了"何处有香丘"的问题，这正说明了他对理想社会的寻觅和追求。

以上这些方面，都是曹雪芹在《红楼梦》里反映出来的他的新的社会理想。这些理想虽然是粗略的初期性的，但却是带有时代的新的特征的，是与中国封建社会缓慢转型的历史阶段相适应的。是属于未来社会的而不是属于他自己的现实社会的。

曹雪芹所深沉叹息的"谁解其中味"的"味"，这就是我们现在能够探索到的，我深信，这也就是曹雪芹最希望人们能理解到的。

曹雪芹去世已经二百四十周年了，他当年深藏在《红楼梦》里的对未来社会的全新的理想，对人类的伟大的爱，到今天，终于为人们所破译、理解和接受了！

我们怀着虔敬的心情，谨以此点，作为香花之荐，祭告于伟大作家曹雪芹在天之灵！

《红楼梦》是中华传统文化的瑰宝和新的升华！

《红楼梦》永远和未来的时代在一起！

《红楼梦》是属于中国人民的，也是属于世界人民的！

《红楼梦》是属于全人类的！

2003 年 8 月 12 日写于京东双芝草堂

纪念曹雪芹逝世二百四十周年
扬州国际《红楼梦》研讨会开幕词

尊敬的各位领导,

尊敬的各位贵宾,

红学界的老朋友、新朋友们,你们好!

我们在金秋十月最好的时光,又一次在扬州欢聚了。大家知道,扬州是《红楼梦》的故乡,也是曹雪芹的故乡,因为当年的曹寅既是江宁织造,又是两淮巡盐御史,在南京和扬州都有他的衙署,也都有他的住处,曹寅当年就是在扬州病故的。

本来这个会议是安排在壬午年开的,因为"非典"流行,不得已改在今年这个时候举行。

我们要谢谢扬州市人民政府的领导,也要谢谢扬州市外事办的领导,本次的大会得以顺利举行,全靠扬州市人民政府的大力支持和精心安排。

不少朋友——中国的和外国的朋友——都还记忆犹新,我们在1992年曾在扬州举行过一次盛大的《红楼梦》国际会议。时隔12年,我们又在这个充满着诗意的瘦西湖畔开会了。我要请大家仔细看看,今天的扬州与十二年前的扬州已经大大不同了，城市扩大了，建筑更新了，交通便利了，如今只要睡一个觉就可以从扬州到北京，也可以从北京到扬州了。

但是扬州有一样没有变，就是扬州的文化古迹没有变，非但没有变而且增多了，得到了维护和更新了，还有就是扬州的文化气息没有变，或者说变得更浓郁了，扬州的人情味没有变，或者说变得更浓厚了。从本次的大会，各位就可以体会到扬州市领导对文化的重视，对文化建设的重视。

我们的红学会议，刚好是处在送走了 20 世纪迎来了 21 世纪之际。大家知道，"红学"的真正成为"学"并且得到发展，是开始于 20 世纪 30 年代的"新红学"派，而得到更大的发展，是在 20 世纪 50 年代以后，直到 20 世纪之末。它的主要标志是《红楼梦》的早期抄本陆续有所发现，和曹雪芹祖宗的家世档案传记碑刻，以及曹家几代人的奏折有大量的发掘、发现和公布。这些都是可信的文献史料，这对于研究作者的时代、家世、生平都是非常珍贵的第一手史料。在先后发现的抄本的研究上也得到了深入的发展。由于己卯本散失部分的发现，带来了己卯本现存抄本是怡亲王府的抄本的认识，并且有《怡府书目》原本上同样的避讳和怡亲王印章的硬证，这在抄本的研究上又翻开了新的一页。尽管有的同志还有不同的看法，这完全是正常的；但不论见解有多少差异，己卯本避怡亲王的讳和庚辰本与己卯本的相同款识，庚辰本上还残留着"祥"字避讳的证据，这是任何人也无法否认的。就是单从这几个不可否认的特征来看，也就在抄本史上翻开了新的一页了。

20 世纪另一重大进展，是对《红楼梦》文本的研究，首先是由中国艺术研究院红楼梦研究所与全国不少学者合作用了七年时间整理出来的以庚辰本为底本的新校注本，从根本上替代了原来通行的程乙本。此本至今已第十三次印刷，印数已达数百万部。同时在文本的整理上还有刘世德校注本、蔡义江校注本、黄霖校注本等，最早还有俞平伯先生据戚本校订的八十回本，还有启功先生主持的程甲本校本，后来还有《红楼梦》研究所的《脂砚斋重评石头记汇校》本，这都是文本整理上的成果，这也成为"红学"发展的基础。特别是先后十多种早期抄本都相继影印出版了，这更有利于"红学"的发展。

20世纪50年代后，对清代记事式的红学和评点派的红学也都有整理，前者有朱南铣、周绍良先生的《红楼梦卷》和《红楼梦书录》，后者有上海古籍社的《三家评批红楼梦》和文化艺术出版社的《八家评批红楼梦》，后者又有江西教育出版社重校重印。在工具书方面有中国艺术研究院红楼梦研究所的《红楼梦大辞典》等。

在上述的基础上，《红楼梦》的思想研究、艺术研究、典型研究、美学研究也取得了很大的发展。可以说，20世纪的下半世纪是"红学"大发展的阶段。而中国红学会，就是在这样的现实条件下于1980年组织成立并领导着历次盛大的国际和国内的红学活动的。

特别要提出的是，"红学"走向世界也是20世纪下半世纪开始的。这里所说的走向世界，不单是指《红楼梦》文本的向国外传布，也不仅是指《红楼梦》的外文译本。抄本的外传和外文译本当然都是走向国际的步骤，但我这里说的是作为一门学问，用学术研讨会的形式来召开国际性的会议。这要首先感谢美国的周策纵教授和赵冈教授，是他们在1980年在美国的威斯康辛大学举办了第一次的国际研讨会。今天赵冈教授和陈钟毅教授，都光临了大会，这对本次会议，增加了不少忆昔感今的情趣。可惜周策纵先生因为年事已高，不便远行，未能到会，令人怀念。

从1980年以来，国内举行过多次国际会议和国内会议，在台湾省也举办过《红楼梦》的国际会议。在德国、新加坡、马来西亚也有涉及《红楼梦》的会议，德国是用德文开的《红楼梦》研讨会，新加坡是举办了盛大的红楼文化展，包括精致的红楼宴，马来西亚是在国际汉学会议上安排了"红学"讨论的内容。

至于国内的红学家应邀到国外讲红学，国外的红学家应邀到国内来讲红学，也是常有的事。以上这许多活动，也是走向世界的一种形式。

所以"红学"走向世界也是在 20 世纪后期的一件大事。现在在全世界的主要国家，如美国、英国、法国、德国、俄国、日本、新加坡、马来西亚、澳大利亚、韩国等国都有《红楼梦》研究的专家或翻译家。《红楼梦》的研究，作为一门学问的"红学"，在 20 世纪的后期，真正走向了世界。

特别还要提出的是《红楼梦学刊》，从它创刊起到现在已经历了 25 年，已出版了 102 期，这是一个奇迹，也是红学发展和走向世界的有力证明。

我们现在处在 21 世纪之初，新世纪刚刚进入第四年，就在扬州举办盛大的国际《红楼梦》研讨会，这说明在新的世纪里，《红楼梦》的研究，"红学"，必将更广阔更深入地走向世界。

《红楼梦》是一座大山，一个深渊，其内涵之深广，一时间是难以穷尽的。所以在《红楼梦》的研究上产生各种各样的分歧，我认为这是完全正常的，所以《红楼梦》的研究需要"百花齐放，百家争鸣"，需要"和而不同"，"和"是指人际关系，"不同"是指学术观点。《红楼梦》的研究，毋需要作匆促的结论，也毋需要统一观点，而且也不可能统一观点。不是我们不需要结论，而是我们要科学的经久的结论，这就需要时间的检验，就不能性急，更不能自以为是。《红楼梦》的许多共识是自然形成的，不是强制性的。"红学"已经到了新世纪的新起点，更需要这种"双百"方针和"和而不同"的求实精神。

从时间的断限来说，新世纪和已经过去的世纪是有断限的，是有时间的分界的；但从学术来说，是不可能割断的。也就是说，上世纪讨论和研究的课题，它自然会过渡到新的世纪，而新的世纪，必然也会产生新的研究课题，这是十分自然的。

只有一种东西，我们不希望它传承，这就是学术上的弄虚作假等不良学风。"双百"方针和"和而不同"当然不能包括说假话和造假材料等歪风，作为一个严肃的认真的学术研究团体，当然必须纯洁自己的学风。

我们这届会议，从国外来了不少"红学"的老朋友和新朋友，我们表示特别热烈的欢迎，也非常怀念过去来过而现在因为年龄的关系或其他原因不能来的朋友，我在这里代表与会的朋友向他们表示亲切的问候。

扬州是富于诗意的地方，平山堂上有欧阳修、苏东坡的遗迹，词人姜白石也曾歌咏过扬州，至于杜牧写扬州的诗更为众所传诵了。还有瘦西湖畔的"红桥"，是王渔洋、曹寅等人当年歌咏的地方。十月的扬州，秋深的瘦西湖，菊黄蟹肥，枫丹露白，如今二十四桥仍在，当年杜牧笔下"二十四桥明月夜"的明月仍在，徐凝笔下"天下三分明月夜，二分无赖是扬州"的"明月"，姜白石"波心荡，冷月无声"的"明月"，还有太平天国时期淮海词人蒋鹿潭的"晕波心月影荡江园"的"明月"，也都仍在。今天诸位所能看到的扬州的明月，还仍是以往诗人笔下的那个明月。我想曹雪芹笔下"冷月葬诗魂"的"冷月"，多半也是这个扬州的明月。

中国有句俗话，叫做"主雅客来勤"。我们面对着如此风雅的主人，品尝着格高韵雅的红楼宴，夜夜窗前园中悬挂着诱人诗兴的明月，我们希望这次红楼盛会，既是红学的研讨会，也是"诗人兴会更无前"的一次文人雅会。我祝愿这次会议开得圆满成功，祝愿各位的"兴会更无前"，祝愿这次会议是红学史上的，也是各位佳宾永远存在心里的盛会。

我代表大家再次谢谢我们风雅的主人！

2004 年 10 月 1 日夜 12 时

红楼沉思录

——读《曹雪芹的最后十年考》

还是十多年前，我读崔川荣同志的稿子才与他有联系的，后来我到上海，又面谈了一次。我读他的稿子，感到他对问题很能深思，往往会有你意想不到的新的思路，而且又是依据文献资料所作的比较切实的分析，我感到这是很难得的。读书一要沉潜而戒浮躁，二要深思而不作表面的浅解，三要自觉地经受历史的验证。历史不是瞬间，而是一个漫长的过程，而且历史不是主观，而是纯客观。所以，任何一个真诚地做学问的人，真诚地追求客观真理的人，都应该自觉地服从这一认识的规律而摒弃自我夸张，要真像黄山谷说的"医得儒生自圣颠"。

我与崔川荣同志交往的十多年来，我感到他沉潜而又客观耐心，所以他每有所作，并不立即要求发表，总是要沉思再沉思。

他研究曹雪芹的最后十年也已经好多年了，我说不清究竟是几易其稿，前几年我还能看一些稿子，特别是近一年来，我的眼睛的视力大受损失，几乎很难看稿，所以他后来的稿子我无力再看。现在我只好凭记忆，记一点与他的书稿相关或略有关系的一些思考，所以叫作"沉思录"，思考的问题较多，不可能都写在这篇文章里，而且都只是思考而并非结果，更非结论。

首先是关于脂砚斋的问题。

已经有不少人作了研究，除了完全否定脂砚斋其人的这种观点根本不可能成立外，对这个问题从多方面作些思考还是有意义的。我自己至今尚无定见，其原因是曹家的家学传统、思想传统是程朱理学，是经学。康熙六十年的《曹玺传》说曹寅"偕弟子猷讲性命之学"，子猷是曹宣（曹荃），"性命之学"是程朱理学。曹寅《楝亭文钞·周易本义序》里说："六经在世，如日月经天，江河行地。"他的《楝亭诗别集》卷四《辛卯三月二十六日闻珍儿殇，书此忍恸，兼示四侄，寄西轩诸友三首》，其中第二首说：

> 予仲多遗息，成材在四三。
>
> 承家望犹子，努力作奇男。
>
> 经义谈何易，程朱理必探。
>
> 殷勤慰衰朽，素发满朝簪。

"经义谈何易，程朱理必探"，曹雪芹家的经学传统、理学传统多么明确而牢固啊！可是曹雪芹在《红楼梦》里却大反程朱理学，大反孔孟之道，大大地"背父兄教育之恩，负师友规谈之德"。而脂砚斋却是曹雪芹的合作者和支持者，他对《红楼梦》的评价是"字字看来皆是血，十年辛苦不寻常"。

他对《红楼梦》里的典型人物贾宝玉的分析是多么深刻精彩啊！特别是十九回里对贾宝玉其人的两段评，我称之为最早的"典型论"，这当然是与曹雪芹的反程朱理学思想、反传统思想是完全一致的。以往较多的研究者都比较倾向于脂砚斋可能是曹頫，可是康熙六十年的《曹玺传》说"頫字昂友，好古嗜学，绍闻衣德，识者以为曹氏世有人云"。

很明显，曹頫是曹寅理学传统的继承者，他当然是信奉程朱理学、信奉孔孟之道的。那末，他能就是支持曹雪芹大反程朱理学、大反孔孟之道的脂砚斋吗？是否是抄家以后曹頫思想有了一个一百八十度的大转变呢？如果有，何以证明呢？

至于说脂砚斋是劝贾宝玉走仕途经济道路的史湘云，不用说史湘云是小说人物，不能与真实的人物相混，就说算是史湘云的生活模型，那何以证明她也一改初衷，反对走仕途经济之路了呢？由于以上这些思考，所以我对脂砚斋到底是何人，一直未敢持一种确认是哪一个人的意见，因为实在想不好。

现在崔川荣同志提出来是曹雪芹的弟弟曹棠村，并且说他并没有死得那末早。

曹棠村，当然就是为雪芹《风月宝鉴》作序的那一位。我不知道崔川荣是如何论证的，因为我无法看稿子。但《风月宝鉴》我想不会是"程朱理学"的思想，倒大有可能是大不合"程朱理学"、甚至是违反"程朱理学"的。那末为《风月宝鉴》作序，当然也不可能是宣扬"程朱理学"的一套了，这是不言而喻的。再加上他是雪芹的弟弟（脂批里有多处称"玉兄"），是属于雪芹同辈而与上一辈有年辈上的差距的，当然更是在抄家以后成长的。如果他确实并未早死的话，那末他对雪芹的反传统思想理解的可能性似乎要更大一些，为此，崔川荣提出来的这一新思路，也许很有深入探究的价值。

其次，是崔川荣同志提出来雪芹可能生于康熙五十五年，我原先的想法是康熙五十四年。即依这个五十五年说来论，那末曹家抄家时，雪芹虚岁已是十三岁，按曹家是雍正五年底查封，六年初正式抄家。如果按照这个年岁来看，曹雪芹是经历过繁华更历尽败落的辛酸岁月的。长期以来，有一种说法，是说曹家抄家时曹雪芹还只有三四岁，《红楼梦》里所写的内容，都是听老人传述的。我认为这个看法是不符合《红楼梦》所写的内容的。《红楼梦》开头说：

> 作者自云：因曾历过一番梦幻之后，故将真事隐去，而借"通灵"之说，撰此《石头记》一书也。……忽念及当日所有之女子，一一细考较去，觉其行止见识，皆出于我之上。何我堂堂须眉，诚不若彼裙钗哉？实愧则有余，悔又无益之大无可如何之日也！当此，则自欲将已往所赖天恩祖德，锦衣纨袴之时，饫甘餍肥之日，背父兄教育之恩，负师友规谈之德，以至今日一技无成、半生潦倒之罪，编述一集，以告天下人：我之罪固不免，然闺阁中本自历历有人，万不可因我之不肖，自护己短，一并使其泯灭也。

在《红楼梦》里，这是唯一的一段"作者自云"，这表明它不是"假语村言"，完全是说的实话，是小说故事以外的说明文字，因此他说的事情，自然是可信的。那末，他——也即是作者，究竟说了些什么呢？

1."曾历过一番梦幻之后"。这当然不是说他曾做过梦，而是说他曾经过由荣华到败落的像南柯一梦一样的家庭和世事的大变故。这无疑就是说他自己曾经过家庭的大富大贵到抄家败落的历史。就在《红楼梦》故事的开头，作者还借用"石头"的口说："适闻二位谈那人世间荣耀繁华，心切慕之。……如蒙发一点慈心，携带弟子得入红尘，在那富贵场中，温柔乡里受享几年，自当永佩洪恩，万劫不忘也。"二仙师听毕，齐憨笑道："善哉，善哉！那红尘中有却有些乐事，但不能永远依恃；况又有'美中不足，好事多魔'八个字紧相连属，瞬息间则又乐极悲生，人非物换，究竟是到头一梦，万境归空。"这一段文字，虽然已属小说，但却是"真事隐去"的一段"假语村言"，是"曾经历过一番梦幻之后"一语的注脚。由此可知，作者是曾在"富贵场中，温柔乡里受享过几年"的。

2. "忽念及当日所有之女子，一一细考较去"。曹家和李家，当年是世家大族，李煦抄家时有人丁"共二百二十七名口"，[①] 曹家抄家时，虽已大不如曹寅当年，但也还有"家人大小男女共一百十四口"，[②] 所以曹雪芹说"念及当日所有之女子"，这当然是事实。问题是如果抄家时曹雪芹还只是一个三四岁的小孩，他能这样"念及当日所有之女子"吗？能"一一细考较去"吗？如果抄家时，曹雪芹已经十三四岁了，那末，"当日所有之女子"，他当然会有过接触，会留下深刻的印象。而且上面这样的话，也决不像是后来回忆三四岁孩提时生活情景的语气。

3. "已往所赖天恩祖德，锦衣纨袴之时，饫甘餍肥之日"的种种往事。到成人之后，对三四岁时的孩提生活能有这种深刻的记忆吗？我觉得要一个三四岁的小孩有这么高的智力，是不大可能的。

4. "背父兄教育之恩，负师友规谈之德"。这一点我在本文开头已经分析过了，但还有另一层意思要说明。就是说，三四岁时的小孩，还远不到学龄，所以还根本谈不上"背父兄""负师友"之类的事，只有到了十三四岁的年龄，这两句话才配得上。

所以由以上这段"作者自云"来看，说作者没有经历过家庭的荣华富贵，说《红楼梦》的事情背景，都是听老人传说的这种说法，就与这段作者的自述完全不符了。

然而能证明这一点的，还有大量的脂批：第五回"势败休云贵，家亡莫论亲"句上甲戌本批云：

> 非经历过者，此二句则云纸上谈兵，过来人那得不哭。

---

① 见《关于江宁织造曹家档案史料》附录四：《内务府总允禄等奏李煦家人拟交崇文门监督变价折》（雍正二年十月十六日）。中华书局 1975 年版。

② 同上书：《江宁织造隋赫德奏细查曹頫房地产及家人情形折》。

611

同回"若非个中人"句,甲戌夹批云:

> 三字要紧。不知谁是个中人。宝玉即个中人乎? 然则石头
> 亦个中人乎? 作者亦系个中人乎? 观者亦个中人乎?

第八回"贾母又与了一个荷包并一个金魁星"句甲戌眉批云:

> 作者今尚记金魁星之事乎? 抚今思昔,肠断心摧。

第十三回"若应了那句'树倒猢狲散'的俗语"句上,甲戌眉批云:

> "树倒猢狲散"之语,今犹在耳,曲指三十五年矣。伤
> 哉,宁不恸杀。

第十七回"宝玉听了,带着奶娘小厮们一溜烟就出园来"句庚辰批云:

> 不肖子弟来看形容。余初看之,不觉怒焉,盖谓作者形容
> 余幼年往事,回思彼亦自写其照,何独余哉。信笔书之,供诸
> 大众同一发笑。

第十八回贾政说"臣草莽寒门,鸠群鸦属之中,岂意得征凤鸾之瑞"句
旁庚辰夹批云:

> 此语犹在耳。

第十九回宝玉说："我说往咱们家来，必定是奴才不成？说亲戚就使不得？"句王府本夹批云：

> 这样妙文，何处得来？非目见身行，岂能如此的确。

第二十三回"忽见丫鬟来说老爷叫宝玉。宝玉听了，好似打了个焦雷，登时扫去兴头，脸上转了颜色"句旁庚辰夹批云：

> 多大力量写此句，余亦惊骇，况宝玉乎。回思十二三时曾有是病来，想时不再至，不禁泪下。

第二十五回马道婆向贾母说："祖宗老菩萨哪里知道，那经典佛法上说的利害"句甲戌夹批云：

> 一段无伦无理信口开河的浑话，却句句都是耳闻目睹者，并非杜撰而有。作者与余实实经过。

第四十三回"李纨又向众姊妹说：'今儿是正经社日，可别忘了'"句庚辰批云：

> 看书者已忘，批书者亦已忘了，作者竟未忘，忽写此事，真忙中愈忙，紧处愈紧也。

第四十八回薛蟠要出去经商，薛姨妈不放心，宝钗说："只怕比在家里省了事也未可知"句庚辰批云：

作书者曾吃此亏，批书者亦曾吃此亏，故特于此注明，使后人深思默戒。脂砚斋

第七十三回迎春因乳母获罪，邢夫人趁机数说迎春，下人们趁机挑拨说："他们明知姐姐这样，他竟不顾恤一点儿"句，庚辰批云：

杀杀杀，此辈专生离异，余因实受其蛊。今读此文直欲拔剑劈纸。又不知有何可顾恤之处，直令人不解。愚奴贱婢之言，酷肖之至。

第七十四回贾琏向鸳鸯借当，平儿对凤姐说："老太太因怕孙男弟女多，这个也借，那个也要，到跟前撒个娇儿，和谁要去，因此只装不知道。"句下批云：

奇文神文，岂世人想得出者。前文云"一箱子"若私自拿出，贾母其睡梦中之人矣。盖此等事作者曾经，批者曾经，实系一写往事，非特造出，故弄新笔，究竟不记不神也。

以上举了三条脂批，无需再加分析，"作者曾经"，"不知作者多少眼泪洒出此回也"，"作书者曾吃此亏"，"作者竟未忘，忽写此事"，"句句都是耳闻目睹者，并非杜撰而有，作者与余实实经过"，这些话，不是明明白白写着"作者与余实实经过"吗？如果经过时作者只有三四岁，能写得出来吗？所以，那种所谓曹雪芹只是听老人传说而写《红楼梦》的说法，是不符合这部书的实际情况的。《红楼梦》文字的最大特点，是字字句句深深牵动着作者的感情深处，所以批者说他不知用"多少眼泪洒出此回"，如果只是听人传说，又岂能"字字看来皆是血"？当然，

这么大一部书，听老人传说部分肯定也是有的，如借省亲事写南巡，如"树倒猢狲散"之语等，雪芹肯定赶不上，这当然是听老辈传闻，不仅传闻，而且还有他虚构的情节，如太虚幻境等，这当然都是不言而喻的。但就其主要方面来说，当然是作者身经亲历的事多，特别是深深打动他的，应该是他亲见亲闻亲历的抄家败落的特大变故。所以《红楼梦》确实是曹雪芹家破人亡之书，身世感伤之书，而不是听故老传闻之书。

其三是"其中有碍语"的问题。

爱新觉罗·永忠在他的《延芬室稿》里有《因墨香得观〈红楼梦〉小说吊雪芹三绝句姓曹》诗三首：

> 传神文笔足千秋。不是情人不泪流。
> 可恨同时不相识，几回掩卷哭曹侯。

> 颦颦宝玉两情痴。儿女闺房语笑私。
> 三寸柔毫能写尽，欲呼才鬼一中之。

> 都来眼底复心头。辛苦才人用意搜。
> 混沌一时七窍凿，争教天不赋穷愁。

在这三首诗的眉端，有其叔弘旿的批："此三章诗极妙。第《红楼梦》非传世小说，余闻之久矣，而终不欲一见，恐其中有碍语也。"《红楼梦》里究竟有哪些"碍语"，首先让人注意到的是第二回"冷子兴演说荣国府"时，说到秉正邪二气所生的人，举出唐明皇、宋徽宗、倪云林等人，"子兴道：'依你说，"成则王侯败则贼"了。'雨村道：'正是这意。'"然后说到："方才你一说这宝玉，我就猜着了八九亦是这一派人物。"这段话里的"成则王侯败则贼"这一句，各早期抄本有很大的差别，甲戌、庚辰都是"成则王侯败则贼"，此后各本，自蒙古王府本起，如戚序、杨藏本、列藏本、甲辰本、程甲本等，统统改为"成则公侯败则贼"，倒是舒元炜序本，仍保留着"成则王侯败则贼"了。为什么要改，我想这就是"碍语"，碍就碍在"成则王侯败则贼"，王侯与贼的区别，只在成败上分，而不是"天命"。己卯本是怡亲王府的抄本，抄者当然要忌讳这一点，所以要将"王"字改为"公"字了。那末，蒙古王府本以下各本，一律改为"公侯"也就可以理解了。舒元炜本，看起来这一部分还是据的早期的抄本，故未改动。

关于这"成则王侯败则贼"，清初以来，还有一段思想斗争的历史。黄宗羲在他的《明夷待访录》里说："为天下之大害者，君而已矣！""天下之人，怨恶其君，视之如寇仇，名之为独夫。"与黄宗羲同时的顾炎武，则说自己的见解"同于先生者十之六七"，并且提出来反对天子独裁，主张天子分权，他说："所谓天子者，执天下之大权者也。其执大权奈何？以天下之权，寄之天下之人，而权乃归于天子。"在曹雪芹出生前二年去世的唐甄，则更尖锐地说："自秦以来，凡为帝王者皆贼也。"(《潜书》下篇下《室语》)这就是说，不仅仅败的是"贼"，连成功的"王"也是"贼"。"王"与"贼"没有什么分别。这就是"成则王侯败则贼"这句成语在清初思想界的状况，而且这种大胆的论说，已基本上是曹雪芹时代的事了。了解了以上背景，由此看来，曹雪芹在《红楼梦》开头就故用闲话的方式随便说出来的这句话，实质是有思想斗争的背景的，无怪这句话就成为"碍语"，那末后来的各本要把"王"字降格改为"公"字也就可以理解了。所以说这一句是"碍语"是符合实际的，如果无碍，则又何必把"王"字改掉呢。

然而更为重要的是这句话真正涉及曹雪芹时代的一桩最大的"成王败贼"的政权争夺的事实。大家知道，康熙晚年诸王子之间的一场争夺王位的斗争是非常激烈的，太子胤礽初立而又废，废而又立，最后终于被废。后来形成了胤禛与胤禩（康熙第八子）、胤禟（康熙第九子）和胤禵（康熙第十四子）之间的斗争，最后以胤禛获胜，即位为雍正皇帝，并将胤禩改名为"阿其那"（夹冰鱼），胤禟改名为"塞思黑"（讨厌），胤禵则被幽禁，送去看守坟墓。胤禩、胤禟不久即被害死。雍正元年六月，曹雪芹的舅祖李煦被抄家，其家人交崇文门监督变价发卖。雍正五年二月，李煦因曾为胤禩买女子并送银两，被判为"奸党李煦议以斩监候，秋后斩决"。后又改为"着宽免处斩，发往打牲乌拉"。① 紧接着曹雪芹家即于雍正五年底查封，六年二月抄家。七月又查出"塞思黑"（胤禟）"交与曹頫，寄顿在江宁织造衙门左侧庙内"镀金狮子一对。②

从以上一段曹雪芹亲身经历的历史来看，明显的是雍正成则为"王"，胤禩、胤禟等败则为"贼"了，而曹、李两家，也在这一场"成王败贼"的斗争中被波及而遭败落了。

由此可见，"成则王侯败则贼"这句话，不仅仅是思想斗争的问题，更是眼前的现实政治斗争的问题。曹雪芹实际上是"眼前有景道不得"，所以只好借用冷子兴、贾雨村的闲话来聊以发泄一二。正是因为有这些现实的政治背景，所以弘昤就因恐有"碍语"而不敢看了。因为永忠就是胤禵的孙子，而弘昤又是永忠的堂叔，永忠的祖父就是从成王败贼的斗争中败下来的，永忠只注意到书中的爱情故事，而弘昤却警惕到其中的"碍语"了。也可以说曹雪芹非常隐蔽的思想，终于被弘昤感觉出来了。多亏弘昤的这一警惕和提示，使我们终于看到了这场斗争的一些蛛丝马迹。

其实，就《红楼梦》整体的反程朱理学、反孔孟之道、反一切封建

---

① 见《关于江宁织造曹家档案史料》附录：四、六、七。中华书局1975年版。
② 见上书，第188页。

正统的思想倾向来说，又何止有一二处"碍语"，简直可以说是一部"碍书"。无怪有人认为八十回以后之所以未能传下来，是因为批判性太强，别人不敢传抄，所以终于未能流传，这当然也只能聊存一说而已。

总之，《红楼梦》一书令人沉思的问题太多，而曹雪芹最后十年，是最令人沉思而最难下笔的，今崔川荣同志首先拿起了这个难题，作了最费力的沉思，为红学又开一新面，这是令人十分高兴的事。

然而，红学的沉思是无止境的，《曹雪芹的最后十年考》是红学新的沉思的开端，而不是终结。

2003 年 7 月 13 日于病中

校 红 漫 议

——《八家评批红楼梦》校后记

一

我想着手整理一部清代评点派《红楼梦》的本子，这个想法，由来已久了。但由于种种原因，一直未能动手，直至前几年，我才下决心腾出时间来以完成这个宿愿。我所以想做这件事，是因为看到我们的红学研究，自新红学派以来，直至现在，一直没有人注意清代评点派红学所作出的成就，至于它的缺点，倒是常常被人提及的。但是，我个人在读评点派红学的书籍时，却深深感到，有清一代的评点派红学，是有显著的成绩的，是有它的特色的，而且它所采取的方式，是有特殊的优越性的，是非常适合评析中国古典文学的。当然，这种方式和形式，是中国古典文艺批评形式的继承和发展，特别要指出，这种文艺批评形式的运用，并不排斥别种文艺批评形式，如专论式的批评或诗话、词话式的批评等等。所以，我感到对于这种批评形式和它的评红的成就，不应该加以抛弃或淹没。为此，我想用一点时间来补这个空白。至于清代评点派红学的成就，我已在本书的绪论《重议评点派》一文里，概略地叙述了，这里就不再重复了。

我在本书里，选择了清代评点派红学八家，即：二知道人（蔡家琬）、诸联、徐瀛、解盦居士、王希廉（雪香）、张新之、姚燮（某伯）、洪锡绶（秋蕃），其中王、张、姚三家是随文评点的，这是中国评点派文艺批评的基本形式，其余五家，则都是评红专著。我将这五家编入书前的总论里，洪锡绶的回评，则分别纂入各回之末，王、张、姚三家则采用随文评点的方式，可惜评点派常用的圈点方式，由于排版上的困难，只好割弃。所以实际上，本书只保存了评点派的"评"，而忍痛割弃了它的"点"（包括"圈"），这是不得已的事，不是有意的抛弃它。

本书的编纂，由我总负责，并作实际的编纂和校勘订定工作，陈其欣同志协助我钞录了全部的初稿，排印以后，我又从一校样改起，并且是直接用全部原书校对，这样虽然工程太大，简直等于重钞一遍，但却有机会改正许多钞误，补入漏钞的文字，特别是在看一校样的过程中，我又增加了若干重要的校记，我深深感到，直接以原书校一校样，使我避免了不少错误，因此也进一步体会到做学问只能脚踏实地地去做，想省力总是很危险的。就是这样，我对我的工作仍然很不放心。

本书采用程甲本为底本，原因有二，一是程甲本过去未通行，清代许多木刻本《红楼梦》都是据程甲本翻刻的，翻刻时又多少都有些改动。为什么当时都去翻刻程甲本？道理很简单，当时人人争读《红楼梦》，但只有庙市的手钞本，供不应求，非常不便，一旦有木活字本行世，自然会争相购买，书商们当然更不会错过赚钱的机会，大家争先恐后地进行翻刻了，等到第二年程乙本问世，各地都已翻刻了程甲本，自然就不会再去翻刻程乙本了。故程甲本除首印本外，以后就主要是翻刻本流传，因此程甲本原本至今已很难得了。二是清代评点派《红楼梦》的评点本，都是用的程甲本。例如：嘉庆十六年东观阁重刊本《新增批评绣像红楼梦》，善因楼刊本《批评新大奇书红楼梦》，三让堂本《绣像批点红楼梦》以及王雪香评本、张新之评本，王雪香、姚燮合评本，金玉缘本等等。以上这些评点本，统统是以程甲本为底本的，因此本书的底本自以采用程甲本为宜，以便于将各家的评语依原位置附入。

为了使读者读到程甲本的文字，本书一般不轻易改动程甲本的原文，遇到底本文字讹误不可读，而脂本系统的钞本文字明显地优于底本时，我采取了两种处理办法：一是改动原文，另加校记说明；二是不改原文，但也作校记以说明别本的文字，以便于读者判别。对于一些明显的错别字，则直接加以改正，不再作校记，以免烦琐。还有底本有一些习惯的用语，如现在通行的"似的"二字，程甲本一般都作"是的"，本书就没有加以一一改正，为的是使读者了解程甲本文字的某些历史面貌。

对某些疑难的断句，本书也作了自己的处理，例如九十七回程甲本的这一段文字：

> 姨太太既作了亲娶过来早早好一天大家早放一天心

蒙府本、双清仙馆本、增评补图本、俞平伯校本、北师大校本，文字均同程甲本，其断句俞校本作：

> 姨太太既作了亲，娶过来早早好一天大家早放一天心。

北师大校本作：

> 姨太太既作了亲，娶过来，早早好一天，大家早放一天心。

红楼梦稿本作:

> 姨太太既做了亲娶过来早好一天大家早放一天心

"做了亲"又旁改为"作了亲""早早好一天"删去一个"早"字,改为"早好一天"。人民文学出版社 1959 年版完全同梦稿本。这段文字并没有更可靠的版本依据,现存的钞本只有蒙府本和梦稿本,其文字已如上述,俞校本对这段文字只点断了一处,我觉得也未尽善,北师大本作"早早好一天",两个"早"字重叠在一起,也觉累赘,人文本在梦稿本的基础上删去一个"早"字,文句略觉简净,但删去一字,总觉依据不足,我经过反复思考,将此句点定为:

> 姨太太既作了亲,早娶过来,早好一天,大家早放一天心。

这样三个"早"字依次递进,意思和语气都显得顺当得多,当然,把一个"早"字移到上面去,除了语言习惯上的依据外,也是没有版本依据的,但我觉得比起删去一字的做法,似要心安一些。

在校定文字上,我也举两个例子,一个是第七十六回的:

> 冷月葬诗魂

此句的版本依据是蒙府、梦稿、戚序、戚宁各本皆作"冷月葬花魂"。庚辰本原钞作"冷月葬死魂","死"字显然钞误,又原笔旁改为"诗"。列藏、甲辰、程甲、程乙、张评、王评、金玉缘诸本皆作"诗魂"。此句过去的研究家大都认为是"花魂",庚辰本的"死"字认为是"花"字的形近而误。我个人一直认为应该是"诗魂",其理由:一是认为用花来比喻人的美，这种比喻，并不是一个高层次的比喻，据我所知，较早地用花来比喻美人的，是唐明皇用来比杨贵妃。五代后周王仁裕《开元天宝遗事》下《解语花》："明皇秋八月，太液池有千叶白莲数枝盛开，帝与贵戚宴赏焉，左右皆叹羡久之，帝指贵妃示于左右曰：'争如我解语花？'"这就是明确地用花来比喻美人的例子，其实李白在沉香亭上作的《清平乐》三章，其"云想衣裳花想容"云云，也是用花来比杨贵妃的。此后，历代的诗词里，用花的美来比喻女人的美的例子，可以说是不胜枚举，从而也就成了俗套，这样的例子，就无需要加以列举了。

特别要指出，在《红楼梦》里，用花的某一方面来比喻人的某一方面的例子也是很多的，尤其是拿来比喻或暗示黛玉的例子，更是不少。例如第二十七回的《葬花吟》，用花的飘零，来比喻黛玉身世的飘零，第四十五回的《秋窗风雨夕》，用秋花惨淡，秋雨凄凉来比喻、暗示黛玉的命运和前途等等，就是在《葬花吟》里，"花魂"这个词，连续用了两次："昨宵庭外悲歌发，知是花魂与鸟魂。花魂鸟魂总难留，鸟自无言花自羞。"在第二十六回末尾，也用到了"花魂"这个词，原话是："花魂默默无情绪，鸟梦痴痴何处惊。"当然以上这几处"花魂"是用得都很妥帖和有新意的，它完全不同于单纯地用花来比喻女人的美的方式。

但是，大家知道，文章切忌重复，意思的重复和语言的重复。在《红楼梦》的前八十回里，已经三次重复了这个词，我们不能想象，曹雪芹因为特别喜爱这个词而继续不断地重复它，我们更不能想象曹雪芹的词汇贫乏到已经只能一再地重复这个词了，我认为以上这种情况，都与曹雪芹的创作才华是不相称的。

不过，我认为不是"花魂"还有另一个更为重要的理由，这就是说曹雪芹所塑造的林黛玉是什么样的一个典型？仅仅是一个美人的典型呢？是否还有更深刻更丰富的内涵？我是倾向于后一种看法的。我认为曹雪芹塑造的林黛玉，不仅仅是美的化身或者说是绝代的美人，更重要的是她的诗的气质和爱情的气质，而且这两重气质是谐和为一个气质的，这就是说她的爱与诗不可分，她的诗与爱也不可分。她的"秉绝代姿容，具希世俊美"的美的外貌，是被诗与爱的"内美"所充实的，不仅如此，她的爱，又是充满着当时的时代先驱的性质的，也就是带有时代的叛逆性质的，因此在她的爱情里，又天然地贯注了思想的性质，也就是说她的爱情，不单纯是爱慕对方的外貌的美，而是有思想的内涵的。经过了这样的分析以后，现在我把它简单归结为一句话，林黛玉是一个充满着诗人气质的爱神。基于对林黛玉的这样的理解，所以我认为"花魂"这个词，就远远不能包含以上这些内容了，更何况用"冷月葬"三个字与它连缀起来，更不是"花魂"这个词所能极尽其妙地承接的了。

除了以上两层考虑外，当然我还有版本上的考虑。从钞本来说蒙府、戚序、戚宁虽然是三个本子，但却是源出一系，是从一个渊源来的，它虽然可以占三个数据，但它的实质却不能完全依据这个数据，何况这个系统的本子，已经是乾隆末年的钞本，而且是明显地经过文字加工整理过了。另一个红楼梦稿本的钞成年代，也已经是乾隆末年了，距离脂砚斋初评的时代，至少恐怕也已有三十年左右了。这样从几个本子转辗过录下来的本子，就难免会羼入一些后人的改笔，所以对这样的钞本，既要重视，也不能不加思索地"尽信书"。

庚辰本这个钞本，从它钞定的年代来说，约在乾隆三十几年，其绝对年代，比以上几种都要早。它的文句是"冷月葬死魂"，"死"字又原笔旁改为"诗"。接下去"湘云拍手赞道果然好极，非此不能对，好个'葬死魂'"。"死"字又钞错，并又原笔旁改为"诗"。应当注意这个钞手的书法水平和文化修养，显然是较差的，凡是他所钞的，错别字特别多，而且有一个规律，基本上都是同音的错字，如同页上"字"字误钞成"是"字，"笔"字误钞成"必"字，"过"字误钞成"故"字，"外"字误钞成"还"字，"果然"二字误钞成"故然"二字等等。还有本页上前引"湘云拍手"，误钞成"怕手"，至今未改。从以上这些例子来看，显然都是音误。尽管有的研究者认为"死"字与"花"字形近，是形近而误，但从本回特别是本页的具体钞误实例来看，显系音误而不是形误，何况改字又是原钞者一手改下来的，因此就庚辰本这个句子的钞改来说，没有理由不相信钞本上的原笔旁改，而相反却去相信后此三十多年而又经整理加工过的本子。昔年我与朋友们校红至此句，友人们皆坚持是"花魂"，并撰文申说，我窃以为非是，但为了学术上的互相尊重，我只保留了自己的意见，未敢强人同我。后来我请王少石君刻了一方"冷月葬诗魂"的图章，我加边跋云："别本作葬花魂，近时论者竟以为是，细检庚辰本，错钞作葬死魂，死字原笔旁改为诗，此则音近而误，原笔改正之证也。论者不加细审，负此佳句，今得吾友寿之金石，则雪芹佳句，可以与天地同存矣。宽堂识于瓜饭楼。"这就是我当时的想法。

从版本的角度来说，此句作"冷月葬诗魂"的，除程甲本外，还有梦觉主人序本，至于评点派系统的本子，当然都作"诗魂"。但评点派系统的本子，都是源出程甲本，显然数据可以大大增加，但并无实质意义，故我也不愿以此来哗众取宠。1984年12月，我应邀去苏联列宁格勒鉴定列宁格勒藏钞本《石头记》，当我翻检到此句时，这个钞本居然也是"冷月葬诗魂"，这样作"诗魂"的本子，又增加了一个有力的数据。大家清楚，程甲本的底本，也是一个与庚辰本大略相同的早期的钞本，这样，庚辰本、程甲本、列藏本这三个本子（特别是前两个是早期钞本）皆作"诗魂"，那末，从版本的依据来说，"诗魂"的版本依据，应该说是较为过硬和较为充分的了，所以，就是从版本依据的角度来说，也是远远胜过于"花魂"一词的版本依据了。

在校定文字上的另一个例子，是：

芦雪广

的问题。《红楼梦》第四十九回"琉璃世界白雪红梅，脂粉香娃割腥啖膻"在写到湘云、宝玉等商量着要开诗社作诗的时候，李纨建议大家到"芦雪庭"去。就是这个地方，各本名称各异，庚辰本作"芦雪广"，戚序、蒙府、戚宁皆作"芦雪庵"，梦稿本作"芦雪庭"，程甲本、甲辰本作"芦雪庭"和"芦雪亭"，王雪香评本作"芦雪亭"，张评本作"芦雪庭"，同梦稿本，金玉缘本作"芦雪亭"和"芦雪庭"。列藏本又作"芦雪庐"，如此等等。就这个建筑的名称来说，歧异实在太多了，我经过认真的考订，认为应该是"芦雪广"。"广"读"掩"，因岩架成之屋。结合《红楼梦》里的描写，比较切合。我已写成文章，此处不再详述。有关校订方面的例子还有很多，为省篇幅，也不再一一列举。

二

本书在最初编纂过程中，我就决定将洪秋蕃的《红楼梦抉隐》（后改称《红楼梦考证》）编入，当时恰值四川巴蜀书社出版了所谓"清佚名氏撰"的《读红楼梦随笔》，翻检之后，我发现就是洪秋蕃的《红楼梦考证》，不过《随笔》只有六十九回，《考证》则是一百二十回。但出版者却一口咬定是洪秋蕃剽窃无名氏的这部《随笔》旧本，《出版说明》说：

> 第一，这两部书不是同一部书。第二，两书中之所以出现相同之处，那是因为《抉隐》抄袭《随笔》所致。

结论很明确，一点也不含糊。周汝昌在本书的《绪言》里说有可能：

> 《随笔》是旧稿，《抉隐》是"三十年"后的增订定本，假使不是这样，那就可能是洪氏因得佚名旧本而攘为己有，其书前有上海排印时的"癸丑孟冬月海上漱石生"的序文，称言是"武林洪秋蕃先生"以毕生精力撰成此书，他为之序而刊行云云，则漱石生也可能是案中人，曾施狡狯。

周汝昌把两种可能性都估计进去了，一种可能性是作者洪秋蕃自己的旧稿修订，不是剽窃；另一种可能性是"因得佚名旧本而攘为己有"，而"漱石生也可能是案中人，曾施狡狯"。事情本来只有这两种可能性，关键的问题是要以科学的态度和确切的证据来确定其中的一种可能性，现在把两种可能性都摆了出来，而且还为后一种可能性即"攘为己有"（也就是夺为己有）找出了"曾施狡狯"的"案中人"。这种论调，表面上看来，貌似客观和公正，而其实际的倾向性，其意旨所指也就很明白了。

平白无故地把洪秋蕃定为剽窃者（出版说明）或剽窃的嫌疑犯（绪言），把为该书作序者"海上漱石生"怀疑为"案中人"（绪言），这不免令人为之拍案叫屈。当时我对陈其欣同志说：诬陷古人和诬陷今人是一样的罪过，任意指控或怀疑别人是剽窃者，这是不德的，等本书纂校完成后，我们来清理这个"案件"，而且当时我们凭两书的对勘，就可以初步断定两书实际上是一书，洪秋蕃就是此书的作者。例如《随笔·总评》里说："小儿周岁，内子范氏设汤饼之筵，极钗裙之盛。"在《抉隐·总评》里也说："昌言周岁，内子范设汤饼于庭，集钗裙之盛。”请想想，哪有剽窃别人的著作，竟连别人的老婆儿子都一齐剽窃过来的这样的笨贼？此外如六十三回《随笔》说：“爱妾丽娟睨莲仙而笑曰……”《抉隐》六十三回的文字与此一模一样。第五回《随笔》说：作者有友人息柯居士，名杨海琴，以名进士出守永州，继擢辰沅道云云，《抉隐》的文字又一丝不改。这就是说，洪秋蕃在“剽窃”别人的文字的时候，竟连别人的妻、子、妾、友等等统统剽窃过来，“攘为己有”了！我不知道《出版说明》和《绪言》的作者，对此是何以为心的？就我当时而言，我断然认为两书实际上是一书，作者就是洪秋蕃，因此我们决心在纂校订定完此书后，一定来作一番调查，以了此“公案”。之后，我与陈其欣同志就陆续查到一部分较为切实的资料，我认为凭这些资料，就足了这桩“公案”，洪秋蕃剽窃的罪名或嫌疑犯的罪名，就足可以平反昭雪了，这些资料是：

（一）郑州大学图书馆藏《读红楼梦随笔》钞本

此钞本页八行，行二十二字，首行书名下即署“武林秋蕃洪锡绶管见”九字，此钞本的文字与巴蜀书社影印本完全相同，所不同的是巴蜀本有钞误和脱漏。据勘核，巴蜀本系据郑大本过录的，过录时少录了首页书名下的署款，以至被人误认为是无名氏的钞本，更以致被误认为洪秋蕃是剽窃此“无名氏”的著作。真是造化弄人，闹出了这一场笑话和趣话。详细比勘的情况，请看陈其欣著《读红楼梦随笔考》。

（二）关于洪锡绶秋蕃的材料

1. 洪锡绶，浙江昌化县人，同治元年任。（同治六年续修《临武县志》卷二十九《续职官·知县》）

2. 洪锡绶，昌化监生，（同治）八年署，光绪九年署。（光绪十五年《湘潭县志》卷五、《官师·国朝职官表》）

3. （光绪）十年，署巡抚庞际云劾罢署知县洪锡绶。（同上卷三《纪事》）

4. 洪琅（按：锡绶父），特授耒阳县知县。洪锡绶，置耒阳县知县，特授湘潭县、清泉县知县。洪昌言（按：锡绶子），特授苍梧县、富川县知县，署横州知州。（民国《昌化县志》卷十《选举·吏选》）

5. 萧家渡十八都，在朱亭市侧。萧襄平纠族众建。县丞洪琅有记，其子锡绶为知县，复跋后识之，有码头。（光绪十五年《湘潭县志·建置·桥渡表九》）

（三）关于息柯居士杨翰的材料

杨翰，字伯飞，号海琴，又号息柯居士，直隶新城人，道光癸卯举人，乙巳进士，由翰林院编修出守湖南永州府，迁辰永沅靖兵备道，著有《褰遗草堂诗集》、《息柯杂著》、《息柯白笺》、《蜀诗征续》、《读画录》、《志林》、《诗话》数种。（《国朝正雅续集》）

按：有关杨翰的资料，《国朝正雅续集》中尚有《蕉石轩诗话》、《小野草堂笔记》等载杨翰事，文长不录。

又杨翰《息柯杂著》卷一，载《跋刘子重藏君子馆砖拓本》一文，《息柯白笺》内载《致刘子重》书信一通。《息柯杂著》卷四载《跋刘宽夫存万辋罔画梅蕊》一文，兹录之如下：

余得西江万辋罔墨梅，装池之，客曰：子何宝是？予曰：笃念旧友也。此刘宽夫太守物，宽老收藏金石书画甚富，亦何宝是？盖出守辰州，是时楚粤多故，所藏未携至，偶得此，乃题句寄意。此幅作枯根上缀花数千百，皆蕊，无一朵开者。宽老拈出其句云："看花须及未开时。"用意深厚。宽老每题一字，必出人意外，予同游最久，商榷考辨最多，到长沙犹及一

面，执手呜咽而已。今其子子重亦殁，所藏不知散佚否？予得
之装之，盖以此也。藏画人索书易画，乃记此事。

按：刘子重就是刘铨福，甲戌本《石头记》的最早收藏者，在甲戌本上
有他的亲笔跋文，书、文俱精到。刘宽夫，名位坦，是刘子重的父亲，
父子两人都是著名的收藏家、鉴赏家，且刘子重与《红楼梦》抄本的收
藏有关，由此也可见杨翰的交游及其爱好。又《褒遗草堂诗钞》卷九，
有杨翰的一首诗，诗题很长，但可得知杨翰的生年，今移录于下：

　　　申字韵诗，以余生于嘉庆壬申，今六十初度，适得晋甄。
文云：永嘉六年壬申，宜公侯，寿百年。因赋诗十三叠，竟未
专用晋甄故事为韵，自南海还山十四曾叠，寄怀同社诸词坛。
　　　永嘉甄古得壬申。廿七轮来周甲人。黄菊朱萸开旧社（展
重阳有契园叠韵诗），茂林修竹感前春（壬申展上巳十一人，
以此地有崇山峻岭，茂林修竹分韵）。白鹦今日空余草（潮州
得昌黎白鹦赋刻石），青笠佗年再写真（用坡公笠屐故事）。
倦鸟已还云不出，卧看名句逐时新。

（四）关于庞际云的材料

1. 庞际云，咸丰二年壬子恩科第二甲第三十名。（《明清进士题名
碑录索引》）

2. 庞际云，直隶宁津进士，（光绪）七年任。（光绪《湖南通志·
职官·国朝一·湖南布政使》）。又同书：光绪十年任湖南巡抚。

3. 庞际云，字省三，直隶宁津人，咸丰二年，选庶常。湘布署抚，
光绪十一年，降。（钱实甫《清季重要职官年表》）

4. 庞际云，光绪六年二月初二，由淮阳海道迁湖北按察使。次年八

月壬申选湘布。光绪十年二月乙亥，布政迁署湖南巡抚。光绪十一年二月乙未卸署。三月十二改粤布。四月戊戌改滇布。光绪十二年罢。（钱实甫《清季重要职官年表》）

5. 庞际云，字省三，……道光二十三年举于乡，咸丰二年成进士，选庶常，旋改刑部主事。精明强干，为柏静涛及曾文正公所倚重。……光绪六年，迁湖北按察使，……七年，升湖南布政使，……十年，奉命署湖南巡抚……赏给头品顶戴，并给头品封典。旋调云南藩司，……以积劳成疾，终于任所。……（光绪《宁津县志》卷八《人物志上·仕绩》）

（五）从《随笔》到《抉隐》到《考证》

两部《随笔》的钞本，即郑州大学图书馆藏本和四川省图书馆藏本，经陈其欣同志认真勘核后，已经十分清楚，实际上巴蜀书社影印的川图本是据郑大本过录的，过录本还留下了不少钞误和钞漏，因此，这并不是两个本子而是一个本子。那末，在郑大本上已原笔署明作者是"武林秋蕃洪锡绶管见"，这样，这个钞本的作者自然是洪锡绶秋蕃无疑了。何况上面所列的这些材料，特别是庞际云的材料、洪昌言的材料和杨翰的材料，都客观而真实地反映了无论是《随笔》还是《抉隐》的叙事的真实性和可信性。因此，《随笔》不是什么"佚名氏"的作品，而是洪秋蕃即洪锡绶的作品，这一层首先应该可以确定无疑了。

其次，是民国十四年（1925 年），上海印书馆出版了《红楼梦抉隐》一书，署名是"著作者　武林洪秋蕃"。署名与《随笔》是相同的，两书的文字大体上相同，但有差异：一是《随笔》只有六十九回，《抉隐》是一百二十回。二是某些文字上的增损修改和补充，因此《抉隐》的文字显然不能完全同于《随笔》。这一情况，《抉隐》在开头就作了说明：

　　仆自束发受书以来，即读红楼……然自少至壮，足迹半天
下，抵掌谈红楼，迄无意见相合者，……因再取全传潜玩之，
审乎所见不谬，遂随笔而记之。嗣以一行作吏，此事遂废，束
置高阁者三十年。罢官后，为小儿昌言迎养粤西之苍梧、富川
等县署。课孙暇，一无事事，爰将前所笔记增足而手录之。

这段文字，很清楚地说明了洪秋蕃自少壮即读《红楼梦》，将自己的意
见"随笔而记之"，即最初的《读红楼梦随笔》，后来"一行作吏，此
事遂废，束置高阁者三十年"，这就是说当官后，无暇读《红楼梦》和
作"随笔"了，这样一搁就是三十年，直到罢官以后，跟随儿子洪昌言
旅居粤西苍梧、富川等县署，遂又重读《红楼梦》和续写读《红》随
笔。按《红楼考证》（即《红楼梦抉隐》之重版）昭潭李兆员序云：
"岁庚寅、辛卯，员馆于洪明府小蕃君处，其封翁秋蕃先生手一编示员，
题其签曰《红楼梦抉隐》，披诵润一过"云云。庚寅、辛卯，为光绪十
六年和十七年，公元 1890 年和 1891 年。按庞际云参劾洪锡绥，洪因之
罢官，事在光绪十年，而《昌化县志》又载明洪昌言特授苍梧、富川县
知县，其时间地点与李序正合。且李序中已明写"秋蕃先生手一编示"，
他的手稿，已是"题其签曰《红楼梦抉隐》"，则可见此书开始属稿，
中间停顿，后来续写，始曰《随笔》，后曰《抉隐》，历历在目，事事
分明，且皆有旁证，如此明白昭彰的事，岂可随意指摘，乱加罪嫌。

　　洪秋蕃自光绪十年甲申罢官，旋至粤西，到李兆员于光绪十七年辛
卯读其手稿，已题签曰《红楼梦抉隐》，其间相隔七年。当时李兆员所
读之《抉隐》是否已写至一百二十回，则不得而知。惟自光绪十七年到
民国二年（1913 年）海上漱石生为之作序之间，尚有二十一年之余闲，
估计当能继续有所润色或续写。此稿首次正式出版已是民国十四年
（1925 年）十一月，则已是漱石生序后之第十二年。

以上情况，就是洪秋蕃罢官后续作《随笔》复又改名《抉隐》，直至此书正式出版的一个大致脉络。

到了民国二十四年（1935 年）一月，此书又改名为《红楼梦考证》再版重印，出版者为上海印书馆。除书名改变外，其余一概未变。这就是此书从初名《读红楼梦随笔》，后更名《红楼梦抉隐》，之后又更名为《红楼梦考证》的全部情况。

根据以上情况，那末有关《随笔》与《抉隐》是两部书，前者是"佚名氏"的旧本，被洪秋蕃"攘为己有"等等的不负责任的说法，应该予以澄清了，洪秋蕃被强加的剽窃罪名，也应该得到彻底平反了。

三

我在纂校订定这部稿子的时候，反复对读了各种有关的《红楼梦》，从各本的异同中去思考问题，寻求问题的解答。我每读一次就加深一次对《红楼梦》这部书的认识和感受，我感到书里有一些人物，既是那个时代的，又是与今天很接近的，如果光从里面所写的人情世故和社会相来说，有许多人和事今天何尝没有？特别是曹雪芹的语言魅力，真正是精妙到了极点，他塑造的人物，真正是其味在酸咸之外。最难能的是写出了这些女孩子们的同而不同，不仅仅是性格的不同，而且是神韵的不同，禀赋的不同。如何来阐述这个很深奥的美学上的问题呢？写专著，写论文固然都可以，但是我觉得这种评点派的方式，还是非常有作用的。因为它从字、词、句开始，到段落、章回都可以作深入肌理的评析。现在王、张、姚、洪各家，都触到了这些方面，但还只是偏锋所及，特别是张新之，虽时有俊语，但大量的评论，都变成了易理的乱套乱说，就这方面来说，他的评论对《红楼梦》原书的意蕴和精神，是一种损害，也容易把读者引入歧途，使人们误以为他的这种"乱联系"的方式也是一种"法门"。我希望读者在读他的这方面的评论时，能加以分析。当然，其他各家这种情况也是有的，但相对来说要好一些。

校书是一件苦事，我是每天夜里校的，通常我总要校到深夜一二点钟，有时第二天清早起来复看一下最后的几页，往往会发现因为精力不济或眼花，有些字就漏校了。最困难的是校正错排的正文和把混在繁体字里的简体字"揪"出来，因为日常看惯了简体字，混在繁体字里的简体字就往往容易滑过去，可以说，我每次复检已校过的稿子，总会有新的"收获"，正是古语说的校书如扫落叶，一时是很难扫尽的。本书我虽然尽了很大的努力，但自己估量，还不能放心，如有可能，我还希望能亲自再校第二遍，把错误尽量地减少。

本书的后四十回，由祝肇丰同志为我作一校，可以说绝大部分的差误，已由他为我扫清了，然后我再复校一遍，这就省了我的不少精力和时间。当时我的身体实际上已经是勉强支持了，心绞痛时发，严重时一天发作三次，这样的情况，持续有一个多月，但我的校改工作一天也没有停止，有时常常是嘴里含着速效救心丸工作的。我望着大堆的排印稿，有如万里长途，望不到尽头，也像是爬一座高山，抬头见不到山顶，觉得十分吃力，真有路长人困之感，但是尽管如此艰难，只要我喘过气来后，我又满怀信心地奋力以赴。后来得到了肇丰同志的援手，我终于完成了此项任务。

本书在纂校过程中，得到了现今九十八岁的老画家朱屺瞻老先生的鼓励，承他为我作了一幅《黄叶村著书图》长卷。现今九十岁的章草圣手，我的老师王蘧常先生为此长卷书写了引首。去年，九十三岁的艺术大师刘海粟老先生，又为我画泼墨葡萄并赠我以诗。前不久老人还特意到我的书室，并且还执意要登我的"瓜饭楼"，后来终于被我们劝止。还有身在加州的大画家侯北人老先生，为我作了两幅《瓜饭楼校红图》，

校红漫议

从大洋彼岸远道寄来，真是情意殷殷。上海的王运天兄为我刻了"瓜饭楼校红印记"。安徽宿州的王少石兄则为我刻了"冷月葬诗魂"、"痴人说梦"等章。特别是宜兴的紫砂工艺师寒碧主人，专门为我制作了"瓜饭楼诗壶"。凡此种种，可以说极一时之盛。因此每当我校红至漏夜，万籁俱寂，一灯独对的时候，常常驰骋遐想，感念师友，落月屋梁，心与神驰，曾有小诗，以记一时之慨，今联缀数章，以当抒怀，限于篇幅，不能尽也。

廿载校红事已痴。个中甘苦阿谁知。
多公一幅名山图，持向苍苍问砚脂。

年来老眼已渐花。看字飞虻黑影遮。
一语校定浮大白，风前落叶忽新加。

平生知己数侯公。不见来书意忡忡。
料想草堂风月夜，诗人高唱大江东。

长空万里一轮圆。忆得荆溪寒碧仙。
我欲乘风归去也，庚桑洞外即蓝田。

秣陵春老意迟迟。又是江头离别时。
莫负天涯行客意，清风明月最相思。

一九八九年五月二十六日，
天风海雨之夜，于京华瓜饭楼南窗

校 红 散 记

　　大家都认识到曹雪芹是一位伟大的语言巨匠。他在《红楼梦》里的语言精练、精致、精确、精美都是无与伦比的，但他除了这种文学性的精美语言外，还有大量的通俗语言，其中有不少是各地的方言，最主要是南京地区和北京地区。但语言是相对地流动性的，所以南京地区又容纳了与之相邻的各地区的语言，还有由于商业和移民等因素，也还有从别的地区带来的语言。特别是北京地区，语言的容纳量更大。一是它有历史悠久的老北京话，二是它有从明末到清初从关外带来的老满洲话，而这两种语言经过长期的融合，几乎都成了老北京话，三是它有从全国各地带来的各地的方言。所以呈现在《红楼梦》里的语言，是一个极为复杂的现象，而这种状况，当然是甲戌、己卯、庚辰等三个底本最早期的抄本保存得最好，另外俄藏本和杨继振藏本也很有特色。所以要琢磨《红楼梦》的语言，这些早期的较原始的抄本是十分珍贵的。要悟解这些原始抄本的语言，其中包括经过音转了的语言，是要下功夫的，是要花时日的，所以读《红楼梦》的人，尤其是直接读原始抄本的人，常常会碰到原先不悟而后来解悟的情况，或者是因读别的书而联想到《红楼梦》里同样的语言而获得参悟。

校红散记

　　古人说校书如扫落叶，扫了一批看看干净了，转眼又掉下来一批，这话很生动，也确是经验之谈。正是因为这个原因，我不断读《红楼梦》的早期抄本，也读别的朋友的校注本，使我续有所悟。如五十九回末庚辰本上的"搅过"一词（别本作"缴过"或"交过"）。故事是说春燕的娘要打春燕，小丫头报告了平儿，平儿说"且撵他出去，告诉了林大娘在角门外打他四十板子就是了"。春燕的娘急了，又央告袭人说："好容易我进来了，况且我是寡妇，家里没人，正好一心无挂的在里头服侍姑娘们。姑娘们也便宜，我家里又省些搅过。"过去我读到这里，只是笼统地知道"搅过"是指日用开销，对这句话的来源并未深究。这次我又读到这里，却从脑子里突然冒出来"嚼裹"两字，而且记得是从什么书上读到过的，只是一时想不起是哪一本书了，但"搅过"分明是"嚼裹"的音转。于是我就请李经国兄去访问王世襄等老北京人。李经国一连访问了三位老人，其中王世襄先生更是我的熟人，都一致告诉我说，这个词的书面语言是"嚼裹"，是一个"儿"化的词，"裹"字轻读，意思是指吃穿等日用开销，现在他们一辈的老北京人还用这个词。这一下这个原乾隆抄本上的词，我又从今天的现实生活中，从北京老人的口上找到了根据。不仅如此，他们还告诉我，这原是一句老满洲话。这又激发了我一贯寻根究底的兴趣。恰好碰到任晓辉同志来，他是东北人，老家还在吉林。我试问他这个词，他马上就说他在老家常听说这个词。过了一天他来告诉我，他又请教了他大学里的语言学老师，又问了东北的老人，都说这原是一句满洲话，现在东北老家还常在嘴上说，在东北的书面语言是"嚼咕"，"咕"字轻音。意思已偏重在指吃的方面。例如东北人串门，问有什么吃的，就说有什么"嚼咕"。这一下，把"搅过"这个词的词源，书面写法，音转和意思的变化等等问题基本弄清楚了。再回过来看庚辰本上这个词，原抄是"较过"，"较"字点去旁改为"搅"，从语音上来看，可能当时当地的读音，"搅"字更靠近

637

"嚼"字的音。也可以证明，在乾隆时期，这句话已音转为"搅过"了。有人不分析这个词的来龙去脉和它的历史变迁，硬说"搅"字是"妄改"，是"谬"，是"随意妄改之迹甚明"。说把"搅过"解释为"义同'嚼用'，即日常吃穿用度"，是"强为之解"。按他的意思是"'缴过'或'交过'，才真正含有交纳支付日用开支之意，都比另笔旁改之'搅过'更为恰切，也更近作者原文"。我国有句成语，叫"失之毫厘，差以千里"。"嚼裹"或"搅过"这个词的原义只是吃穿（"嚼"指吃，"裹"指穿），引申为日用开销，后来在东北地区又重偏义，单指"吃"。那里来的"交纳支付"这层意思？这"交纳支付"分明是望文生义，从"缴""交"两字来的，还说是"更近作者原文"，不知他从哪里去看到了"作者原文"？

再如五十三回"宁国府除夕祭宗祠"，庚辰本原文说："青衣乐奏，三献爵，拜兴毕，焚帛奠酒，礼毕，乐止，退出。"这里的"拜兴"一词，杨藏、列藏、戚宁、蒙府、甲辰、程甲各本皆作"兴拜"，其余未举各本都缺，也就是现存此回的各本除庚辰本外都作"兴拜"，这在校勘上又出来了一个难题。究竟是依庚辰本作"拜兴"呢？还是少数服从多数作"兴拜"呢？我看到最近出版的一个庚辰本的校本采取少数服从多数的办法作"兴拜"。而且十分肯定地说：

　　"原误之'拜兴'，乃此本抄手笔误或妄改。新校本（指人民文学出版社本）径依底本不作校改，非是。'兴拜'者，在礼乐声中拜祭祖宗神位也。《礼记·乐记》：'降兴上下之神'。孔颖达疏：'谓降上而兴下也。'即云礼乐有降上神兴下神以供祭拜之意。故此处写礼乐声中拜祭祖宗亡灵，谓之'兴拜'，'兴'者，以奏乐请出地下祖宗亡灵也。后文'礼毕乐止'可证。若曰'拜兴'，则不知所云。"

看样子作者引经据典，振振有词，似乎不得不信，似乎庚辰本的"拜兴"真是错了。但是只要认真读一读《礼记·乐记》的这段原文和郑注孔疏，就会恍然大悟，这位作者根本没有读懂这段文字，真正是望文生义，曲为解释，牵强附会，令人啼笑皆非。

我们先看《礼记·乐记》的这段原文：

> 礼乐偩天地之情，达神明之德，降兴上下之神，而凝是精
> 粗之体，领父子君臣之节。

这段文字，郑注说："偩，犹依象也。降，下也。兴，犹出也。凝，成也。精粗，谓万物大小也。领，犹理治也。"看了这段郑注，大体可以明白了。但孔颖达的疏还要说得具体清楚，下面再引孔疏并逐段加以疏解：

> 《正义》曰："此一节更广明礼乐之义，言父子君臣之节。"

按：这段是说，礼乐的作用，是用来协调君臣父子之间的关系的。

> 礼乐偩天地之情者，偩犹依象也。礼出于地，尊卑有序，
> 是负依地之情也。乐出于天，远近和合，是负依天之情也。

按：这段是说礼乐代表天地的意思的，礼是出于地而代表地的尊卑有序的秩序的，乐出于天，是代表天的远近和谐之情的。

> 达神明之德者，礼乐出于人心，与神明和会，故云达神明

之德。

按：这段是说，礼乐又是出于人心的，因此它又能使人与天地沟通，而达到天、地、人三者和谐会通的。

　　降兴上下之神者，兴犹出也，礼乐既与天地相合，用之以

　祭，故能降出上下之神，谓降上而出下也。

按：这段是说，礼乐既能代表人与天地相和合，所以用礼乐来祭天地，故天上的神和地上的神都能会合。

　　而凝是精粗之体者，凝，犹成也。是谓正也。精粗，谓万

　物大小也。言礼乐之能成就正其万物大小之形体也。

按：这段是说地上凝成的大小万物（如山岳河流等等），都是有序的，也是符合礼乐所定的君臣父子、尊卑长幼、有序有节之义的。

　　领父子君臣之节者，领，犹理治也。言礼乐理治父子君臣

　之限节，而乐主于和，听之则上下相亲。又宫为君，商为臣，

　是乐能领父子君臣也。礼定贵贱长幼，是礼能领父子君臣

　也。①

按：这段是说，礼乐是用来调节理治父子君臣、贵贱长幼的等级秩序，使之上下相亲的。

----

　　① 《礼记正义》第六册，第1638页，中华书局《十三经注疏》本。

其实这话的意思，在孔疏所引《正义》的第一句话里就已经说明白了，这就是"礼乐之义，言父子君臣之节"。下面孔疏的五段文字，概括起来就是说，礼乐是寄托着天地之情的，乐出于天，使远近和谐，礼出于地，使尊卑有序。而礼与乐又都是出于人心，所以能与天地的神明和会。礼乐既与天地相合，所以用之以祭天地，故能降出上下之神。降是指上面的神（即代表天的神）下来，出是指下面的（即代表地的）神出来。凝，是指成，即地上凝成的大小万物，（也即是指山岳江河树木等等）。礼乐又能使地上的大小万物正其形体（正其名而序其形体），使它尊卑有秩，排列有序。礼和乐的另一作用是理治父子君臣之限节，所谓"限节"，即限制和调节。父子君臣多有自己的分限和节度，各自都尊其分限和节度，社会便能和谐，就能上下相亲。礼还有一个作用是定贵贱长幼的等级，也即是让贵贱长幼各安于自己的等级，使封建等级制的社会得到安定。

以上整个这一段话，是指用礼乐来沟通天、地、人三者的关系，使之协调和谐，各安其位，各尊其序。而祭是沟通天、地、人三者的一种形式，这里丝毫也没有涉及"兴拜"与祭祖的问题。所以根本不能用它来证实《红楼梦》里该用"兴拜"还是"拜兴"的问题。

那么，究竟有没有"拜兴"这回事呢？其实只要查一查辞书就能明白了。辞书上说："唐常衮《贺册皇太后表》：候金册以拜兴，承瑞宝以俯受。"《儒林外史》第三十七回："虞博士走上香案前，迟均赞道：'跪，升香，灌地。拜，兴；拜，兴；拜，兴。复位。"这与《红楼梦》五十三回的描写多么一致，不能忘记《儒林外史》与《红楼梦》是同时代的作品，都是创作于乾隆初年，这不正好用来互相印证吗？还有比这更早的《二刻拍案惊奇》卷二五，也写到了"拜兴"，这就不再一一加以罗列了。

　　那么，前举几种清代抄本都作"兴拜"又当如何看呢？前面我已说过，校勘古书的文字异同，不能采取少数服从多数的办法。这样的例子很多，例如《红楼梦》第五十回："芦雪广争联即景诗"，这个"广"（读燕，指山边小屋），各本或作"庵"，或作"亭"，或作"庭"等等，各不相同，作"广"的只有庚辰本，但是经过考订，还是庚辰本的"广"字准确，现在大家都采用这个字了。再如林黛玉的眉毛，各本描写俱各不同。无法统一，及至俄藏本出来，这下句"一双似泣非泣含露目"才算有了大家认为准确的定本，但这个句子也只有俄藏本独有。所以校定古书文字，一要多读古书，二是更要靠校者的学问识力，三还要谨慎虚心，因为学问再大，也不可能穷尽天下，只有虚心才能补不足。至于其余各本都作"兴拜"的问题，我仍然认为不能少数服从多数。首先，我要指出，无论是"拜兴"或"兴拜"这两个词，在《仪礼·士昏礼》里都有。当新妇过门后，先要"祭先"，就是祭拜祖先。原文说："坐祭，卒爵，拜，皆答拜，兴。"意思是说，新妇祭拜祖先，皆答拜，然后是"兴"，即起来。这里的"拜兴"，即指跪拜和起立，与我们通常用的意思相同。但下文新妇拜见姑（婆婆）时，原文却是："北面拜，奠于席。姑坐，举以兴，拜。"这里用的是"兴拜"，是指从座位上起来，然后再行拜礼。"兴"是从座席上起来，所以称"兴拜"。可见"拜兴"和"兴拜"两词的词义在《仪礼》里就分得清清楚楚。各有各的内涵，不相混淆。再如《春秋经传集解》之《昭公元年》说："穆叔、子皮及曹大夫兴拜。"句下注云："古宴礼皆坐席，兴，起也，起而后拜。"这与《仪礼》里新妇见姑的拜礼完全一样，是从座席上起来，再行拜礼。再如《韩昌黎文集》中的《送郑尚书序》说："乃敢改服，以宾主见；适位执爵皆兴拜。"这里的"兴拜"，也是指从座席上起来行拜礼。所以"兴拜"与"拜兴"的内涵是不同的。"兴拜"是从座席上起来行礼，"拜兴"是跪拜，是大礼。宁国府除夕祭宗祠，是祭祖大典，当然行跪拜之礼，所以应该是"拜兴"而不是"兴拜"。其余各本皆作"兴拜"，这只能说是其余各本都错了。这是又一次证明了庚辰本这个古本的可贵。①

至于《乐记》里的词，只有"降兴上下之神"，"降"字是不能当"拜"字的，"兴"训出，训起，但并不是从地下出来，而是指地上的山川神灵出来。所以《礼记·乐记》里的这段话，根本与"兴拜"无关。

作校勘工作，尤其要重视对原抄本的阅读，例如三十回写宝玉到王夫人上房，看到金钏"乜斜着眼"在为王夫人捶腿，"宝玉轻轻的走到跟前，把他耳上带的坠子一摘"。这一段话里，有两个吴语词，一是"乜斜"，（吴音读"咪趄"）是眼睛睏倦半开不开状态，这个词至今仍在嘴上，另一个是"摘"。它的本字应该作"揇"或"扚"，读"滴"。状用两个手指头的指甲轻轻一扚。这个词的内涵的伸缩性很大，两个指头轻扚，是亲昵的动作，如果使劲的扚，那就不是亲昵而是相反了。宝玉这里当然是亲昵的表示。庚辰本上的"摘"是通假字。这个"摘"字在吴地，读音也是"扚"，所以庚辰本会写作"摘"。这个词我小时在家乡时常用，现在老家的人也仍用这个词，但我到北京五十多年，对这个词已经淡忘了，幸亏老友陈熙中兄提醒（上面"拜兴"几例，也是陈兄提示的），才恢复了对这个词的记忆。因为"摘"这个字用北京的读音和语义，都不适合贾宝玉的这个动作，只有吴语而且是轻动作，才贴切这个生活场景。又如五十回"一语末了，只见宝玉勣了一枝红梅进来。"这个"勣"字，也是地道的吴语，读"虔"，指用肩扛物，如

---

① 有关"拜兴"这个词。除上举这些外，《大戴礼记》里也有多处用到。如《诸侯迁庙第七十三》云："君升，祝奉币从在左，北面再拜，兴。祝声三曰：'孝嗣侯某，敢以嘉币告于皇考某侯，成庙将徙，敢告。'君及祝再拜，兴。"同篇还有多处，不再引。见《大戴礼记解诂》，第200页，王聘珍撰，中华书局1983年版。

不是用肩扛物，就不能叫"勴"。我幼年在家劳动，常常要"勴"东西。至今家乡也仍用这个词。值得注意的是这些特定地区的方言的声和情，带有特殊的生活味道，如果是当地人读了，他对这句话所含的生活内涵会觉得更加亲切。如果把这些词换成一般通用的字，那它就失去了它所特有的生活气氛和生活味道了，所以在作古书的校勘时，应该注意到尽可能地保持它原有的语言特色。保持它原有的语言特色，也就是保持它原有的历史生活气氛。

二〇〇七年七月三十日于瓜饭楼

怎样读《红楼梦》

我想，这个题目的答案，并不是绝对的只有一种答案，它可以有几种不同的答案而且都是正确的、可行的，因为读书的方法完全可以因人因条件而异，不必拘于一途。抗战时，我有一位同乡，背熟了一部英语大辞典，从此就较好地掌握了英语，而有的朋友却是从外语系毕业学好外语的，这可以说是殊途而同归。读《红楼梦》也是如此，很难给读者定一个框框，要读《红楼梦》，必先进框框，这恐怕不行。

不要框框，可以因人因条件而异，这是我想首先提出的一个基本思想，目的是为了使有志于读《红楼梦》者不受拘束，可以充分发挥自己的主动性，可以因地制宜。但是这不等于说，读书没有一点基本的规律可循。多年来前人和个人积累的种种读书方法和经验还是有参考价值的，因为这是实践出来的经验。譬如登山，问刚从山上下来的人或游过此山的人，他的指点总要切实可靠得多。

对于读《红楼梦》，我自己不是从山上下来的人，而是一大群游山队伍中的一个，而且不是走在前头的一个，而是走在队伍中间或靠后的一个。我读《红楼梦》的经验，虽然有自己的实践，但得之于前人和同时代人的启示是很多的，因此所谈的只能说是登山的一种途径，而不是唯一的途径，读者完全可以另辟蹊径，独造奥区。

从通常的经验来说，论世而后可以知人，这是一条很有用的经验，我觉得读《红楼梦》这也是不可省略的重要一步，或者说是一个必经的里程。

曹雪芹生活在什么样的时代里，这个时代有些什么重大的足以影响人的事件，这个时代的政治、经济、文化、思想、生活、习俗如何？在这个时代之前，在文化思想领域里，又有些什么重大的变革或重大的思想观念的提出，足以给后世以深刻的影响？上述这些问题，对于了解一个作家，是十分重要的，是不可缺少的，不了解上述这些问题，就不可能深入地去了解作家，从而也就很难深入地了解他的作品。

在曹雪芹时代的思想领域里，一方面是官方哲学——程、朱理学的专制统治，是封建皇帝大力提倡儒家思想；另一方面，是从明代中、后期以来以李卓吾为代表的反程朱理学思想、反封建传统伦理道德思想的发展。李卓吾在他的《焚书》、《续焚书》、《藏书》、《续藏书》等书里，将这种具有初步资本主义萌芽性质的民主思想表现得极为鲜明激烈，以至于封建统治阶级到处通缉他，终于将他置之于死地。但是李卓吾的反传统思想并没有因此而停止流行，相反却是加深和扩大了他的影响。我们读《红楼梦》只要细心地去辨识曹雪芹通过贾宝玉、林黛玉所表达的思想，就可以辨识出李卓吾思想影响的存在。

从明代后期到清代经顺（治）、康（熙）、雍（正）、乾（隆）各朝，在哲学思想领域里，这种反传统、反儒家思想和反程朱理学、反封建帝王专制独裁、提倡尊重妇女、提倡平等的思想，一直绵延不断。其中有的哲学家与曹雪芹的时代很接近，如唐甄的卒年离曹雪芹的生年只有十年。按：曹雪芹生于康熙五十四年（1715 年）说，戴震则与曹雪芹是同代，且比雪芹晚死十三年。

除了思想领域里的这种情况外，在明末清初直至雍、乾时代，政治

怎样读《红楼梦》

领域里的斗争更为剧烈，阶级矛盾、民族矛盾和统治阶级内部的斗争一直不断，清代取得统治权后，为了镇压人民的反抗，又迭兴大狱，动不动就是株连、抄家和流放。连曹雪芹自己的封建大家庭，也是在统治阶级内部斗争中因为失去了康熙这棵"大树"的靠山而最后"树倒猢狲散"被抄家治罪的。曹雪芹的舅祖李煦，则早在雍正刚上台就被抄家流放了，全家人口被标价发卖，这就是曹雪芹当时目睹耳闻的现实。

所以在了解曹雪芹时代的思想意识领域、政治领域的斗争背景的时候，也必须了解曹雪芹的家世。因为曹雪芹的家世是一个特殊的家世（详见拙著《曹雪芹家世新考》、《梦边集》），而《红楼梦》又是一部特殊的小说，它是以作者自身的经历和家庭的兴衰为小说的创作素材的，它的真实性比《西游记》、《水浒传》等高。

这就是我要说的读《红楼梦》的第一个必经的历程。当然，了解以上这些情况，你也可以作一般的了解，也可以作深入的了解。作一般的了解，读一些红学家们的研究成果就可以了，如要深入了解，就必须读有关这方面的原著，如《清史稿》、《清实录》和有关专著。

读《红楼梦》的第二必读书，就是《红楼梦》本身。当然你也可以把《红楼梦》作为第一必读书，先读《红楼梦》然后再读我上举的这些有关著作，这也是一样。反正，这些方面的书，都必须多次反复阅读，因此也不可能分绝对的先后。

读《红楼梦》这部书，也有一个"一般的读"和"研究性的读"的区别。

如果作一般的阅读，那末，1982年人民文学出版社出版的、中国艺术研究院红楼梦研究所校注的《红楼梦》新校注本就是较适用的读本。在此以前出版的《红楼梦》排字本，都是据程乙本，程本对曹雪芹的原著删改甚多，有损于原著。新校注本是以庚辰本为底本，参照其他各种脂评本和程甲、程乙本校定的，被程本删去的文字以及抄本中抄漏的文字，用各本互相比勘，一一加以补足，所以这是一个最为接近曹雪芹原著（指前八十回）的本子。另外，这个本子有较为详细的注释，凡难解的地方，都一一作了注释，颇便于读者。

读这个本子的时候，读者还可参考吕启祥所著《〈红楼梦〉新校本和原通行本正文重要差异四百例》一文（见《红楼梦开卷录》），认真读这篇文章，极有利于认识新旧两种本子的不同和启发读者思考，尤其是作者的按语，言简意赅，对读者具有引导、指点的作用。

此外，我认为旧时的评点本，也可以选择一二种加以研读。过去有商务印书馆的排印本《石头记》，此书有王雪香、姚燮等人的眉评、行间评和回后评，分析细致，也有很多精辟的见解，但它的正文是程本系统的文字，评语中也有不妥之处，需要读者认真鉴别。这个本子，目前已经不大好买了，恰好最近北京中国书店影印了《增评补图石头记》，这就是商务本的底本，可以取代商务本，而且商务本拟字时有错误，这个本子错误较少。缺点是影印时少数地方印得不大清楚，看起来比较吃力，但这总是次要的问题。

这种评点本，最近上海古籍出版社还排印出版了《红楼梦》三家评本，即护花主人王雪香、大某山人姚燮、太平闲人张新之三家。因为是新排本，字迹清楚，极便阅读，且亦容易买到。可惜这个本子的底本用的是金玉缘本，金玉缘本是一个不好的本子。编校者在辑录这三家评时，又未找到张新之的卧云山馆藏板妙复轩原刻本，王雪香、姚燮的《增评补图石头记》原本和王雪香双清仙馆原刻本，因此姚燮和张新之的大量评语在金玉缘本里被删、漏掉的，现在的这个排印本未能补上。实际上，金玉缘本只用了张新之评语的三分之二甚或不足，至于姚燮的大量眉评和行间评全部漏掉了，只用了极小部分的每回的回后评，这就使这个本子留下了不小的缺陷。但是不管怎样，以上几种本子都是值得一读的。可以说，不读评点派的本子，就不可能真正认识评点派的成就与不足，也就不可能认识到新旧红学之间的内在联系和区别。

至于《红楼梦》本书，自然应该认真地反复地读，浮光掠影地读一二遍，是不可能对此书有较为深刻的认识的。苏东坡读书有句"八面受敌法"，就是说把"书"当作自己进攻的对象，从不同的方向去进攻它。从"书"的一面来说，就是八面受到了敌人的攻击。所谓"八面受敌法"，用现在的话来说，也就是从各个不同的角度，带着各种不同的问题去读这部书。例如读《红楼梦》，你如果是为了深入了解这部书所表现的思想，那末读这部书时，重点就可以特别集中于这部书所表达的有关这方面的情节上，并一一梳理出来，然后作系统的全面的分析；如果你想研究这部小说在人物形象、典型创作上的成就和特点，读书时，你就可以把重点放在这方面；再如你如果要研究《红楼梦》的语言艺术，那末自然你在读书时就得把注意力集中到这方面来。这样带着自己的不同问题，一遍又一遍地去读它，一个问题一个问题地去解决，次数多了，看问题也就深入了。读书最忌急躁，最忌表面的理解，这样的读书，只能一知半解，而一知半解的知识是没有多大用处的，有时还往往要误事。而心急，急于求成，就必然流于浅尝即止，甚至自以为是，这是读书的大忌。认真来说，读书是桩苦事情，必须经过"苦"的阶段，才能逐渐有所创获，才能有所"乐"。

以上是说一般的阅读《红楼梦》的问题。

其次是要说研究性阅读《红楼梦》了。这个问题，不是这篇文章的任务，因为《红楼梦》的研究者用不着看这类的文章。不过，也有从初读《红楼梦》进入研究《红楼梦》的，对于这许多同志，我仍不妨略谈一二。

上面已经谈过的几个方面，对做研究工作的同志，我认为也是必经的历程，不过他们应该读得更多、读得更细。这就不重复谈了。

我想谈的，一是家世研究问题，二是版本研究问题，三是理论的、美学的研究问题。

家世研究的问题，近20年来，取得了较大的进展，例如《五庆堂曹氏宗谱》的发现，辽阳三碑（一，天聪四年四月"大金喇嘛法师宝记碑"；二，天聪四年九月"玉皇庙碑"；三，崇德六年"弥陀寺碑"）的发现，康熙二十三年（公元1684年）和康熙六十年（公元1721年）两篇《曹玺传》的发现；《清太宗实录》卷十八天聪八年（公元1634年），曹振彦为多尔衮属下，任旗鼓牛录章京的记载的发现；五庆堂曹氏墓地的发现；曹頫骚扰驿站案档案文卷的发现，等等、等等，这都是近十多年来极为重要的发现，由于以上这些重大的发现，也就澄清了一些以往的错误观点，如说曹雪芹的祖籍是河北丰润，浭阳曹氏是曹寅的同宗等等。但是，有关曹家后期的情况，特别是抄家以后的情况，仍旧所知甚少。除了曹頫的劫后情景略有显露外，其余尚无所获。尤其是曹雪芹本人的情况，进展不大。而《红楼梦》这部书，写实性特别强，因此家世史料的发现，往往对深入理解《红楼梦》是很有用处的。所以在研究《红楼梦》本身的时候，对于曹雪芹的家世资料要努力搜罗和认真阅读研究，对《红楼梦》里偶然透露的一点家世的线索，也应该认真思考。过去人们往往称这种方法研究"红学"叫"考证派"的"红学"。其实，这是不确切的。在我看来，这些只是做了认真的资料考订工作，而这个工作，恰恰是理论的可靠依据和坚实基础。而且我倒并不主张"红学"就停止在考证阶段，考证只是"红学"研究的第一步，对于整个"红学"来说，它必须走第二步或第三步，即是做理论性的探讨和综合，这才是"红学"的奥区，是"红学"家们的理想境界，是"红学"的"彼岸"。所以把"红学"停止在考证阶段，并不是"红学"的目标。

关于版本问题的研究，我觉得也是谈"红"或研"红"过程中不可跨越的地段。《红楼梦》的早期抄本很多，现在已知见存的就有十二种之多：1．脂砚斋重评石头记（甲戌本），2．己卯本，3．庚辰本，4．戚蓼生序本，5．南京图书馆藏本，6．蒙古王府本，7．红楼梦稿本，8．梦觉主人序本，9．郑振铎藏本，10．舒元炜序本，11．列宁格勒藏本，12．程甲本（程甲本的原底本也是一个乾隆抄本）。另有南京靖应鹍藏本已失，留有批语抄本，未计入此数。而其中分歧甚大，差异极多，如不做一番对照和仔细阅读的工作，就不能深入地了解曹雪芹原著的面目。可以说，要研究《红楼梦》，就必须认真阅读各种抄本，不读抄本，就难见《红楼梦》的真面目。在这十二种抄本中，如"甲戌本"、"己卯本"、"庚辰本"的底本，都是乾隆年间曹雪芹还活着的时候就传抄出来的。特别是脂砚斋加的批语，透露了不少曹家的往事。而这些批语，又往往与这些抄本有特殊的依附关系，它反映着抄本的形成阶段。目前对这些抄本和批语的研究，还只是初级阶段，还有待深入研究这些抄本。现在情况比过去好多了，因为不少重要抄本都有了影印本，可以反复阅读参究。但是，我要提醒大家，如果专门研究版本，还必须看到原本。因为影印本与原本仍有一间之差，有些东西在原本上有的，到影印本上就出不来了，甚至有的在修版时已被修去了，更有的是原本上根本没有的，是印制时候加上去的，如此等等；也有的原抄本已被近代收藏者为集纳其他抄本上的批语，将原本抄得面目全非，非但抄文错误百出，而且严重地破坏了原抄本形成时期的历史面貌，好比考古发掘，几千年前的文化遗址发掘时，忽然被加进了大量复制的假文物，并且把发掘现场扰乱了，对于这种情况，我们细心地剔除其假文物，恢复发掘现场的原貌，才能进行真正的研究工作。如"己卯本"原为近人陶洙所藏，陶洙将甲戌、庚辰本上的批语过录在"己卯本"上，并抄配了正文的缺失部分（未抄全），这样使"己卯本"的原貌大大地模糊了，现在新影印的"己卯本"，已将陶抄的部分大体上剔除。所以对于专门研究版本的人来说，查阅原本仍是必要的。当然，我这样说，是进一步要求，丝毫也不是说影印本不重要，相反，影印本是研究原本的唯一媒介，如无影印本，就无从下手研究原本，我只是说在研究影印本时，要尽可能地去核对原本，以免在关键问题上为影印本所误。尤其是原本的纸色、纸质、装订等等，都不是影印本所能呈现出来的，所以要取得对原本的感性知识，还必须看到原本，所以作为一个版本研究者，还必须强调目验。

研究《红楼梦》的抄本，可以了解此书的创作和流传过程，可以了解此书的真面目，可以了解此书的某些词句或段落被删除或改易的原因，可以更准确地评价《红楼梦》的思想艺术成就。

关于思想、艺术和美学研究的问题，我认为这是《红楼梦》研究的重要目标，是"红学"研究的目的所在。一部《红楼梦》，是中国传统优秀文化思想和艺术的高度综合和升华，它反映了中国传统的优秀文化，更反映了与当时社会现实密切相关的社会思想的冲突，而作者是站在先进思想的立场上的。

对于《红楼梦》所表达的思想性质，我们必须用历史唯物主义的观点加以研究和总结，从理论上予以充分地阐述，并且探讨这种思想的渊源。我认为我们所作的许多家世、时代的考证和版本的研究，其真正的目的就在于此。否则那些考证就失去了它的更高意义和重要性。

一部《红楼梦》更是中国传统美学的大综合和完美的体现。从总体方面来说，它高度地体现和反映了我们民族的审美观点和审美心理。书中所描写的一切，它所表达的美丑善恶，都是我们民族的历史的审美观点的继续和发展，它既是美的，又是具有民族的文化特征的；它既是历史的传统的美，又是历史的传统的美的发展，并具有了新的审美思想。

从具体来说，一部《红楼梦》，有意境的美，有风格的美，有人物的美，有结构的美，有园林建筑的美，有饮食的美，有语言的美，有各种各样的生活场景的美，有贯串于全书而构成全书和谐统一的气韵的美。特别是有些描写，就其所描写的生活本身来说是丑的而不是美的，但就其描写的艺术来说，却是美的而不是丑的。所以《红楼梦》确是一部诸美毕备的书，值得我们从美学的角度来加以总结和探讨。

我说了以上许多研究方面，这自然就是读《红楼梦》时应该加以注意的。

为了深入理解和研究《红楼梦》，当然前人和近人所写的研究论文和专著，都必须认真阅读，这是不言而喻的。全国解放以来，在《红楼梦》的研究上，取得了显著的丰硕成果，有不少专著和论文，反映了我们这一代"红学"的新成就和特色，把"红学"的研究推向了"红学史"上的新的高度，这对于当代作"红学"研究的人，当然是必须认真阅读的，也可以说这就是他的研究的起点。关于这方面的论文和专著，我就不再一一列举了。

其实，读《红楼梦》并没有什么特别的方法，更没有捷径或窍门，如果一定要找"窍门"的话，那末我只能说认真读《红楼梦》及其有关的资料，就是"窍门"，就是"方法"。古人说：读诗千遍，其义自见。我觉得这两句话的基本精神，也适用于读《红楼梦》，当然不是要你去死抠"一千遍"这个形容性的数字。

总而言之，读书一不可能走捷径，二不能找窍门，就是要脚踏实地地读，只有"读"而后才能有所"悟"；只有"悟"而后才能有所得，才能生出新意来，才能进入新境界。

写于 1988 年 9 月 25 日，

2002 年 6 月 30 日改定

读 红 三 要

——胥惠民《和青年朋友谈〈红楼梦〉》序

胥惠民教授研究《红楼梦》已经有很长的时间了,《红楼梦学刊》曾多次发表他的文章,我每次到新疆也总要和他见面,他还陪同我一起到了南疆和田,在和田我还作过一次红学的讲演,记得他还与我一起进入过塔克拉玛干大沙漠,调查过古于阗的遗址。

近年来,他除学校教学外,一直致力于撰写《和青年朋友谈〈红楼梦〉》的工作,已经数易其稿了。

我认为这是一部很及时的书,红学研究需要青年人来接班,因而需要普及红学的基本知识,可这样的工作,以前很少人注意,惠民同志能自动地把这个任务担当起来,足见他对红学的热心和对青年的关怀。

《红楼梦》是一部既深且广的书。它涉及的知识面极广,它自身又有很深的内涵,而它的表达既平易易懂,又深奥耐解,由于它的平易易懂,所以它很普及,又由于它的深奥,所以又往往会令人想入非非,走上猜谜的误途。所以有一部引导人们正确地去阅读《红楼梦》、索解《红楼梦》的书实在是很必要的。

阅读和研究《红楼梦》,有几方面的工作是必须要做的:

读红三要

一

　　一是要了解《红楼梦》诞生的时代和社会，因为任何文学作品，都离不开它诞生的时代。从世界范围来说，曹雪芹的时代，也就是18世纪初期到中期，这时，发生于意大利的"文艺复兴运动"，经历14、15、16世纪而遍及欧洲，到17世纪初结束；而英国的工业革命，于18世纪60年代因瓦特发明蒸汽机而开始，到80年代而得到了进一步的发展。17世纪到18世纪，英法等国的资产阶级革命也相继完成。这个时代，也正是曹雪芹的时代，瓦特发明蒸汽机而得到推广，促使英国的产业革命加速发展，是在1760年，这时曹雪芹46岁，岁在庚辰，正是《石头记》庚辰本抄成的一年。17世纪到18世纪这个时代，在中国就是顺治、康熙、雍正、乾隆的时代（曹雪芹死于乾隆二十七年壬午，1763年），这时，中国资本主义萌芽的经济由明中叶发展到乾隆时期，也已经得到了更大的发展，而官方的统治思想却仍是程朱理学。但反程朱理学的反正统思潮，从明末经清初到清乾隆之世，也从未中止。自明末李卓吾以后，在清初有傅山、黄宗羲、顾炎武、王夫之、唐甄、颜元、戴震、袁枚等，他们的思想，虽并不与李卓吾完全一致，但他们的反正统思想，反皇权思想，主张法治，主张个性解放，主张存人欲，主张自由，主张人的自尊等的思想是一致的。黄宗羲在《明夷待访录》里说：

　　　　后之为人君者不然，以为天下利害之权皆出于我，我以天下之利尽归于己，以天下之害尽归于人，亦无不可。使天下之人不敢自私，不敢自利，以我之大私为天下之公；……视天下

655

为莫大之产业，传之子孙，受享无穷。……是以其未得之也（尚未夺到天下的时候），屠毒天下之肝脑，离散天下之子女，以博我一人之产业，曾不惨然，曰："我固为子孙创业也。"其既得之也，敲剥天下之骨髓，离散天下之子女，以奉我一人之淫乐，视为当然，曰："此我产业之花息也。"然则为天下之大害者，君而已矣！

又说：

今也天下之人，怨恶其君，视之为寇仇，名之为独夫，固其所也。而小儒规规焉以君臣之义无所逃于天地之间，至桀纣之暴，犹谓汤武不当诛之。①

唐甄则说：

自秦以来，凡为帝王者皆贼也。……

若过里而墟其里，过市而窜其市，入城而屠其城，此何为者！大将杀人，非大将杀之，天子实杀之；偏将杀人，非偏将杀之，天子实杀之；卒伍杀人，非卒伍杀之，天子实杀之；官吏杀人，非官吏杀之，天子实杀之。杀人者众手，实天子为之大手。……若上帝使我治杀人之狱，我则有以处之矣。匹夫无故而杀人，以其一身抵一人之死，斯足矣；有天下者无故而杀人，虽百其身不足以抵其杀一人之罪！②

---

① 以上两段均见《明夷待访录·原君》。
② 《潜书·室语》。

傅山则大声疾呼要扫除"奴性"，要个性解放，要人的自由，他同情方氏女子为爱而死的追求自由的勇气，作诗赞扬她，末三句说：

> 黄泉有酒妾当垆，还待郎来作相如，妾得自由好奔汝。①

这种用死来争取自由的精神在清初由傅山用诗歌来加以颂扬，联系当时国内外的历史进程，就不能不注意到这种争取自由的呼声的新的历史内涵了。与曹雪芹同时的戴震，则更尖锐地指出：

> 酷吏以法杀人，后儒以理杀人。②

这是对程朱理学最直截、最本质的揭露。

以上是曹雪芹时代思想界的状况。

曹雪芹时代的社会现实和社会风气，也是我们阅读《红楼梦》所必须注意到的。康、雍、乾时期，由于理学的长期统治，特别是科举考试用八股文，出题都出自朱注的四书五经，这样应考生员只需死记硬背四书五经的条文，更多的是揣摩拟题，甚至还有夹带作弊的，这样造成弥漫社会的恶劣风气，弄虚作假，以假乱真，是非真假颠倒，贪污行贿风行，假道学、假名士等等招摇撞骗，势利小人则见风使舵，一见穷儒则鄙夷不屑，一旦考中，立即就躬身笑脸，奉如神明，以备将来可以依权仗势，而那些生员一旦考中，也就摇身一变，脱旧换新，俨然以权势者自居，对上趋奉，对下欺压。

由于长期的封建礼法的统治，除了造成那些假道学、伪君子、国贼

---

① 《方心》，《霜红龛集》卷二。
② 《孟子字义疏证·与某书》。

禄蠹之外，还使广大人民群众受害，其中受害最烈的是妇女。不少妇女因为丈夫的死而迫令殉节，甚至有自愿殉节的，还有家人鼓励殉节的，每年要增加不少贞节牌坊。即使不死的，也因为丈夫的死，终身不得再嫁。从此就如同槁木死灰，自身的青春年华，自身的幸福也就随之消逝。与曹雪芹同时开始创作的吴敬梓的《儒林外史》，是一部社会写实讽刺之作，恰好是真实地写出了《红楼梦》时代的社会现实。从了解乾隆时期的社会现实来说，除了有关的史书笔记外，这部书也非常值得一读。《儒林外史》自然是一部杰作，其思想价值和艺术价值，都是非常杰出的，这里只是说它所反映的社会现实，并不是虚构的而是真实的，也可以从社会风俗史的角度来读它。而《红楼梦》的诞生，是离不开它自己的社会现实的，曹雪芹笔下的贾宝玉是一个有真才华，喜欢杂学旁收而不受四书五经的捆绑；喜欢与有真性情的人在一起而反对那些假道学、真禄蠹，也不喜欢功名富贵、仕途经济；更不屑八股时文，只喜欢自由自在，自抒性灵的极力追求自由天地的人。总之贾宝玉是一个绝假纯真的人，没有半点虚伪造作。而这样的人在世人眼里只是"假宝玉"，而另一个循规蹈矩，一切按封建世俗礼法行事，实际上是失去了真性灵的人却叫作"甄（真）宝玉"。① 这种故意把真假颠倒的写法，实际上是对那个现实社会的揭露和讽刺。曹雪芹对大观园里的女子和大观园以外的尤二姐、尤三姐、鸳鸯、司棋、金钏、晴雯、妙玉等的描写，也包含了对那个时代女子悲惨命运的同情。特别还写了一个守寡的李纨，虽然没有殉夫，一辈子的青春也就付之东流了。这一切，也应该与当时的社会联系起来读，看作是那个时代的一线折射。

---

① 按甄宝玉在《红楼梦》前八十回里只出现两次，而且只写他与贾宝玉完全一样。到后四十回第一百十五回时，甄宝玉再出，就完全是一个仕途经济中的人物，用贾宝玉的话说："也是一个禄蠹。"后四十回虽是续作，在这一点上，我认为是符合原作思路的。

二

二是要了解作者曹雪芹自身的家世经历。中国历来主张知人论世，要了解一部作品，必须先了解创作这部作品的人。这简单朴素的道理，其实是真理。

曹雪芹的家世，从他的六世祖曹锡远（世选）起，直到曹雪芹的父叔曹颙、曹𬞟一辈，都保存有若干可信的资料，根据曹家康熙年间的传记和解放后发现的《五庆堂曹氏宗谱》以及中国第一历史档案馆保存的曹家大量的档案资料等等，曹家的历史是清楚的，并且都是有可信的史料作为依据的。根据这些史料，可知曹家的六世祖籍是在辽宁的辽阳。他们原是明代驻辽阳的军官，后金努尔哈赤于天命六年（明天启元年，1621 年）攻克沈阳、辽阳时被俘归附。曹锡远的儿子，曹雪芹的五世祖曹振彦曾隶后金驸马佟养性部下，佟养性死后，归多尔衮属下，任佐领，隶正白旗。崇祯十七年（1644 年）曹振彦随多尔衮入关到北京，不久即参加山西大同平姜瓖的叛乱。乱平后，于顺治七年（1650 年）任山西吉州知州。《吉州全志》卷三《职官》称：

> 国朝顺治：曹振彦，奉天辽阳人，七年任。

顺治九年又任山西阳和府知府，顺治十二年（1655 年）又升任"两浙都转运盐使司运使"[①]。曹振彦自任吉州知州起，即开始由武职转为文职，这是曹家历史上十分重要的一个转折点，正是因为有这样一个重大

---

① 《清世祖实录》卷九十三。

的转折，所以曹振彦的儿子曹玺、孙子曹寅等也都是文职，特别是曹寅，后来成为诗、书、画、戏曲等各方面都精能的大文人，这对后来曹雪芹的成长，是有家庭方面的渊源关系的。

不知因为什么原因，曹玺的妻子孙氏，后来被选进宫去当了康熙的保姆，曹玺也成了康熙的奶父，后来康熙南巡到江宁织造府，还称孙氏是"吾家老人"。由于这一重关系，康熙即位后即简任曹玺为江宁织造，这是曹家又一次重大的变化。这一任职，说明曹玺已成为康熙信用的人。与此同时，曹寅又任康熙的御前侍卫，这样曹玺父子两人，都同时成为康熙所信用的人，这就奠定了曹家从此飞黄腾达的基础。康熙二十三年曹玺在江宁织造任上病故，后即由曹寅先任苏州织造，两年后又继任江宁织造，后又任两淮巡盐御使，从此曹家在江南就成为一代名宦。文酒风流，东南名士，都与唱游。康熙六次南巡，有四次都驻跸于江宁织造署，足见曹寅在康熙心目中的地位；但也因此而让曹寅落下巨额亏空，以至于曹家后来终因此而彻底败落。曹寅于康熙五十一年去世，由其子曹颙继任，三年后曹颙又去世，康熙特命曹寅弟曹宣之子曹頫继任。不久康熙死，雍正即位，曹家彻底失去了靠山，雍正五年底，终因骚扰驿站案又引发织造亏空案，至六年初抄家遣返北京，此时曹家已彻底败落。曹家北归时，曹雪芹约十四岁，随祖母住崇文门外蒜市口。后来流落到西郊，过着衣食不继的生活，乾隆二十七年，又因他的爱子病故，终于雪芹也因贫病忧伤，于乾隆二十七年壬午除夕（1763 年 2 月 12 日）去世，终年 48 岁，与张宜泉的"年未五旬而卒"符合。雪芹死后，不知所葬，大家一直认为应在西郊香山附近，但 1968 年通县张家湾镇平坟地作耕田，在平俗称"曹家大坟"时，挖出墓石一块，上刻"曹公讳霑墓"五个大字，在左下角有"壬午"两字，经鉴定，墓石是真的，则可见雪芹是葬在张家湾的，曹家大坟，也许就是他们的祖坟。

曹雪芹的舅祖李煦，任苏州织造，也是康熙所极为信任的。但雍正元年，李煦先被抄家，李煦本人流放东北打牲乌拉，时已七十三岁，不久冻饿而死，而其家人，则被标价发卖。李煦一家也即家破人亡，烟消火灭。

曹家的发迹，是与后金发迹为大清的历史过程是同步的。其间，有几次重要的机遇：首先是佟养性死后曹振彦归属多尔衮，隶正白旗。正白旗后为上三旗，归皇帝亲自掌握，由内务府统辖，所以曹家归属内务府。再加上曹玺的妻子孙氏又被选入宫当了康熙的保姆，曹玺和曹寅因此得近康熙。康熙八岁登基后，第二年即简任曹玺为江宁织造，曹家从此开始了飞黄腾达的历程，但溯其渊源，其关键是曹振彦改属多尔衮这一机缘。第二次的机遇是曹玺的妻子孙氏入宫当康熙的保姆，而康熙又得继位，曹玺、曹寅父子两人遂同时为康熙的亲信，因此才得任江宁织造之职。如果没有孙氏的入宫当康熙的保姆，曹玺、曹寅得因此而亲近康熙，则以后种种就无从说起。第三次机遇是康熙二十三年曹玺在江宁织造任上病故后，康熙经过几次的转折终于让曹寅继任，之后康熙的四次南巡都得驻跸于江宁织造府，曹寅亦得经办四次接驾大典，曹家才达到烈火烹油之盛。如果曹玺死后曹寅不再继任，则曹家的发达刚刚起步即便终止，也就不可能有后来的飞黄腾达。这三次机遇，是曹家发家史上的关键时刻，在研究曹家历史的时候，这三次曹家的转折点，是不能忽略过去的。

曹家最后的败落，也是历史的必然。曹家因为康熙的宠信，遂得赫赫扬扬，盛极一时；但曹家又因康熙的四次南巡而落下巨额亏空，成为雍正上台后清算亏空时不可幸免的当罪者。所以在曹家盛极一时的时候，就同时埋下了彻底败落的祸根。曹寅当年对这种严重的局势是清醒明白的，但他已处在这种位置上，身不由己，不能不蹈此既荣且危的险境，所以曹寅平时常拈佛语说：树倒猢狲散。果然，康熙这棵树一倒，曹家也就随之败落了。

　　所以研究《红楼梦》是离不开曹家的历史的，因为曹雪芹是以自己家庭的百年历史和亲戚，如李煦家的兴衰史，作为小说的主要素材的。由此可以明白，曹雪芹祖籍辽阳是不能随意否定的，它是有充分的史料依据的。一个对历史，对读者负责的学者，是不应该掩盖这些历史证据的。如曹振彦任职的地方志中职官志：康熙二十一年《山西通志·职官志》、乾隆元年《浙江通志·职官志》、嘉庆《山西通志·职官志》等都写：

　　　　曹振彦，奉天辽阳人。

曹家的传记如康熙二十三年未刊稿本《江宁府志》卷十七《曹玺传》说：

　　　　曹玺，字完璧……及王父宝宦沈阳，遂家焉。

康熙六十年刊《上元县志》卷十六《曹玺传》说：

　　　　（曹玺）著籍襄平，大父世选，令沈阳有声。

《八旗满洲氏族通谱》说：

　　　　曹锡远，正白旗包衣人，世居沈阳地方，来归年分无考。①

―――――――――

　　①　以上参见拙著《曹雪芹家世新考》（增订本），1997 年文化艺术出版社出版。

曹寅自署"千山曹寅"。千山就在辽阳，也是辽阳的别称。所以要否定曹雪芹祖籍辽阳说，必须先否定以上种种历史记载，而这是铁的事实，不可动摇的，何况在辽阳地区还有与曹家三房、四房（曹雪芹上祖的一房）有关的三块明末和清前期的碑：《大金喇嘛法师宝记碑》、《玉皇庙碑》、《弥陀寺碑》。现实物俱在，如何否定？有人说《大金喇嘛法师宝记碑》碑阴题名"曹振彦"三字上面的两个字不是"教官"两字，而是什么"敖官"，这种不顾事实的强辩，根本不是认真的学术研究的态度。但是退一万步，先不去纠缠这两个字，下面"曹振彦"三个字能改变得了吗？这块碑是树立在喇嘛庙里的，喇嘛庙就在辽阳，原址尚在。俗话说：跑得了和尚跑不了庙，你总不能把喇嘛庙也说成不是辽阳的罢。还有在这块碑的碑阳正文上镌刻着"钦差督理工程驸马总镇佟养性"一行题记。佟养性是后金的驸马，又是旧汉军总理，他就驻在辽阳。不仅仅佟养性在辽阳，当时的定南王孔有德（即《五庆堂谱》四房诸人的最高上级）也驻军在辽阳，他的府第也建在辽阳，这就是说，佟养性、曹家的四房（曹雪芹直系上祖）、孔有德、曹家的三房（五庆堂曹氏的直系上祖），还有其他一些人，都住在辽阳，当时的辽阳是后金政治、军事、文化的一个重镇，所以许多重要人物都在辽阳。这样一种历史事实是不能忽视的。

特别要指出的是《红楼梦》里有多处隐隐提到曹家的历史，如第五回警幻对众仙子说：

> 今日原欲往荣府去接绛珠，适从宁府所过，偶遇宁、荣二公之灵，嘱吾云：吾家自国朝定鼎以来，功名奕世，富贵传流，虽历百年，奈运终数尽，不可挽回者。

第十三回凤姐在梦中听秦可卿说：

你如何连两句俗语也不晓得，常言月满则亏，水满则溢。又道是登高，必跌重。如今我们家赫赫扬扬，已将百载，一日倘或乐极悲生，若应了那句"树倒猢狲散"的俗语，岂不虚称了一世的诗书旧族了！

在此处脂砚斋作眉批云：

树倒猢狲散之语，今犹在耳，屈指卅五年矣，哀哉伤哉，宁不痛杀！

那末"树倒猢狲散"这句俗语究竟是谁说的呢？按施瑮《隋村先生遗集》卷六《病中杂赋》云：

楝子花开满院香。幽魂夜夜楝亭旁。廿年树倒西堂闭，不待西州泪万行。曹楝亭公时拈佛语对坐客云："树倒猢狲散。"今忆斯言，车轮腹转，以瑮受公知最深也。楝亭、西堂，皆署中斋名。

可见这句俗语，竟是曹寅说的，事实上曹寅对自己家庭的危机早有预知。而这一条两次出现的俗语，也牵连到作者的家世。

特别是上引宁荣二公之灵的嘱咐，说"富贵传流，虽历百年。"可卿的嘱咐则说："赫赫扬扬，已将百载。"按这两句话，实际是曹家家世的实录。我们如从天命六年曹锡远、曹振彦归附后金算起，到雍正六年曹頫抄家败落，则前后共 108 年。如果从顺治元年（"国朝定鼎"）算起，到曹家的败落，则是 85 年，与上面的两种说法，基本相符。那末，这里曹雪芹虽是借"鬼魂"说的话，但却是隐含了曹家的家史。

又《红楼梦》第七回焦大醉骂说：

> 蓉哥儿，你别在焦大跟前使主子性儿。别说你这样儿的，就是你爹你爷爷也不敢和焦大挺腰子，不是焦大一个人，你们就做官儿，享荣华，受富贵，你祖宗九死一生挣下这家业。

焦大为什么敢这样醉骂，尤氏作了一段说明，说：

> 只因他从小儿跟着太爷们出过三四回兵，从死人堆里把太爷背了出来，得了命，自己挨着饿却偷了东西来给主子吃，……

这上面二段文字，又隐隐包含着曹家上世的历史，曹家在曹振彦、曹玺的时代是武职，曹振彦在天聪八年（1634 年）曾因军功"加半个前程"，可见他是参加了战斗的，入关后，曹振彦和儿子曹玺又参加了平大同姜瓖之乱的战斗。焦大立功救主，究竟是哪一次没有明写，但曹家上世确是以军功起家的。所以这一段醉骂，又隐含了曹家早期关外的历史和刚入关时的历史。

《红楼梦》里，还有两处提到曹寅，一处是五十二回庚辰本"一时只听自鸣钟已敲了四下"句下有双行夹批云：

> 按四下乃寅正初刻，寅此样（写）法，避讳也。

这里提到避"寅"字讳，当然是指避曹寅的讳。五十四回提到《续琵琶》的《胡笳十八拍》。这个《续琵琶》，就是曹寅的作品，至今还有抄本流传。① 但是偏偏是这个曹寅，在他的《楝亭诗钞》上自署"千山曹寅"，而不署"铁岭曹寅"，更不署"丰润曹寅"，可见曹寅也是不愿割断辽阳这个父母之邦的关系的。

《红楼梦》第十六回赵嬷嬷说：

> 如今现在的江南甄家，嗳哟哟，好势派，独他家接驾四次，若不是我们亲眼看见，告诉谁谁也不信的，别讲银子成了土泥，凭是世上所有的，没有不是堆山塞海的，罪过可惜四个字竟顾不得了。

庚辰本第十六回在"省亲的事竟准了不成"一句上畸笏眉批云：

> 大观园用省亲事出题，是大关键事，方见大手笔行文之立意。

甲戌本在十六回回前除上面这段引文外，还有一段文字：

> 借省亲事写南巡，出脱心中多少忆昔感今。

关于省亲这件事，作者先于十六回正文写出"独他家接驾四次"，这是正叙。然后又用批语点明"用省亲事出题，是大关键事"，"借省亲事写南巡，出脱心中多少忆昔感今"。康熙南巡是曹家彻底败落的祸根，也是曹家荣耀到顶峰的盛事，作为已经彻底败落后落魄飘零的曹雪芹和曹家其他后人如脂砚斋、畸笏叟等人，怎能不"心中多少忆昔感今"呢？

---

① 抄本现藏北京图书馆，《胡笳十八拍》见该剧第二十七出《制拍》。

所以在这段极端辉煌、极端繁华的文字里，又寄托着极端凄凉，这不仅是雪芹的大手笔，同时也是这些当事人的实情。在《红楼梦》里隐含曹家家事的文字，这是一段规模最大，也是作者最痛心的文字。虽然南巡的事实和曹家烈火烹油之盛的盛况，已都是曹寅的事，但这样的辉煌业绩，并非一日之功，而是与他的悠久家世相联系的，如果没有辽阳的开头，岂能有今天的结果，也岂能有后来的败落。这百年的兴衰，都是互为因果，互相紧密联结的。

所以研究曹雪芹的祖籍辽阳，是与研究《红楼梦》密切相关的，并不是单纯地为研究曹雪芹的祖籍。也由此可见，否定了曹雪芹的辽阳祖籍，也等于是切断了曹雪芹的百年发家史，那末作者苦心经营隐含在这部巨著里的曹家辛酸家史也就变为无源之水，无本之木，也就无从索解而变得毫无意义了。

写到这里，我们不妨再回头读读曹雪芹写在第一回开头的两首诗：

> 无材可去补苍天。枉入红尘若许年。
> 此系身前身后事，倩谁记去作奇传。
>
> 满纸荒唐言，一把辛酸泪。
> 都云作者痴，谁解其中味。

明明作者提醒我们"此系身前身后事，倩谁记去作奇传"。明明在这"满纸荒唐言"里，隐含着"一把辛酸泪"，如果我们硬是要把他的百年家世弄得支离破碎，忽东忽西，一片迷雾，那末如何能解"其中味"？

虽然书中所寓曹家家史，并不是书的全部，但却是整体的有机部分，是有血有肉的，与其他各部血脉贯通，神经相连的，因而也是决不能割断的！

三

　　三是要重视《红楼梦》的版本。读《红楼梦》当然要选择好一点的版本。在20世纪50年代，那时新出的只有人民文学出版社的一种本子，那是程乙本。经过半个世纪，情况就大大不同了，《红楼梦》的书，出了很多种，就大有可选择的余地了。我看过的《红楼梦》的新校注本并不全，就我熟悉的来说：一是中国艺术研究院红楼梦研究所校注的《红楼梦》新校注本，人民文学出版社于1982年出版。这是集中了国内十多位专家经历七年校注完成的，我参加了这项工程。此书是以庚辰本为底本，以己卯、甲戌本为主要参校本，以其他各脂本及程甲本为参校本。此书出版后国务院古籍领导小组的李一氓先生曾写过文章，非常称赞这个校注本，认为校订精审、注释繁简得宜，"可作定本"。二是1993年蔡义江校注的《红楼梦》。此书"前八十回回目与正文以《脂砚斋重评石头记汇校》一书中所列十二种版本为主进行互校，择善而从，不固定某一种版本作底本。""择文首重甲戌，次为己卯、庚辰，亦不忽略列藏、梦稿、戚序等各本之存真文字，力求保存曹雪芹原作面目。后四十回则以程甲、程乙本为主互校，亦参以曾通行的经整理过的诸本文字，只着眼于是否合乎情理与文理。"（此书"校注"凡例）"本书的'注释'实含三种内容，即：简明的注解，有资料价值的脂评和有必要说明的校记，为免繁琐，故并作一项。"（同上）此书校注都俱特色，出版后受到好评，也得到红学界的重视。三是1994年江苏古籍出版社出版的刘世德校注的《红楼梦》。此书"以甲戌本和庚辰本为底本，并参校了己卯本、杨本"等其他脂本和程甲本，"后四十回，以程甲本为底本，并参校了程乙本。"本书的校注者力求"贡献出一部最接近曹雪芹原稿面貌的、可读的本子。"本书注释的重点之一是"北京的俗语或口语"。这对北京以外的全国读者都是很需要的。"本书还选录了一部分前人的批语，附于每回之后。"本书的校注，前后"花费了将近二十年的时间，积累了二十万张卡片"，（均见此书《前言》）可见此书的校订，是在非常扎实的学术基础上进行的。此书出版后，受到了读者的欢迎，也得到了红学界的较高的评价。四是 1994 年 7 月齐鲁书社出版由黄霖校理的脂评本《红楼梦》，此书校理者"旨在整理一部完整、统一、简便的脂评本，以方便读者阅读、欣赏和研究"，"本书的正文，前八十回除《凡例》及第一回基本依据乾隆甲戌脂砚斋评本外，馀皆以乾隆庚辰秋月脂砚斋评本为底本"。本书集中整理了正文和脂评，可以说是一部经整理的新的脂评本。这对读者也很有用。

我看的新本不是很多，所以只能介绍以上四种，以上四种书的次序，是依出版的先后排列的，没有任何其他意义。总起来说，这四种书各有优长，值得推荐。如果作为一般阅读，那末这四种里挑一两种即可以了，如果要进一步作研究的话，那末还应该认真读甲戌、己卯、庚辰等等十多种现存的脂砚斋评本。尤其是前三种，较多地保存了脂评本的原始面貌，也即是曹雪芹原稿的面貌，除了有过录时抄错抄漏外，没有删和改的问题。

为什么要重视版本问题呢？因为《红楼梦》这部书，从抄本到木活字印本（程甲、程乙本），都不是作者手定本，都只是转辗传抄本，程甲、程乙本，更对传抄本有大量的删改。所以从它的早期本子起，就存在着许多问题。清代的评点本，基本上都是用的程甲本。就是我们现在的新校点本，也不可能做到完美无缺的程度，这是客观事实。

有人说，脂砚斋评本都是假的，是伪本，只有程甲本才是真的曹雪芹的本子，这话更不可信。脂本渊源有自，凭空指说它是伪造是毫无科学根据的。说程甲本是曹雪芹的真本，是最早出现的《红楼梦》的本子，更是凭空臆说，没有丝毫的可信性。相反，连程甲本的前身也是脂本，不过在木活字排印时，被作了大量的删改，至今程甲本里还残存着脂批的文字，可以作为证据。我早在 1993 年写的《论〈红楼梦〉的脂本、程本及其他》一文里指出过，不必再加重复。

重视版本问题的必要性，我可以举几个例子来说明。

有人曾经写文章说，《红楼梦》里没有写过女人的小脚。这是完全不对的。《红楼梦》里，明明白白地写了小脚，庚辰本第六十五回写尤三姐怒责贾珍、贾琏时道：

> 这尤三姐松松挽着头发，大红袄子半掩半开，露着葱绿抹胸，一痕雪脯。底下绿裤红鞋，一对金莲，或敲或并，没半刻斯文。……

这"一对金莲"，不明明白白是写的小脚吗？那末为什么有人会提出这个问题来呢？一种可能是他读书不仔细，对这样重要的文字滑过去了；另一种可能是他读的《红楼梦》是程本系统的本子，前面说过，程本有删改脂本的问题，这就是一例，试看程甲本这一段的文字：

> 这尤三姐索性卸了装饰，脱了大衣服，松松的挽个鬏儿，身上只穿着大红袄儿，半掩半开，故意露出葱绿抹胸，一痕雪脯，底下绿裤红鞋，鲜艳夺目，忽起忽坐，忽喜忽嗔，没半刻斯文，……

请看，庚辰本上的"一对金莲"到程甲本上只剩"绿裤红鞋"了，"一对金莲"就完全没有了。庚辰本上这段文字共四十七个字，到程甲本上，这段文字变成了七十个字。如果这位读者仅仅读到程本系统的文字，那末就很难怪会产生这样的问题了。

再举一个例子，庚辰本第二回冷子兴演说荣国府，向贾雨村介绍荣府情况说：

> 这政老爹的夫人王氏……第二胎生了一位小姐，生在大年初一这就奇了，不想次年又生了一位公子，说来更奇，一落胎胞，嘴里便衔下一块五彩晶莹的玉来，……

这里贾宝玉与元春只差一岁，可到了程乙本里，这句话就不是这样说了：

> 不想隔了十几年又生了一位公子，说来更奇，……

这句话在程甲本里，还与上引庚辰本的文字一模一样，那末为什么第二年印程乙本时要把这句话改得元春与宝玉年岁差了十几岁呢？原来是为了要照应元妃省亲时的这一段文字：

> 那宝玉未入学堂之先，三四岁时，已得贾妃手引口传，教授了几本书，数千字在腹内了。其名分虽系姊弟，其情状有如母子，……

前面元春与宝玉只差一岁，后面却说元春"手引口传，教授了几本书，数千字在腹内了，其名分虽系姊弟，其情状有如母子"。如果只差一岁，元春无论如何不能"手引口传"；无论如何只差一岁的姊弟，其情状也不可能"如母子"的，所以到了程乙本就改成"不想隔了十几年"了。这样一改，似乎是前后照应了，殊不知这前后两段话并不是一个人说的，前面的话是冷子兴的"演说"，是冷子兴的胡吹乱说，卖弄他与贾府如何熟悉，所以胡吹一气，正如他对贾雨村说：

> 倒是老先生你贵同宗家出了一件小小的异事。雨村笑道：弟族中无人在都，何谈及此？子兴笑道，你们同姓，岂非同宗一族？雨村问是谁家？子兴道：荣国府贾府中，可也玷辱了先生的门楣么？

冷子兴胡牵乱扯，以为只要同姓，就是同宗一族，这充分地表现了这个商人的信口瞎吹，所以他说的"隔了一年"，也是这种性质，算不得真的。而后面说元春对宝玉"手引口传"一大段文字，却是作者的正面叙述，是认真的介绍，是说真的。程乙本在重排时没有仔细体会作者的用心，只从表面上看文章，所以作了这种不必要的改动。这样一改，就把作者写冷子兴有一搭无一搭的这种套近乎，乱牵扯的商人味道减弱了。

再举一个例子，按脂本的描写，尤三姐与尤二姐寄食贾家，是受到贾珍、贾蓉、贾琏等人的玷污的。尤三姐在这个陷坑中决心自拔，挺立起来，她把希望寄托于柳湘莲。谁知湘莲却是个"冷郎君"，只是慕色而无情，所以一听闲言碎语就马上变卦了。以至于让尤三姐对人生断绝了希望而拔剑自刎了。曹雪芹写这个个性和写这个情节，完全是对封建豪族的揭露，特别是对封建礼教"以礼杀人"的揭露，说明在那个社会里，把人推入污泥或火坑是容易的，当你一入这陷人的泥坑，再要想自拔就不可能了！所以尤三姐的形象是具有深刻的历史内涵和思想内涵的。程本不理解这一点，却把尤三姐改成一个贞节烈女，只是因受人误解而自刎，这就使这个形象的历史内涵和思想内涵完全变了，变成真正符合封建礼教的贞节烈女了，在这一点上，可以说程本是大违作者原意的。

读红三要

以上几个例子，说明在读《红楼梦》时，不能不重视版本的选择。

除了这种版本的选择外，读《红楼梦》还必须十分细心，不放过每一个细节，要反复多读几遍，要去仔细地体会、发掘作者的深心。清代的评点派在读《红楼梦》时，是十分细心地体察的，所以他们的评语，往往能给人以启示，当然并不是每个评点派的每句评论都能这样，这也须要我们细心去拣择。

读《红楼梦》最重要的是正确认识《红楼梦》的思想，也即是曹雪芹的思想。本文提出的读《红》三要，前二要，就是要把曹雪芹放到国际和国内的大环境来体察。对外来说，曹雪芹处于欧洲文艺复兴之后，西方资本主义猛迅发展并向外扩展的时期，这时的中国，并不是全封闭的，明清之际已有不少传教士来华，带来了西方的科学和技术。1602 年，明万历三十年，意大利人利玛窦就在北京修改了他的《山海舆地图》称《坤舆万国图》在北京刊行。这就是一部最早的世界地图。这时，中国已被包括在世界之内，而不是封闭孤立于世界之外。对内来说，在中国已经是资本主义由萌芽到发展的历史时期，与这一历史环境相适应的是明后期到清乾隆时代，学术界、思想界涌现出了一大批思想精英人物，曹雪芹即处在这一系列的精英人物的行列里。曹雪芹通过他的《红楼梦》向世界、向人们倾诉的是他的超时代的理想和对人们的无限的爱。他所追求的是自由人生和真挚的爱情。《红楼梦》里讲得最多的就是人生最宝贵的自由：个性自由、思想自由、精神自由。贾宝玉多次提到他是在牢笼里，可见他是得不到自由。你还可以感受到他与他所不喜欢的人在一起时，连思想、精神、空气、呼吸都感到不自由，所以他要湘云、宝钗出去，以保持他的精神和思想的自由。

贾宝玉对人生自由的追求和对真挚爱情的追求，这正标志着人的一种觉醒！

《红楼梦》的时代，一方面是冲出中世纪式的黑暗的时代，而同时也是呼唤光明的时代！历史的发展往往是需要很长的时间的。意大利的文艺复兴运动，在欧洲经历了 14、15、16 世纪三个世纪，欧洲的资本主义化，也经历了两个多世纪。中国人从中世纪式的黑暗里觉醒到获得光明和自由，难道不也要很长的时间吗？不能忘记，从曹雪芹的去世到孙中山的资产阶级民主革命的胜利，也只有 148 年的时间了。

以上所说的一切，都说明了一点，即曹雪芹所憧憬和追求的自由，已是世界范围内属于资本主义性质的自由，而不是以往的封建性质的"自由"。

尽管曹雪芹的时代，这种自由思想的物质力量还很薄弱，但他的思想是新时代的一线曙光，是黎明前划破暗夜的一声金鸡长鸣！是与其他各位思想的先行者、觉醒者一起演奏的一曲歌颂人生、歌颂爱情、歌颂自由、歌颂光明的协奏曲！

2001 年 7 月 31 日于京东且住草堂

重议评点派

一、红学史上的评点派及其他

《红楼梦》从它诞生至今，已经有二百多年的历史了。大家知道，对《红楼梦》的评论差不多是与《红楼梦》的创作同时进行的，这就是众所周知的脂砚斋评。现存十一种《红楼梦》（《石头记》）早期抄本中，① 只有郑振铎藏本（只存二回）和舒元炜叙本不带评语，其余的九种抄本都是有脂评的。还有一种一度出而复失的南京靖氏藏本，也是一个有大量脂评的本子。由此可见，早期流传的《红楼梦》（当时大都称《石头记》）抄本，它一开始就是有着较多的评批的本子。

如果这许多评批也是属于研究性质的话，那末可以说，"红学"的历史，是以评批的形式开始的。

---

① 现存十一种《红楼梦》（《石头记》）早期抄本是：一、《脂砚斋重评石头记》（甲戌本），二、《脂砚斋重评石头记》（己卯本），三、《脂砚斋重评石头记》（庚辰本），四、戚蓼生序本《石头记》，五、清蒙古王府藏抄本《石头记》，六、南京图书馆藏抄本《石头记》，七、乾隆抄本百二十回《红楼梦》，八、梦觉主人序本《红楼梦》，九、舒元炜序本《红楼梦》，十、郑振铎藏残抄本《红楼梦》，十一、列宁格勒藏抄本《石头记》。

　　乾隆五十六年辛亥（1791 年），程伟元、高鹗用木活字排印了这部巨著，同时删去了它前八十回原有的评批文字，又对正文作了删改并续刻了后四十回，成为一种只存正文的百廿回的本子。但是，这个删去批语，只存正文，又续上后四十回的《红楼梦》摆字本，却意想不到地招来了大量的评批本。现在可以查得出来的脂砚斋以外最早的一种带有评批的本子，是嘉庆十六年（1811 年）东观阁重刊的《新增批评绣像红楼梦》。它"有圈点、重点、重圈及行间评"。① 这时，距离程、高的摆字本正好是二十年。从这个本子来看，已经不仅有评，而且已有圈和点了，这就成了地地道道的评点的本子。② 自此以后，各种评点本就如雨后春笋，争先出土了。

　　嘉庆十六年的东观阁重刊本《红楼梦》，是否就是真正最早的脂评以外带评点的本子，还很难说。因为目前没有可能在这方面作彻底的查实。但大体说来，从乾隆辛亥到嘉庆初年的这段时间，是脂评以外新的评点《红楼梦》的开始阶段。到嘉、道之际及其后，这种评点本就层出不穷了。我们据一粟的《红楼梦书录》，就可列举以下各种：

《新增批评绣像红楼梦》嘉庆十六年东观阁重刊本

《批评新大奇书红楼梦》善因楼刊本

《批评新奇绣像红楼梦》善因楼刊本

《绣像批点红楼梦》三让堂刊本

《新增批点绣像红楼梦》同文堂刊本

《绣像批点红楼梦》纬文堂刊本

《新增批评绣像红楼梦》三元堂刊本

《新增批点绣像红楼梦》佛山连元阁刊本

---

　　① 见一粟《红楼梦书录》。

　　② 脂砚斋评本的基本形式是回前回后评、眉评、行间评、正文下双行小字评这几种方式。概括点说，就是有评而无圈点。我们习惯所说的评点派，是有评又有圈和点的。

其他如"翰选楼刊本"、"五云楼刊本"、"文元堂刊本"、"忠信堂刊本"、"经纶堂刊本"、"务本堂刊本"、"经元升记刊本"、"登秀堂刊本"等等等等，也统统都是属于评点本。

在当时的许多评本中，影响最大的是道光十二年刊的王雪香评点《新评绣像红楼梦全传》和道光三十年张新之评点的《妙复轩评石头记》，王雪香、姚燮合评的《增评补图石头记》（上海广百宋斋本，古越诵芬阁刊本，光绪十二年、十四年上海石印本等），以及王雪香、张新之、姚燮合评的《增评补像全图金玉缘》（铸记书局铅印本、同文书局石印本、上海书局石印本、求不负斋石印本、上海江东书局石印本、上海桐荫轩石印本、上海舒屋山人署本等等）。只要看一看当时评本名目之多和出版书局之多，就可以明白这种评批圈点的本子如何受到当时读者的欢迎了。

以上这些本子，都是将评批和圈点附着在正文上的，其评批圈点的形式，实际上就是脂评的继续和发展，也是明清以来评点小说、戏曲、古文、诗词的一种共同形式。

除了这种附丽于正文的评批圈点的本子外，从乾隆后期开始，还有一种脱离了正文而独立的评《红》专著。如乾隆五十九年（1794 年）周春写的《阅红楼梦笔记》；嘉庆十九年（1814 年）至二十五年间（1820 年）成书的思元斋主人裕瑞写的《枣窗闲笔》；嘉庆十七年（1812 年）成书的二知道人写的《红楼梦说梦》；道光元年（1821 年）刊青浦明斋主人诸联撰的《红楼评梦》；道光六年（1826 年）成书，光绪二年（1876 年）刊行的"晶三芦月草舍原本，簸覆山房编次"的《红楼梦偶说》；道光二十二年（1842 年）养余精舍刊的涂瀛著的《红楼梦论赞》；同治八年（1869 年）刊江顺怡撰的《读红楼梦杂记》；光绪十三年（1887 年）刊解盦居士撰的《悟石轩石头记集评》；光绪十三年（1887 年）刊梦痴学人撰的《梦痴说梦》；光绪三年刊话石主人撰的

《红楼梦精义》；光绪十七年（1891 年）以前成书，民国二年（1913年）刊行的武林洪秋蕃著的《红楼梦抉隐》；光绪二十八年（1902 年）刊青山山农撰的《红楼梦广义》；等等等等。这类书数量甚巨，不能也不必一一列举。

以上这一类评《红》书，习惯并不把它们算在评点派之内，其区别就是一不附着于正文，二没有圈点。但它是属于真正的评《红》专著，这是毫无问题的，并且解放以来，同样对这一大批评《红》专著未能加以重视。所以从广义的角度出发，我仍把它与评点派一起提出来探讨。

除了以上两类评《红》的方式外，另有一类，是用诗歌来对《红楼梦》作评论的。究其始，则与脂评一样，也是与《红楼梦》的创作几乎是同时产生的。现存甲戌本凡例后的那首七律："浮生着甚苦奔忙。盛席华筵终散场。悲喜千般同幻渺，古今一梦尽荒唐。漫言红袖啼痕重，更有情痴抱恨长。字字看来皆是血，十年辛苦不寻常。"这首诗，明显的是对《红楼梦》的一个总评（我认为这不是寻常人的手笔，这应该是脂砚斋的文字）。又如庚辰本第二十一回回前"有客题《红楼梦》一律，失其姓氏，惟见其诗意骇警，故录于斯"云："自执金矛又执戈。自相戕戮自张罗。茜纱公子情无限，脂砚先生恨几多。是幻是真空历遍，闲风闲月枉吟哦。情机转得情天破，情不情兮奈我何。"诗后还有一段文字："凡是书题者，不可（不以）此（诗）为绝调，诗句警拔，且深知拟书底里，惜乎失石（名）矣！……"这首诗，当然毫无疑问也是评《红》诗。庚辰本第三十二回前题云："前明显祖汤先生有怀人诗一截，读之堪合此回，故录之以待知音：无情无尽却情多。情到无多得尽么？解到多情情尽处，月中无树影无波。"这是借汤显祖的诗来题《红楼梦》的，虽然诗是前人的，但用在此处意在题《红》是毫无疑问的。尤其是戚蓼生序本，在回前回后题有不少诗、词、曲、散，很显然是对《红楼梦》的评论。如第三回"我为你持戒"一首，"宝玉

通灵可爱"一首，"天地循环秋复春。生生死死旧重新。君家着笔描风
月，宝玉颦颦解爱人"一首，第四回"阴阳交接变无伦"一首，"请君
着眼护官符"一首，第五回"万种豪华原是幻"一首，第六回"风流
真假一般看。借贷亲疏触眼酸。总是幻情无了处，银灯挑尽泪漫漫"一
首，等等等等。戚本上的题评特别多，这里不再一一列举。这许多诗、
词、曲、散的题评，毫无疑问，也应是属于当时评《红》的一种形式。
同样情形，还有己酉本上舒元炳的《沁园春》词，也是一首题《红》
之作。

以上都是附在早期抄本上的评《红》诗。

另外，还有不是附在抄本上的评《红》诗，其中最早是永忠的
《因墨香得观红楼梦小说吊雪芹》三首和明义的《题红楼梦》诗二十
首，周春的《题红楼梦》和《再题红楼梦》七律八首，与周春同时的
沈赤然，也有七律《曹雪芹红楼梦题词四首》，大约写于乾隆六十年
（1795年）。以上诸作，以永忠和明义的诗为最早，大约作于乾隆二十
至三十年前后，这以后，题《红楼梦》的诗就愈来愈多，直到晚清一直
不衰，俨然形成了一大流派，我们姑且称它作"题红派"。

二百年来，旧时代的评《红》主要是以上三种方式，而其中影响最
大的是以王雪香、张新之、姚燮为代表的评点派。其次就是周春、诸
联、涂瀛、解盦居士、洪秋蕃等人所代表的评《红》笔记专著。到了民
国初年，又兴起了以王梦阮、沈瓶庵、蔡元培为代表的"索隐派"。虽
然当时影响很大，但毕竟为时较短，所留作品不多，再经胡适的批判，
也就渐次消歇了。①

以上，就是二百年来红学史上评《红》情况的一个综述。

---

① 在胡适的文章之后，尚有寿鹏飞的《红楼梦本事辨证》（1927年），景梅九的《石
头记真谛》（1934年），湛庐的《红楼梦发微》（1948年），相继发表。近年来国内外索隐
派的论、著亦时有所见，但从总的趋势来说，已经是余音了。

二、评点派红学述要

评点派红学由于解放以来一直未受重视，甚至无形中还处于一种被全盘否定的地位，因此，人们对于这一派的红学的观点和它的主要著作，已经十分陌生了。但实际上近几十年来红学界争论或探索的问题，有不少是他们早已探索或争论过的，为了便于大家了解，这里我分成若干问题，撮述其要点或撮录其有代表性的文字如下：

(一) 关于《红楼梦》作者的探索

1921 年胡适发表《红楼梦考证》（改定稿），他根据袁枚《随园诗话》等材料，考证出《红楼梦》的作者是曹雪芹。其祖父是曹寅，字棣亭，曾任江宁织造等职。《红楼梦》是曹雪芹的自叙传。胡适还在这篇文章里排列出了曹家自曹锡远以下至曹頫、曹天佑（胡文原作"祐"）等人的世系表。胡适当时的这一发现确是惊人的，其材料之丰富和考证的用力也确是很突出的。这篇文章中的不少重要结论如《红楼梦》的作者是曹雪芹，其祖父为曹寅，此书是在作者家庭败落后所作的等等，至今仍是正确的。

但是关于这个问题，周春在《阅红楼梦随笔》里就曾说过：

> 其曰林如海者，即曹雪芹之父棣亭也，棣亭名寅，字子清，号荔轩，满洲人，官江宁织造，四任巡盐。……甲寅中元日黍谷居士记。

甲寅为乾隆五十九年（1794 年），距雪芹之死仅三十来年，周春所说，当然有错误，但他指出曹雪芹是曹寅之子（应是孙，错了一点），指出曹寅的字号和官职，这些大体还是正确的。后来的二知道人也说：

> 曩阅曹雪芹先生《红楼梦》一书，心口间汩汩然，欲有所吐。
>
> 曹雪芹之孤愤，假儿女以发之。雪芹之书，虚事传神也。
>
> ——嘉庆十七年刊《红楼梦说梦》

这里也十分明确地确认《红楼梦》的作者是曹雪芹。

与周春同时的裕瑞则说：

> 《红楼梦》一书，曹雪芹虽有志于作百二十回，书未告成即逝矣。诸家所藏抄本八十回书及八十回书后之目录，率大同小异者，盖因雪芹改《风月宝鉴》数次，始成此书，抄家各于其所改前后第几次者，分得不同，故今所藏诸稿本未能画一耳。此书由来非世间完物也。……
>
> 曾见抄本卷额，本本有其叔脂砚斋之批语，引其当年事甚确，易其名曰《红楼梦》。……
>
> 雪芹二字，想系其字与号耳，其名不得知。曹姓，汉军人，亦不知其隶何旗。闻前辈姻戚有与之交好者，其人身胖头广而色黑，善谈吐，风雅游戏，触境生春。闻其奇谈娓娓然，令人终日不倦，是以其书绝妙尽致。……
>
> 其先人曾为江宁织造，颇裕，又与平郡王府姻戚往来。
>
> ——《枣窗闲笔》

裕瑞的这段记述，早为红学家们所注意了，很显然，他在这里提出的有关曹雪芹本人、家世、官职、姻戚、八十回抄本、抄本的歧异，抄本的不全（由来非世间完物，只有八十回）、抄本的脂批等等问题，长期以来，也是我们一直讨论和探索的问题。

梦痴学人则说：

> 《红楼梦》一书，作自曹雪芹先生。先生系内务府汉军（此点误）正白旗人，江宁织造曹练（楝）亭公子（此点亦误）。嘉庆初年，此书始盛行。
>
> ——光绪十三年（1887年）管可寿斋刊《梦痴说梦》

梦痴学人对曹雪芹的了解，除个别问题有误外，大体说来，已经相当准确了。

以上这些材料，都在胡适发表考证文章之前。这些材料有的虽然并不讲得都对，但基本上都是正误参半，有对有错的。把其中各家正确的部分集合起来，可以知道当时他们对曹雪芹的了解也已有一定的广度和深度了。当然，胡适的考证并不因为这些材料的陆续发现而降低其重大价值，但这些材料的客观存在，它表明了前人已经对这些问题进行过探索，并且记下了自己的看法，我们当然也不能无视这些见解的学术价值。如果要撰写《红楼梦》作者研究史的话，那末，以上这些人无疑都是先驱者。他们都是二百年间曹雪芹这个伟大名字的探索者，如果再对照一下近年来台湾杜世杰完全否定曹雪芹其人的真实存在的这一事实，那末就会感到以上的这些探索者们就更为可贵了。①

---

① 按最早确认《红楼梦》的作者是曹雪芹的当然是永忠和明义，他们是曹雪芹同时代或稍后一些的人，他们在题《红楼梦》的诗题和小序里都明确指出《红楼梦》的作者是曹雪芹。

（二）关于《红楼梦》是一部"别开生面"的书的问题

鲁迅曾经指出："自有《红楼梦》出来以后，传统的思想和写法都打破了。"这当然是十分精辟的话。但类似的意思，在评点派红学中，也是早就有过的。如王雪香说：

> 从来传奇小说，多托言于梦。如《西厢》之草桥惊梦，《水浒》之英雄恶梦，则一梦而止，全部俱归梦境。《还魂》之因梦而死，死而复生，《紫钗》仿佛似之，而情事迥别。《南柯》、《邯郸》，功名事业，俱在梦中，各有不同，各有妙处。《红楼梦》也是说梦，而立意作法，另开生面。
>
> ——《红楼梦总评》

刘铨福说：

> 《红楼梦》非但为小说别开生面，直是另一种笔墨。……如《红楼梦》实出四大奇书之外，李贽、金圣叹皆未曾见也。戊辰秋记。
>
> ——甲戌本《石头记》题记

戊辰是同治七年（1868 年），刘铨福是甲戌本和妙复轩评本（即张新之评本）的收藏者，不能列入评点派内，但他对《红楼梦》的这几句题记，却实在是独具只眼，是对《红楼梦》最贴切最正确的评价，所以我们这里不能不提它。

洪秋蕃说：

> 《红楼梦》是天下古今有一无二之书。立意新，布局巧，

词藻美，头绪清，起结奇，穿插妙，……斯诚空前绝后，戛戛独造之书也。

　　《红楼梦》妙处不可枚举，尤妙者莫如立意之新。

　　　　　　　　　　　　　　　　——《红楼梦抉隐》

以上诸人对《红楼梦》的创新精神的认识和赞扬，不是也很突出的吗？鲁迅的见解确实很高的，应当重视的；那末，在鲁迅以前的同样的看法，岂不是更应该重视吗？

（三）关于"总纲"问题的讨论

　　前些年，在评《红》的过程中，不少文章提出了第四回是《红楼梦》的总纲的问题。大家知道，第四回是总纲的说法，是来自毛泽东同志。然而对于这个问题，评点派也早就注意到了。王雪香说：

　　　　五回为四段，是一部《红楼梦》的纲领。

　　　　　　　　　　　　　　　　——《红楼梦总评》

　　　　第五回自为一段，是宝玉初次幻梦。将正册十二金钗及副册、又副册，二三妾婢点明，全部事情俱已笼罩在内，而宝玉之情窦，亦从此而开。是一部书之大纲领。

　　　　　　　　　　　　　　　　——第五回回后评

大某山民则说：

　　　　秦，情也。情可轻而不可倾，此为全书纲领。

　　　　　　　　　　　　　　　　——大某山民总评

重议评点派

张新之则说:

> 《红楼梦》三字出于第五回,实即十二钗之曲名,是《十二钗》为梦之目,《情僧录》"情"字为梦之纲。故闲人于前十二回分作三大段:第一段结《石头记》,第二段结《红楼梦》,第三段结《风月宝鉴》,而《情僧录》、《十二钗》一纲一目,在其中矣。
>
> ——《红楼梦读法》

话石主人则又说:

> 开场演说,笼起全部大纲,以下逐段出题,至游幻起一波,总摄全书,筋节了如指掌。
>
> ——《红楼梦精义》

姚燮是把秦可卿的"秦"字谐读为"情",然后再臆解为"情可轻而不可倾",寓有劝鉴的意味,然后以此为"全书纲领"。张新之则单拈出一个"情"字来,把《情僧录》的"情"字作为全书之"纲",话石主人则认为第二回是"全书大纲",第五回游幻境是"总摄全书",换句话说,第二回加第五回,是全书的总纲。而王雪香则开门见山,明确指出第五回是"一部《红楼梦》的纲领"。

总之,关于第几回是"纲"的问题,评点派也早已探索过了,并且众说纷纭,各抒己见,未有定论,更不是近几年才提出这个问题的。从全书的结构来看,第五回显然是关键性的一回,王雪香的见解自有其独到之处,而其余诸人所论,也不可偏废。这说明《红楼梦》一书情节结构严整而又复杂,要以局部来概括整体,往往不能周全圆满。

(四) 关于全书的结构层次问题

近几年来，红学界正在讨论《红楼梦》的结构层次问题。《红楼梦》犹如一座宏伟壮丽的宫殿，其结构确实是崇殿深院，千门万户，十分富于结构美的。而《红楼梦》的全部情节，又是由这个精致深邃的结构加以波澜壮阔地展开的。正是由于这样，所以评点派早就注意到了这个问题。例如王雪香说：

> 《红楼梦》一百二十回，分作二十段看，方知结构层次。第一回为一段，说作书之缘起，如制艺之起讲，传奇之楔子。第二回为第二段，叙宁、荣二府家世及林、甄、王、史各亲戚，如制艺中起股，点清题目眉眼，才可发挥意义。（文长，以下略）
>
> ——护花主人总评

张新之也说：

> 百二十（回）大书，若观海然，茫无畔岸矣，而要自有段落可寻。或四回为一段，至一二回为一段，无不界划分明，囫囵吞枣者不得。闲人为指出之，省却多少心目。
>
> ——《红楼梦读法》

话石主人则说：

> 自开卷至演说，如牡丹初吐，香艳未足，颜色鲜明。至游

幻，如花初开，秾艳温香，精彩夺目。至归省，则楼上起楼，直是国色天香，锦帷初卷。至寿怡红，则重楼大开，碧白红黄，一时秀发，锦天绣地，繁华极盛。至贾母生辰，则花已开乏，香色虽酣，丰韵已减。至黛玉生辰，则红干香老，光艳已销，独花心一点，生红不死。以后如花之老衰，渐次摇落，不堪入目矣。不难叙前半之盛，难叙后半之衰。

——《红楼梦精义》

以上三家，对《红楼梦》的结构，都作了具体的分析。他们的看法未必一定都对，但他们早就注意到对这样一部巨著要作结构上的分析，要避免囫囵吞枣，他们的这种见解，无疑是正确的。他们对《红楼梦》所作的结构上的分析，就是对今天的红学研究，也仍然是有参考价值的。

（五）关于《红楼梦》的人物论

对于《红楼梦》里所描写的人物的分析和评论，是各个时代的红学的共同课题，评点派红学在这方面尤为突出。他们的评论，当然是瑕瑜互见的，并非全都正确，但这毕竟是一份有价值的遗产，值得我们借鉴。由于这方面的文字特多，这里只略举一二。

贾 宝 玉 赞

涂 瀛

宝玉之情，人情也，为天地古今男女所共有之情。为天地古今男女所不能尽之情。天地古今男女所不能尽之情，而适宝玉为林黛玉心中目中、意中念中、谈笑中、哭泣中、幽思梦魂中、生生死死中悱恻缠绵固结莫解之情,此为天地古今男女之至情。惟圣人为能尽性,惟宝玉为能尽情。负情者多矣,微宝玉其谁与归!孟子曰:"伯夷,圣之清者也;伊尹,圣之任者也;柳下惠,圣之和者也。"读花人曰:"宝玉,圣之情者也。"

林黛玉赞

涂瀛

人而不为时辈所推,其人可知矣。林黛玉人品才情,为《红楼梦》最,物色有在矣。乃不得于姊妹,不得于舅母,并不得于外祖母,所谓曲高和寡者,是耶非耶?语云:"木秀于林,风必摧之;堆出于岸,流必湍之;行高于人,众必非之,其势然也。"于是乎黛玉死矣。

林黛玉论

西园主人

古未有儿女之情而终日以眼泪洗面者,古亦未有儿女之情而终身竟不着一字者;古未有儿女之情而知心小婢言不与私者,古亦未有儿女之情而白圭无玷痴至于死者。熟读《红楼》,吾得之于林颦卿矣。林颦卿者,外家寄食,茕茕孑身,园居潇湘馆内,花处姊妹丛中,宝钗有其艳而不能得其娇,探春有其香而不能得其清,湘云有其俊而不能得其韵,宝琴有其美而不能得其幽,可卿有其媚而不能得其秀,香菱有其幽而不能得其文,凤姐有其丽而不能得其雅,洵仙草为前身,群芳所低首者也。神瑛旧侍,一见惊心,灌溉之恩,报于今日,故凡茜窗私语，一事一物，无不继之以泪。泪岂无因而下哉？泪盖有无言之隐矣。迹其两小无猜，一身默许，疑早有以计之矣。何以偶入邪言，即行变色，终身以礼自守，卒未闻半语私及同心，其爱之也愈深，其拒之也愈厉，虽知心鹃婢，非特不敢作寄简红娘，而侍疾回馆，镜留菱花之夕，不过明言其事，代为熟筹，且有面斥其疯，欲将其人仍归贾母之言，严以绝之者也。盖以儿女之私，此情只堪自知，不可以告人，并不可以告爱我之人，凭天付予，合则生，不合则死也。故闻侍书之传言则绝粒，听傻大姐之哭诉则焚稿，私愿不遂，死而后已。此身干净，抱璞自完，又古今名媛所仅有，情史丽姝所罕见者也。……

宝　玉

二知道人

　　宝玉之痴情于黛玉，刻刻求黛玉之知其痴情，是其痴到极处，是其情到极处。

　　宝玉，人皆笑其痴，吾独爱其专一。昔痀偻丈人承蜩，用志不纷，乃凝于神，是专而痴者也；商邱开入火不焦，入水不溺，心一而已，是一而痴者也，皆不得为真痴。即云痴，其痴可及也。宝玉之钟情黛玉，相依十载，其心不渝，情固是其真痴，痴即出于本性。假使黛玉永年，宝玉必白头相守，吾深信之，吾于其痴而信之。今之士女，特患其不痴耳。

上面选引了对宝玉和黛玉的评论各二节。这些评论，当然不同于我们时代的评论，但是不能不承认，在那个时代而能对这两个典型形象作出这样的评论，实在是难能可贵的了。涂瀛称宝黛的爱情是"天地古今男女之至情"，称宝玉是"圣之情者也"。他称林黛玉"人品才情为《红楼梦》最"，她的不得于人是因为"木秀于林"、"行高于人"。西园主人则用比较法对林黛玉进行了评价，从而显出了林黛玉的特立独出。特别是他指出封建时代的闺中少女认为"儿女之私，此情只堪自知，不可以告人……"等等，我认为这是很准确很深刻的分析。他称赞宝玉对爱情的专一是"用志不纷"，这也是独具只眼的见解，比起那些把《红楼梦》及宝黛的爱情视同洪水猛兽，非欲烧之绝之而后快者，正不可同日而语了。总之，处在封建时代而能大胆歌颂宝黛爱情及其行为，称之为"天地古今男女之至情"，这种见解，确实是很难得的。这样的人物评论，对我们今天来重评这两个典型形象，我认为未必没有参考价值。

我觉得在评点派的人物论中，有不少精到的见解。我们不能对它忽视。

（六）关于《红楼梦》的艺术描写

对于《红楼梦》的艺术描写成就，历来的红学家无不对此作认真的研究，近年来对这方面的研究也在日益加深。评点派在这方面也留下了不少极为有用的资料。例如二知道人说：

> 《红楼》情事，雪芹记所见也。锦绣丛中打盹，珮环声里酣眠，一切靡丽纷华，虽非天上，亦异人间，深山穷谷中人未之见亦未之闻也。设为之说雪芹之书，其人必摇首而谢曰："子其愚我也！子其聋我也！子其盲我也！人间世何能作如是观哉！"
>
> 《红楼梦》有四时气象：前数卷铺叙王谢门庭，安常处顺，梦之春也。省亲一事，备极奢华，如树之秀而繁荫葱茏可悦，梦之夏也。及通灵玉失，王府查抄，如一夜严霜，万木摧落，秋之为梦，岂不悲哉！贾媪终养，宝玉逃禅，其家之瑟缩愁

惨，直如冬暮光景，是《红楼》之残梦耳。

雅爱左氏叙鄢陵之战：晋之军容，从楚子目中望之；楚之军制，从楚人苗贲皇口中叙之，如两镜对照，实处皆虚，所以为文章鼻祖也。雪芹先生得其金针，写荣国府之世系，从冷子兴闲话时叙之；写荣国府之门庭，从黛玉初来时见之，写大观园之亭台山水，从贾政省工时见之。不然，则叙其世系适成贾氏族谱，叙其房廊，不过此房出卖帖子耳。雪芹锦心绣口，断不肯为此笨伯也。

雪芹写元妃归省之礼仪，椒房入宫之体制，气象何等严肃，笔墨何其清华。使其步影花砖，泚毫朵殿，未必无鸿篇巨制也，则儿女喁喁之语，不及写矣。

晴雯之死，宝玉于芙蓉花前诔之；金钏之死，宝玉于荒郊井上祭之。一则长歌当哭，一则不言神伤。悼亡者无可奈何，旁观者谁不笑其茫昧哉？噫！

——《红楼梦说梦》

洪秋蕃说：

《红楼》妙处，又莫如描摹之肖。性情各以其人殊，声吻若自其口出，至隐揭奸诈胸藏，曲绘媟亵情状，尤为传神阿堵。佛家谓菩萨现身说法，欲说何法，即现何身，作者其如菩萨乎？

《红楼》妙处，又莫如铺叙之工。挥写富贵之象易，欲无斧凿之痕难，《红楼》铺张扬厉，独免此弊。

《红楼》妙处，又莫如见事之真。深人无浅语，以见事理真也。若见之不真，则下笔多隔靴搔痒之病。《红楼》序一人，序一事，无不深入膜里，入木三分，总由见得真，斯言之切耳。

——《红楼梦抉隐》

王雪香说：

甄士隐、贾雨村为是书传述之人，然与茫茫大士、空空道人、警幻仙子等俱是平空撰出，并非实有其人，不过借以叙述盛衰，警醒痴迷。刘老老为归结巧姐之人，其人在若有若无之间，盖全书既假托村言，必须有村姬贯串其中，故发端结局皆用此人，所以名刘老老者，若云家运衰落，平日之爱子娇妻，美婢歌童，以及亲朋族党，幕宾门客，豪奴健仆，无不云散风流，惟剩者老姬收拾残棋败局，沧海桑田，言之酸鼻，闻者寒心。

书中多有说话冲口而出，或几句说话止说一二句，或一句说话止说两三字，便咽住不说。其中或有忌讳，不忍出口；或有隐情，不便明说，故用缩句法咽住，最是描神之笔。

——《红楼梦总评》

解盒居士说：

（《红楼梦》）文心极曲，文义极明，细读之如释氏浮图，八面玲珑，层层透彻；如天女散花，缤纷乱坠，五色迷离；贯读之，则又如一片光明锦，一座琉璃屏，玄之又玄，无上妙品，不可思议，通矣哉！灵矣哉！文妙至此，蔑以加矣。文妙真人之号，作者诚当之无忝也。

——《石头臆说》

上引这几节对于《红楼梦》的艺术描写的论述，就是现在来看，也并不觉得陈旧过时。更重要的是评点派类似以上这种见解，并不是极少，而是有相当的数量的，所以，我们决不能忽视这部分遗产。

（七）关于发愤著书说和自叙说

关于曹雪芹的发愤著书和《红楼梦》是曹雪芹的自叙，这两个问题是紧密联系的，也是近几年来研究《红楼梦》时经常遇到的问题。关于自叙说，胡适在1921年提出了这个问题，当时确实具有振聋发聩的作用。但类似这种见解，在评点派中也是有记录的。例如潘德舆说：

> 余始读《红楼梦》而泣，继而疑，终而叹。夫谓《红楼梦》之恃铺写盛衰兴替以感人，并或爱其诗歌词采者，皆浅者也。吾谓作是书者，殆实有奇苦极郁在于文字之外者，而假是书以明之，故吾读其书之所以言情者，必泪涔涔下，而心怦怦三日不定也。
>
> ——《读红楼梦题后》

二知道人说：

> 蒲聊斋之孤愤，假鬼狐以发之；施耐庵之孤愤，假盗贼以发之；曹雪芹之孤愤，假儿女以发之，同是一把辛酸泪也。
>
> ——《红楼评梦》

诸联说：

693

　　凡值宝、黛相逢之际，其万种柔肠，千端苦绪，一一剖心呕血以出之，细等缕尘，明如通犀。若云空中楼阁，吾不信也；即云为人纪事，吾亦不信也。

——《红楼评梦》

解盦居士说：

　　《红楼梦》一书得《国风》、《小雅》、《离骚》遗意，参以《庄》、《列》寓言，奇想天开，戛戛独造。从女娲氏炼石补天说起，开卷大书特书曰："作者自云曾历一番梦幻，借通灵说此《石头记》一书"，是石上历历编述之字迹尽属通灵所说者矣。通灵宝玉兼体用讲，论体为作者之心，论用为作者之文。夫从胎里带来，口中吐出，非即作者之心与文乎？

——《石头臆说》

　　以上诸人的说法，虽然没有后来胡适说得那么明确并且有确切的史料依据，但《红楼梦》是作者发愤所著，其人"实有奇苦极郁"。《红楼梦》不是"空中楼阁"，不是"为人纪事"，是作者自己"口中吐出"。这许多重要的基本观点，不是上面这几位也已经说得够清楚的了吗？

　　（八）关于后四十回是否是前八十回一人手笔的问题

　　关于后四十回是续作还是原作的问题，这是红学家们数十年来争论不息的问题，并且至今也没有完全统一。可是这个问题，评点派也早就探讨过了。例如潘德舆说：

　　　末十数卷，他人续之耳。……

694

重议评点派

续之者非佳手，富贵俗人耳。

——《读红楼梦题后》

裕瑞说：

> 此书由来非世间完物也。而伟元臆见，谓世间当必有全本者在，无处不留心搜求，遂有闻故生心思谋利者，伪续四十回，同原八十回抄成一部，用以给人。伟元遂获赝鼎于鼓担，竟是百二十回全装者，不能鉴别燕石之假，谬称连城之珍，高鹗又从而刻之，致令《红楼梦》如《庄子》内外篇，真伪永难辨矣。不然即是明明伪续本，程、高汇而刻之，作序声明原委，故意捏造以欺人者。斯二端无处可考，但细审后四十回，断非与前一色笔墨者，其为补著无疑。
>
> ……
>
> 此四十回，全以前八十回中人名事务苟且敷衍，若草草看去，颇似一色笔墨。细考其用意不佳，多杀风景之处，故知雪芹万不出此下下也。（以下列举后四十回之弊，文长，略）
>
> 四十回中似此恶劣者，多不胜指，余偶摘一二则论之而已。且其中又无若前八十回中佳趣，令人爱不释手处，诚所谓一善俱无、诸恶备具之物。乃用之滥竽于雪芹原书，苦哉！苦哉！
>
> ——《枣窗闲笔》

以上两家，是明确指出后四十回是伪续，绝非雪芹原著者。

到了晚清，俞樾在其《小浮梅闲话》一书中则说：

> 《船山诗草》有《赠高兰墅鹗同年》一首云："艳情人自

说红楼"。注云："传奇《红楼梦》八十回以后俱兰墅所补。"
然则此书非出一手。按乡会试增五言八韵诗，始乾隆朝，而书
中叙科场事已有诗，则其为高君所补，可证矣。

这样，后四十回不仅是续补，而且连续补的人都被指出来了。按后四十
回是续补，虽然还有不同的看法，但我认为它是续补是不成问题的，至
于是否高鹗所续，及续补了多少，其中有无雪芹的原稿等等，这些问
题，则尚待进一步论证。

然而，在清代，大多数的评点派都是把一百二十回看作是一个人的
笔墨，如王雪香、姚燮、洪秋蕃等。他们虽然未明说一百二十回是一手
之作，但他们将此书作了整体的评论和结构上的分析，绝无一点涉及后
四十回是否一人之笔的问题，这说明他们是根本没有发现这个问题，而
不是别的原因。惟独太平闲人张新之则明确说：

　　一部《石头记》，计百二十回，洒洒洋洋，可谓繁矣，而
实无一句闲文。
　　有谓此书止八十回，其余四十回乃出另手，吾不能知。但
观其中结构，如常山蛇，首尾相应，安根伏线，有牵一发浑身
动摇之妙，且词句笔气，前后略无差别，则所谓增之四十回，
从中后增入耶？抑参差夹杂入耶？觉其难有甚于作书百倍者。
虽重以父兄命，万金赐，使闲人增半回，不能也。何以耳为
目，随声附和者之多！
　　　　　　　　　　　　　　　　　——《红楼梦读法》

张新之是明确说出来后四十回不是伪续的看法的，实际上他的观点，也
代表了王雪香等人的观点。

由此可见，这个后四十回是否续作和是谁续作的问题，从嘉庆中叶至今，一直是争论的问题，其中裕瑞的见解，则尤为突出。

（九）关于《红楼梦》的抄本问题

研究《红楼梦》的抄本，大家知道胡适在 1927 年写的《重印乾隆壬子本〈红楼梦〉序》和 1928 年写的《考证〈红楼梦〉的新材料》以及 1933 年写的《跋乾隆庚辰本脂砚斋重评〈石头记〉抄本》，是 20 世纪二三十年代最早研究《红楼梦》抄本的文章，这些文章对《红楼梦》研究的促进作用无疑是具有历史意义的。但我们从历史的角度来看，早在胡适之前，就已经有人注意到《红楼梦》的抄本与木活字本（即程、高摆字本）的差异等等问题了。例如裕瑞在《枣窗闲笔》里就提到了：

> 曾见抄本卷额，本本有其叔脂砚斋之批语，引其当年事甚确，易其名曰《红楼梦》。此书自抄本起至刻续成部，前后三十余年，恒纸贵京都，雅俗共赏。
>
> 余曾于程、高二人未刻《红楼梦》板之前，见抄本一部，其措辞命意与刻本前八十回多有不同。抄本中增处、减处、直截处、委婉处，较刻本总当，亦不知其为删改至第几次之本。八十回书后，惟有目录，未有书文，目录有大观园抄家诸条，与刻本后四十回四美钓鱼等目录迥然不同。盖雪芹于后四十回虽久蓄志全成，甫立纲领，尚未行文，时不待人矣。
>
> 观刻本前八十回，虽系其真笔，粗具规模，其细腻处不及抄本多多矣，或为初删之稿乎？

比裕瑞略早一点的周春在他的《阅红楼梦随笔》里也说：

　　乾隆庚戌秋，杨畹耕语余云："雁隅以重价购抄本两部：一为《石头记》，八十回；一为《红楼梦》，一百廿回，微有异同。爱不释手。……"壬子冬，知吴门坊间已开雕矣。

按：乾隆庚戌为乾隆五十五年（1790 年），即程、高摆印《红楼梦》的前一年，时距雪芹之死才二十六年。

　　如果以上诸说还只是对《红楼梦》抄本的记述和初步注意到它与摆字本之间的区别的话，那末，嘉庆二十二年（1817 年）憺红楼刊本苕溪渔隐的《痴人说梦·镌石订疑》中关于刻本与抄本的对校，就很值得注意了。下面摘引几条：

　　1. "苦茗成新赏，孤松订久要。泥鸿从印迹，林斧或闻樵。"（五十回芦雪亭即景联句）

　　案：此四句，旧抄本作："煮芋成新赏，撒盐是旧谣。苇簑犹怕钓，林斧不闻樵。"

　　2. "大约是要与他求配"。（五十回）

　　案：旧抄本"他"作"宝玉"。

　　3. "铜柱金城振纪纲"。（五十一回，交趾怀古）

　　案：旧本"柱"作"铸"，"城"作"墉"。

　　4. "名利何曾伴女身"。（五十一回，钟山怀古）

　　案：旧抄本"女"作"汝"。

　　5. "分头派四个有年纪跟车的"。（五十一回）

　　案：旧抄本"分"作"外"。

　　6. "这三件衣裳都是老太太的"。（五十一回）

　　案：旧抄本无"老"字。

以上苕溪渔隐所举出的六条，我将他在按语里摘出来的旧抄本异文与庚辰本对校，这六条旧抄本异文，全是庚辰本的文字，只有第三条庚辰本作"铜铸金镛振纪纲"。"镛"字是"金"旁而不是"土"旁。苕溪渔隐共记录了四十多条异文，其中最长的一条异文是六十三回记芳官取名耶律雄奴的一段，共有四百余字，这段异文与庚辰本有同有异，看来又不全同庚辰本，则可知苕溪渔隐当时手中可能不止一种旧抄本，也可能他手中的旧抄本既有与庚辰本相同的部分（如上所举），也有与庚辰本不同的部分。而他用来与旧抄本对校的本子，则是程、高本，这是没有疑问的。

上述这一情况，说明当时在评点派的红学家中，也已经有人注意到摆字本与抄本的不同，并且进行了部分对校，记录了异文。由此可知《红楼梦》抄本问题的研究，也不是始于胡适，比胡适早一个世纪的苕溪渔隐，就已经用旧抄本（按即是脂评本）校摆字本了。

（十）关于《红楼梦》八十回以后的情节的问题

因为曹雪芹所著的《红楼梦》是一部未完成的杰作，八十回以后的原著就没有流传，连究竟是否写出来了，至今也仍然是个谜。又因为曹雪芹在前八十回里埋下了许多伏笔，而且还留下了不少关于后部情节的线索和提示，特别是脂砚斋等人的批语，又不止一次地提及后部情节，甚至还引出后部的文句。因此，《红楼梦》八十回以后的情节就常常引起人们的揣测和研究，近年来大家公认把这方面的研究叫作"探佚学"。

但实际上这种探佚的工作，早在清代就有人进行了。例如赵之谦《章安杂说》稿本说：

> 世所传《红楼梦》，小说家第一品也，余昔闻涤甫师言，
> 本尚有四十回，至贾宝玉作看街兵，史湘云再醮与宝玉，方完

卷，想为人删去……

平步青《霞外捃屑》卷九说：

> 《红楼梦》原名《石头记》，……初仅抄本，八十回以后
> 佚去，高兰墅侍读（鹗）续之，大加删易，原本史湘云嫁宝
> 玉，故有"因麒麟伏白首双星"章目；宝钗早寡，故有"恩
> 爱夫妻不到冬"谜语。兰墅互易。而章目及谜未改，以致前后
> 文矛盾，此其增改痕迹之显然者也。

甫塘逸士《续阅微草堂笔记》云：

> 《红楼梦》一书，脍炙人口，吾辈尤喜阅之。然自百回以
> 后，脱枝失节，终非一人手笔。戴君诚甫曾见一旧时真本，八
> 十回之后皆不与今同。荣宁籍没后，均极萧条，宝钗亦早卒，
> 宝玉无以作家，至沦于击柝之流，史湘云则为乞丐，后乃与宝
> 玉仍成夫妇，故书中回目有"因麒麟伏白首双星"之言也。
> 闻吴润生中丞家尚藏有其本……

以上各条都涉及《红楼梦》后部情节，类此者还有一些，不一一罗列。
从以上这些材料看，当时人们对后部情节都是十分关心的，其所作猜
测，都托之于"旧时真本"，究竟有无这个"真本"，实在难说。但这
些探索和猜测，则可看作是当时评点派的探佚学的记录。

　　当然我们现在的探佚已经有了很大的发展，而且我们主要是依据脂
批所示和《红楼梦》本身的许多暗示、伏线以及情节发展的逻辑结果，
所以我们现在的探佚学已经远不是评点派的探佚那样简陋和带有浓厚的

猜测的意味了，但追本溯源，我们还不能不看到前人在这方面所作的探索。

（十一）关于《红楼梦》的索引问题

我们现时代的研究工作，十分重视索引，现在出版的不少书，都附有索引。《红楼梦》一书的索引工作，不少同志做出了成绩，发展到现在，已经进入了电脑检索的时代，但是这样一个比较现代化的工作，居然评点派的红学家们也早就开始了。其成果就是姚燮的《读〈红楼梦〉纲领》，又名《红楼梦类索》。此书分《人索》、《事索》、《余索》三种。《人索》中统计叙录了《红楼梦》里的人物共五百十九人，另录警幻仙姑、空空道人等十三人。《事索》中记器物、艺文、俗谚等。《余索》中又分《丛说》、《纠疑》、《诸家撰述提要》等。在《丛说》中，凡小说中人物之生日，贾府姊妹的服侍人数，月例，两府上下内外出纳之钱财数等等，皆作了统计，可资查索。所以姚燮的《红楼梦类索》，可以说是一个世纪以前红学史上第一部有关《红楼梦》的带有索引性质的著作。尽管现在看来还是简陋得很，但它却是红学索引工作的第一块里程碑。

评点派红学的内容当然远不止上面这十一个项目，他们实际涉及的方面比这要宽广得多，这里只是撮要举例而已。但是，就据上面这些情况来看，评点派红学的成果也确实不应再加忽视了，我们没有任何理由可以抛弃这一份遗产。

三、重议评点派

应该重议评点派红学，这是当前摆在我们面前的一个实际问题。

回顾解放以来，对文学史上的评点派，几乎一直是采取全盘否定的态度的，但要追溯历史，实际上在 30 年代就开其端倪了。不过解放以后，尤其是在 1954 年批判胡适、俞平伯先生所代表的"新红学派"以后，因为批判胡适对《水浒》的研究，就连同对金圣叹也作了批判，因而他的评点文字自然也全部被批判否定了。金圣叹是评点派中具有权威性的代表人物，对金圣叹的评点全盘否定，自然其他的评点也就遭到池鱼之殃了。

时隔三十多年，许多问题都在重新认识和评价，对文学史上的评点派以及红学史上的评点派，也该是重新认识和评价的时候了。

红学史上的评点派，从时间上来说，它们延续了将近二百年。从数量上来说，它们留下了大量的作品，可以说，有清一代的红学，是评点派的红学①。索隐派的观点虽然在乾、嘉及以后也时有所见，但都只是随感式的，并未形成专著和流派。形成专著，是到王梦阮、沈瓶庵、蔡元培的时期了。

重新评价评点派的红学，首先当然要注意它产生的时代和作者的立场观点。毫无疑问，评点派的作家都产生在封建时代，其中有的还是封建官吏，所以不可能要求他们与我们有同样的立场和观点。相反，他们都离不开他们自身的封建地主阶级的立场。但是，问题的关键是在于他们的评论有无可采之处，如果他们讲得对，讲得精彩，我们有什么理由不承认？红学史上有许多争论的问题，评点派们也早已争论过或评议过了，发表过各种各样的见解，那末我们有什么理由不去理睬。

所以我们现在重新评价评点派红学，一是，要注意他们的时代和立场，对他们的错误可以认真批判和剔除，但不能离开了他们的时代去要求他们，应该注意到他们的时代的局限，例如：张新之把一部《红楼

---

① 这是从广义的角度讲的，即包括：一、从周春到洪秋蕃等的评《红》笔记、专著，二、王雪香、张新之、姚燮等评点派的专著。

梦》解释为是"演性理之书",是"祖《大学》而宗《中庸》",并由此而生出种种牵强附会的猜谜式的解释,这些东西,我们当然不能再加以肯定。二是,要注意到他们所留给我们的有用的东西,要注意到他们早已说过的、提醒的甚至解决的问题。学术有自己的发展史,红学也有自己的发展史。我们不能掠今人之美,我们同样也不能掠古人之美。

评点派的特点:

一是,他们读书认真,心细如发。他们一字一句地推敲,要探究作者的用意和文章的妙处,加以阐发和评论。所以往往一般读者不注意处,他们却能注意到,并加以评述。当然,他们的有些评述并不一定可取,但却可以给我们起提醒和启示的作用;另外,他们也还有不少精到的见解,是值得我们吸取和借鉴的。总之,他们认真细心读书的这个特点,他们的许多精到的见解,是值得我们吸取的,对我们是有用的。

二是,他们懂得把《红楼梦》这部书作为一部文艺作品来读了。例如诸联说:《红楼梦》"全部一百二十回书,吾以三字概之,曰真,曰新,曰文。"诸联概括的这三个字的评,我认为到现在也仍然是正确的。从这个三字的评里,可以看得出来,他是从文艺的角度来评的。再如张新之说:"今日小说,闲人止取其二:一《聊斋志异》,一《红楼梦》。《聊斋》以简见长,《红楼》以繁见长。《聊斋》是散段,百学之或可肖其一;《红楼》是整章,则无从学步。千百年后人或有能学之者,然已为千百年后人之书,非今日之《红楼》矣。或两不相掩未可知,而在此书,自足千古。"张新之的《妙复轩评石头记》,从其总体来说,他把《红楼梦》看作是一部"演性理之书",是"祖《大学》而宗《中庸》","以《周易》演消长,以《国风》正贞淫,以《春秋》示予夺,《礼经》、《乐记》融会其中"①。张新之的这种见解,是把《红楼梦》这部书看作是儒家经典著作《大学》、《中庸》等书的观念的演绎,这

---

① 张新之:《红楼梦读法》。

当然是错误的。这种观点，也已经不是把《红楼梦》作为一部文艺作品来看待了。但是，张新之并不是一个真正的理论家，他根本没有一套真正自成体系的、逻辑严密的理论，所以在他的书里，常常是自相矛盾的，往往有许多精到的见解和许多陈腐的和穿凿附会的见解混杂在一起，杂然并陈，如我们前面引录的那一段话，应该承认是讲得精辟的。所以从他的这一类观点看，还应该承认，他又是把《红楼梦》当作文艺作品来看的。再如二知道人说：

> 太史公纪三十世家，曹雪芹只纪一世家。太史公之书高文典册，曹雪芹之书假语村言，不逮古人远矣。然雪芹纪一世家，能包括百千世家，假语村言不啻晨钟暮鼓，虽稗官者流，宁无裨于名教乎？况马、曹同一穷愁著书，雪芹未受宫刑，此又差胜牛马走者。
>
> ——《红楼梦说梦》

很明显这段话也是正确和错误杂陈在一起的。然而他把《红楼梦》的"假语村言"与《史记》的"高文典册"区别开来，他指出"雪芹纪一世家，能包括百千世家"，这是何等的卓识，何等的大胆，这不是一种文艺观点又是什么观点？

三是，他们留下来了不少值得我们吸收和继承借鉴的文艺见解和艺术赏析的经验，留下来了他们评《红》的历史过程，留下来了他们关于"红学"的各种各样的见闻，如关于抄本的见闻，关于作者的见闻，关于后四十回的见闻。这一切，对于我们的研究都将是有意义的。历史是不能割断的，"红学"的研究史也是不能割断的，割断历史，打倒一切，并不是有力量的表现，也不是理论权威的威力，而只能证明不文明不科学而已。所以尽管我们现在的评《红》与评点派的评《红》已经大不相同了，已经有着时代的距离了，但是我们仍然不能割断历史和抛弃一切。

重议评点派

当然，评点派的情况也很不相同，例如《妙复轩评本》即张新之的评批如前所述就有许多陈腐的封建性的东西，我们必须把它批判扬弃。但是我们要扬弃的仍然只能是他的错误的东西而不是不分青红皂白整个的扬弃。另外，我们也还必须把他的评批作为一种历史现象来加以考察。《红楼梦》这样一部经天纬地的巨著诞生了，各个不同阶级、阶层的人，不同文化素养的人都希望来了解它、认识它、分析它、解释它，张新之评本的产生和社会上一大批张新之评本的狂热崇拜者的存在，这是互相联系，互为前提，互为因果的。应该把它看作是一种历史现象，是一个时期的社会思潮的反映①。仅从这一点来说，即使是妙复轩的评本，也是我们今天值得重议的，何况它还有一部分比较好的见解可供我们借鉴。

四是，有关评点的这种形式。我认为在我国明清之际的文学史上，产生了一种新的文艺批评的形式，它既不是《文心雕龙》式的，也不是《诗品》式的，也不是诗话、文话式的，而是一种把文艺作品和评批的文字紧紧结合在一起的方式。而且在这一方式里，它既可以有较长的议论甚至专论，即如总论、回前评、回后评等等，也可以针对某一情节，某一段描写来进行具体的分析和评论，如眉评，正文下双行小字评，行间评等等。它既可以针对一个完整的情节、人物来评论，也可以针对某几句话甚至某一个词或字来进行评论。特别是它还创造了一套表示感情色彩的符号，如圈、点、密圈、密点等等，来表示对某部分文字的赞许褒扬或平淡的感情。应该承认这一套符号是文艺批评中最具有群众性的最简便易用的一种方式。现在不少工具书不是都习惯使用某种或某几种符号吗？我认为我国历史上创造的评点派的这种方式并加上一套符号配

---

① 参阅《妙复轩评石头记自记》及《铭东屏书》，五桂山人《妙复轩评石头记叙》，鸳湖月痴子《妙复轩评石头记序》，紫琅山人《妙复轩评石头记序》，见一粟《红楼梦卷》卷二，三十四至三十八页。

合使用，这实在是文艺批评的方法上的一个创造性的发展。这种方式灵活便利，生动活泼，它既不排斥长篇大论，又发展了单刀直入，一针见血的短论，若再辅之以圈点，对读者和作者，更能起到一种鼓舞、提醒的作用，当然同时也可以起到批评的作用。特别应该注意到，这种短小精悍的评批方式，是容不得空话连篇的，它必定要求评批者的鞭辟入里，如画龙点睛，能给人启发或引人入胜。

中国的语言是很美的，表现力是很强的，文化水平不高的读者，往往看不出来或领略不到作家语言的妙处。评点的方式，可以非常灵活地指出这些美妙之处，导人领略欣赏，引人入门。所以读评点派的好的评本以后，就可以懂得语言文字之美，懂得作者的文心，懂得一段文字精华所在，精警所在，懂得中国文字的表现力和巨大容量。

应该认识到，有一些评点派的本子不好，不是因为评点的形式不好，而是因为评点者本身的见解不好。就说以八股文的章法来品评作品罢，这是评点派的一大罪状，但这也仍然是评点者的思想观点的问题，而不是评点的这种方式的问题。

我敢断言，现在如果有哪一位红学大家，他确实具有很高的鉴赏力和很高的文字功夫，他对《红楼梦》具备了评批的条件，如果能由他来评批一部《红楼梦》，那末，这部《红楼梦》肯定会受到人们的极大欢迎。

我也敢断言，现在如果有哪一位大批评家，能选取近代或当代的小说的精品，加以评点，那末，这部评点新著，也必将受到读者的热烈欢迎。

应该给评点派红学以应有的历史地位，应该重新评议评点派的红学，应该让我们的先人们创造的非常有效的评点派的文学批评方式得到继承和发扬！

1986 年 8 月 9 日夜 1 时

于京华瓜饭楼。8 月 31 日改定。

2011 年 3 月重定

《红楼梦》——永恒的认识对象

——《红楼梦六人谈》序

　　大家知道，《红楼梦》是一部著名的难读的书，它平易而深奥，易知而难解。我想这部书，除了曹雪芹自己以及和他一起写作评批的人，或许还有其他少数人之外，能够完全懂得这部书的深意的人，可能在当时就是极少极少的。即使是参加评批的人，如脂砚斋、畸笏叟等，能否像曹雪芹一样深知此书的内涵，也还很难说。从现今留下的脂批、畸批来看，有些批是极珍贵极有见解或极富背景价值的，但有一些批，看来也未能尽知曹雪芹的心意。至于曹雪芹以后的人就更不用说了。所以曹雪芹写在《红楼梦》开头的那首诗："满纸荒唐言，一把辛酸泪。都云作者痴，谁解其中味！"这"都云作者痴"一句话，就已说明不少人不理解他，所以才会有"谁解其中味"的叹息。这还是曹雪芹当时的亲身感受，那末，之后就更可想而知了。

　　有清一代的评点派，对《红楼梦》的评批是有贡献的，有许多好的见解，应该看作是有清一代的红学成果。但就其对《红楼梦》深刻内涵的认识来说，恐怕没有人能进入这个领域。相反，倒是有很大的曲解。其中尤其是张新之的批，硬把《红楼梦》拉到《四书》、《五经》的范围里去，真叫人哭笑不得；然而他在某些问题上，在某些文字上，又时有好语。尤其是他的书在当时竟能风行一时，这也反映了时代的认识水平。

那末，《红楼梦》是否是无法认识，就是不可知了呢？当然不是。西晋陆机的《文赋》就说："或因枝以振叶，或沿波而讨源；或本隐以之显，或求易而得难。"这就是说，只要沿波讨源，由浅（易）入深（难），终究是可以被认识的。到了刘勰的《文心雕龙·知音篇》更说："夫缀文者情动而辞发，观文者披文以入情，沿波讨源，虽幽必显。世远莫见其面，觇文辄见其心。岂成篇之足深，患识照之自浅耳。"陆机和刘勰先后提出的是一条唯物论的认识路线，他们认为只要"沿波讨源"，就"虽幽必显"，不是作品的不可认识，而是你自己的认识水平要不断提高。在《红楼梦》的认识问题上，我认为也是如此。不是这部书不可认识，而我们自己的"识照"还有点"浅"，还需要下功夫去提高它，然后才能认识它。

在《红楼梦》的认识历程中，胡适是"沿波讨源"，进入正确认识领域的第一人。他确证《红楼梦》的作者是曹雪芹，[①]并提出了《红楼梦》与曹家的家世有关。之后，胡适又得到了甲戌本，又读到了庚辰本，对这两个接近曹雪芹原稿的乾隆时期的过录本，胡适作了认真的研究，指出了这些接近曹雪芹原稿的早期过录本的重要性，这样又为我们开辟了一个从原始抄本去认识《红楼梦》的新的途径。从作者的经历、作者的家世和作者的手稿过录本来认识《红楼梦》，这就把人们引进了正确认识《红楼梦》的坦荡正路。

但认识客观事物并不是那么容易的，虽然胡适开辟了正确认识《红楼梦》的途径，但他自己也仍免不了认识上的失误，所以他的前者是可

---

① 关于《红楼梦》的作者是曹雪芹，清代早有多人提出，但胡适不仅提出并且进行了考实。

贵的，而他的后者是可以理解的。至于在这条认识路线上的后来者，在认识的过程中时有所获，亦时有所误，这就更不足为怪了，可怪的倒是迷途而不知返，这就不仅自误，而且又将误人了。

我对《红楼梦》也有过一个认识过程，现在也仍在这个认识过程中。我体会到要认识《红楼梦》，第一是要了解作者自身的经历和作者的家世，包括他的至亲的家世；第二是要了解《红楼梦》的文本，包括早期的抄本、抄本上的评语和后来的印本；第三是要了解《红楼梦》的时代：这一时代的政治、经济和社会风气、社会性思潮，特别是思想思潮。尤其应该注意的，是《红楼梦》的时代，是中国历史上缓慢转型的朝代，西方已经进行了资产阶级革命，西学已经东渐，中国自身的资本主义萌芽的经济因素正在滋长，新的思想意识随着时代的推进也在滋生、漫延。对这一切的认识，我认为都有利于我们认识《红楼梦》。

《红楼梦》的思想内涵、文化内涵，是我认识的一个重要课题。我感到《红楼梦》是一部感悟人生的书，咏叹人生的书，铭刻情感的书，也是批判旧时代、旧思想、旧制度的书。曹雪芹经历和饱尝了人生的种种波澜、幸福和辛酸、灾难。人情，尤其是爱情的忠贞不渝和世情的变异、人情冷暖、世态炎凉等等，他都参透了。他整整走过了一个复杂多变、风浪起伏的人生，如梦如幻，似醉似醒。他对自己所处的社会现实，产生了强烈的憎恨，不仅仅是对家庭的现实，而且是对广阔的社会现实、政治现实和思想现实。与此同时，也产生了他自己的人生理想：爱情理想和社会理想。这一切都是他从现实的苦难中产生的，是他对现实人生的感悟。他把这一切感悟，包括如梦如幻的理想，统统写进了他的书里。他对人生怀着美好而深刻的爱和希望，他希望人应该按照自己的理想去生活，他认为人的意志和爱情、感情是最高贵、最纯洁的，不应该受到扭曲、摧残和玷污。他对他所处的社会现实发出了愤怒的呼喊和深沉的叹息，他对苦难中的人们满怀浓厚的爱心……

以上这些，就是我现在对《红楼梦》的一点点肤浅的认识。

蔡义江、丁渭忠等六位朋友写了《红楼梦六人谈》，作为对《红楼梦》的助读，要我写几句话。他们六位，都是当前红学研究的专家，都是蜚声红坛、卓有建树的。他们对《红楼梦》的认识，当然会大有助于阅读《红楼梦》。

但是，《红楼梦》是一个永恒的认识过程，《六人谈》可以把人们引向认识的正途，但不是引向认识的终点。所以要不断地认识《红楼梦》，要使自己对《红楼梦》的认识不断深化，还要靠自己不断地去阅读它、认识它。要正确地认识到，认识《红楼梦》是一个艰难的过程，是一个不断探索的过程。犹如攀登珠穆朗玛峰，《六人谈》将把人们一下送到5000多公尺的营地，以此作为认识的起点。

然而，珠穆朗玛峰的高度是有尽的，而《红楼梦》的认识是永恒的！

2003 年 5 月 16 日于京东且住草堂

《红楼梦》的艺术视角

——吕启祥《红楼梦开卷录》序

　　吕启祥同志的有关《红楼梦》的文章已经结集，要我写一篇序。我与吕启祥同志一起从事《红楼梦》新本的校注工作，已经共事了八年，新的校注本也已初步完成并出版了。八年的时间不算短，相当于我们整个抗日战争的时间，因此，我对吕启祥同志的治"红学"应该说是比较了解的。启祥同志原先不是研究《红楼梦》的，这一点，与我完全一样。但她自从参加了这项工作以后，是一直孜孜矻矻、十分用功的。她与其他几位同志一直负责新本的注释工作。我一向认为注释《红楼梦》需要很大的学问，在这项工作上，埋伏着许多的困难，需要用很大的毅力和认真治学的态度去对待它，才可能做出新的成绩来。启祥同志和其他几位注释组的同志，查阅了大量的书籍，请教了许多专家，进行了认真的研究，对于不少注释条目，经过反复调查，一改再改，才始定稿。正是由于她的这种认真工作，认真调查，认真读书的态度，多年来她等于是攻读了一部《红楼梦》。因之，她对《红楼梦》一书的思想艺术成就方面的理解，就有很多独到的体会，所以，我读她的文章，常常有尝新的感觉，常常能获得很好的启发。

　　启祥同志收在这本集子里的文章，我有不少是早已读过的，这次又匆匆读了一遍。她的文章，大部分是讲《红楼梦》的艺术的，而且她选择了一个新的角度，道人之所未道。例如讲《红楼梦》的艺术意境、创作构思、典型分析这类的文章，写得清新通脱，鞭辟入里，发人之未发，耐人细读。

　　《红楼梦》确实是一部博大精深的书，不论你从哪一个角度，都可以进行探讨，而且只要认真钻研下去，都会有所收获，有所发现。所以我是十分不赞成硬要给别人的研究画出框框来的做法的。《红楼梦》的艺术意境，确实是大可深入探讨的。凡是艺术作品（包括文学、戏剧等等）都有艺术家为自己的作品创造的艺术意境。例如从绘画方面来说，如唐王维的《雪溪图》，宋巨然的《山居图》，范宽的《溪山行旅图》，元黄公望的《富春山居图》等等，无不如此。从文学作品来说，《三国演义》有《三国演义》的艺术意境，如："三顾茅庐"、"青梅煮酒"、"横槊赋诗"，乃至蒋干夜访庞统，深山柴门，孤灯茅庵，这种种场面，无一不是艺术家为特定环境创造出来的艺术意境。至于《牡丹亭》的"惊梦"、"寻梦"，《宝剑记》的"夜奔"，《虎囊弹》的"山门"，《玉簪记》的"琴挑"、"秋江"等等，也同样如此。然而，《红楼梦》所创造的艺术意境，较之前者，更为丰富，更有诗意。从整体来说，一部《红楼梦》可以说就是艺术家曹雪芹用他的生花妙笔，创造出来的一个完整的艺术意境，或曰艺术境界。尽管我们今天看不到曹雪芹写完的全书了，但从它的开头几回就可以看出作者是早已成竹在胸，匠心独运，一个完整的艺术天地早就藏在他的胸中，而且最后化为他的巨大的文学创作了。当然这整部《红楼梦》的艺术意境，是不断变动的，所谓情随境迁，有如看电影一样，随着小说情节的进展，一连串的艺术意境不断地在向前推进，因而一个完整的整体的艺术境界，又化而成为一个个独立而又连贯的小的艺术意境，这就显示出作者拥有无比丰富的生活和表现生活的卓越的手段。

《红楼梦》的艺术视角

启祥同志已经指出并分析了书中如"芒种饯花"、"黛玉葬花"、"秋窗风雨"等等，无一不是一个完整动人的艺术意境。特别是大观园，更是作者所特定地创造出来的一个艺术天地。这无疑是正确的、有见地的。但如要细分，在众多的艺术意境中，则还可以分出诗境、画境，以及各色各样的生活意境来。例如"琉璃世界白雪红梅"就是一幅画境，"寒塘渡鹤影，冷月葬诗魂"就是一种诗境，而"隔花人远天涯近"则既是诗境又是画境。至于各色各样的生活场景，现在都是艺术家所创造的艺术意境，贾雨村所经的荒村野店、破庙古刹，固然是一种艺术意境，就是倪二醉骂，薛蟠遭打，也未尝不是艺术意境。因为这些情节，都是紧密结合着它的特殊的环境的，具有浓厚的生活气息和真实感。所以一部《红楼梦》可以说是艺术家曹雪芹所精心创作的一个艺术的大千世界，众美毕备，无奇不有。

启祥同志指出，作者创造这些艺术意境或艺术境界，都是为着反映生活的真实，归根到底，是为着塑造各色各样的典型人物，使这些人物有一个适合于他们活动的适宜的场景，这无疑是十分正确和重要的。譬如赵姨娘就断断不能住进大观园，也断断不能与黛玉、妙玉结伴来往，而她的最好的伴侣自然是马道婆。然而，这样的人物，居然是那个"端方正直"的贾政的妾。这就有点令人不可思议，皮相地看，未免觉得作者有点乱点鸳鸯。然而，殊不知作者是另有深意的，正好通过这样的搭配，揭示了贾政此人的精神世界以及他的趣味和格调；与他的道学面孔一对照，会心的读者，就不禁要哑然失笑，恍然大悟了。借用一句脂砚斋爱用的话，这叫作"空谷传声"法。这种写法，在《红楼梦》里，不是正写法，这是为了要写出贾政这个人物的"假正"的堂皇面貌来，不使形象受到影响，而又要使读者知其另一面，所以才用这种皮里阳秋的笔法。看起来这样的写法好像与这两个人物都不协调，好像都缺乏较适宜的环境气氛，但实际上却起到了相反相成的作用，因此可以说这是《红楼梦》里人物塑造的一个创格。

鲁迅曾说过，司马迁的《史记》，是"史家之绝唱，无韵之《离骚》"(《汉文学史纲要》)。所谓"无韵之《离骚》"，是指《史记》的文章具有诗的素质，而且对社会现实有所怨刺。确实，司马迁的文章，是有鲜明的诗人的气质的，而他个人所受的怨抑也常常从文字中流露出来。这种情况，不仅仅是他从许多论赞中表现出来的一唱三叹，而且他的这种诗人的素质还贯穿于整个文章的字里行间，在他的文章里，贯注着浓厚的感情，使人读起来可以明显地捉摸到作者的感情倾向，从而给读者以强烈的感染。不但如此，他还常常在叙述的文字里引用韵语或诗句，例如他在《伯夷列传》里引用《采薇歌》，在《屈贾列传》里概述屈原《离骚》的旨趣，在《孔子世家》的"传赞"里引《诗》："高山仰止，景行行止，虽不能至，心向往之。"他巧妙地把叙述文字和韵语、诗句结合了起来，形成了他的一种独特的文体，对后世产生了极大的影响。我觉得鲁迅对《史记》评语的精神，也是完全适用于《红楼梦》的。

《红楼梦》是一部小说。一般说来，小说作者自己的感情常常是避免直接表达或流露的，但曹雪芹却并不如此，开头的一段"作者自云"，就带有浓厚的自传体的回忆录的味道，文章真挚动人。后面的"满纸荒唐言，一把辛酸泪。都云作者痴，谁解其中味"这首诗，更加直接而浓重地表达了作者的主观感情。如果说"作者自云"一段文字还可能是脂砚斋的转述，那末，后面这首诗，应该说确是曹雪芹的自我表白了。不但如此，《红楼梦》的文字还常常与诗、词、韵语结合起来，而且散文的叙述与诗的配合，能够处理得十分自然恰当，这样也就加强了《红楼梦》文字的诗的素质，加强了它的感染力。特别是作者的身世之感，家庭破灭所带来的数不尽的灾难和精神上的刺激，面对着冷酷的现实，缅怀着"秦淮旧梦"，饱尝了世态炎凉的滋味，这一切的一切，这"一把辛酸泪"，这埋藏在内心深处的悲哀，不断地从字缝里流露出来，再加上脂砚斋批语的随时点明，就使得这部小说作者的个人感情的表露，较之其他小说，要来得浓厚鲜明得多。

小说的基本表达方式，即它的基本文体，是叙述性的散文，除了极少数诗体小说外，一般都是如此。从散文的角度来说，《红楼梦》的散文，是最富有表现力和最美的散文。对于这一点，戚蓼生是有独到的见解的，他的《石头记序》，整篇是讲《红楼梦》的语言艺术，也就是散文美。他说：

> 观其蕴于心而抒于手也，注彼而写此，目送而手挥，似谲而正，似则而淫，如春秋之有微词，史家之多曲笔。试一一读而绎之：写闺房则极其雍肃也，而艳冶已满纸矣；状阀阅则极其丰整也，而式微已盈睫矣；写宝玉之淫而痴也，而多情善悟，不减历下琅琊；写黛玉之妒而尖也，而笃爱深怜，不啻桑娥石女。他如摹绘玉钗金屋，刻画芗泽罗襦，靡靡焉几令读者心荡神怡矣，而欲求其一字一句之粗鄙猥亵，不可得也。

护花主人在《红楼梦·读法》里也说：

> 《鹤林玉露》云：《庄子》之文，以无为有；《战国策》之文，以曲作直。东坡平生熟此二书，为文惟意所到，俊辩痛快，无复滞碍，故即以此语转赠《石头记》。

上面所引的两段评语，《红楼梦》是完全当之无愧的。但是，我认为《红楼梦》的散文美，首先是它的整体美，全书从第一回开始，直到第八十回（八十回后非曹雪芹原著，自当别论），全部叙事，如流水潺潺，落花悠悠，行文有疾有徐，有曲有直，有时微波荡漾，有时高潮叠起，有时如悲泉幽咽，有时如瀑布倾泻，有时风和日丽，春光旖旎，有时秋风肃杀，落叶满阶，有时喜气洋洋，乐事赏心，有时异兆悲音，式微盈睫。总之，从整体来看，《红楼梦》的叙事，妥帖细密，"惟意所到，俊辩痛快，无复滞碍"，它的确是古典小说中散文美的极致。《红楼梦》的散文在描写故事情节和典型环境方面，确实如行云流水，曲折自如而且能再现生活的气氛，使人读其书如置身于大观园中，一切皆如目见身经。

　　《红楼梦》在描写人物方面，更是不同凡响。作者用以塑造人物的语言，无不精警绝伦。关于凤姐的出场和初见刘姥姥的描写，早已为人们所熟知，其实，全书中如此精彩的笔墨，可以说触处皆是。作者往往能够用寥寥数笔，就把人物的性格凸出起来，使人们再也不会忘记。如书中的一些小人物，看来好像无关紧要，但在作者写来，往往也能光彩夺目，例如市井之徒的倪二，丫环中的红玉、彩霞，还有三姑六婆的马道婆、王道士之流，甚至还有那个村姑，那个可怜的智能，这些并不显眼的人物。但只要是读过《红楼梦》的人，就不会把他们忘记，他们的声音笑貌形象，读者都可以从自己的想象中创造出来。这是什么缘故呢？根本问题，还是作者具有追魂摄魄的本领，作者那支笔，在描写这些人物时，他并不琐琐屑屑地刻画这些人物的外貌、衣着，对于这些，作者在塑造人物时，固然也作了必要的有时是十分精彩的描写，但最关键的是作者能直摄其魂，抓住人物的性格特征。而表现性格特征之主要的关键，是人物的行动和语言。上述这些小人物之所以能长留在《红楼梦》读者的心目中、想象中，就是因为他们的语言和行动具有鲜明的个性特征，我们只要掩卷闭目，这些人物，就会一个个地在我们心目中活跃起来，而他们的行动，他们的声音笑貌，他们的哀怨忧伤，有哪一点会使人们发生混淆呢？至于晴雯、袭人、紫鹃、莺儿、香菱、平儿这一干人物，就更是众目所注的艺术形象了。《红楼梦》里的一般小人物，尚且写得如此生动活跃，令人难忘；那末，那些二百年来一直为人们所津津乐道，甚或为之流泪感叹，为之愤郁不平，为之争论不休的林黛玉、贾宝玉、薛宝钗、王熙凤、史湘云、贾探春这些艺术典型之成功，自不待言了。

《红楼梦》的艺术结构，也是空前的伟制，它矗立在中国文学史上，是一座辉煌的艺术之宫。对于《红楼梦》的艺术结构，我觉得也可以分两方面来说，一方面是指《红楼梦》的故事情节结构；另方面，是指《红楼梦》所描写的环境结构。例如，为这些人物和故事情节提供活动环境的荣宁二府和大观园。从《红楼梦》的故事情节来说，它已经不同于《水浒传》、《三国演义》和《西游记》，它已经摆脱了那种单线发展式的故事情节结构，而采取符合近代小说结构的写法，按照生活的本来面貌，让各种生活场面，各个不同人物，不同的故事情节，纵横交错，齐头并进，从而反映出生活的整体，社会某一方面的整体，所以曹雪芹的艺术手法，对于传统小说的表现手法来说，是一种空前的突破，是一项伟大的创新，令人耳目一新，并且给后世以深远的影响。

从《红楼梦》所描写的环境结构来说，所描写的荣宁二府和大观园，这也是一个空前的大创造。这里并不是简单地指古典文学中对古代建筑的描写，这方面的描写，在汉赋以及后来的散文诗词中是颇为不少的。如班固的《两都赋》，张衡的《西京赋》、《东京赋》，左思的《三都赋》，杜牧的《阿房宫赋》，韩偓的《迷楼记》等等，对古建筑的描写，都具有相当的规模。曹雪芹无疑是受过这些传统文化的薰陶的，但更重要的是他的创新，他把这种对古建筑的描写创造性地运用到小说中去，① 而且给读者以一种十分真实的空间感觉，使读者感到这些建筑是

---

① 在《红楼梦》以前的小说里，当然都有这类建筑的描写，特别是《金瓶梅》里的描写是比较突出的，但《红楼梦》里的荣宁二府和大观园，规模更宏大，更具有典型意义。

具体的存在。读者想象的翅膀，完全可以凭借作者细致的描写和蜿蜒曲折的情节，穿房入户，如行旧径，如游故园。因此，使得读者感觉到曹雪芹笔下的这些小说人物，真是"得其所哉"！不仅如此，读者甚至还可以凭借作者这种出色的描写，用工艺的方式进而至于用真实的建筑，重建这个文艺作品中用文字描写出来的大观园。这种愿望，1963 年曹雪芹逝世二百周年纪念时，已作了成功的尝试，其后这样的尝试在温州有叶氏一家的创作，在常熟有蔡树德的创作，一直到上海园林局在青浦实地建造了规模宏大的仿古建筑"大观园"。这一切，都反过来说明了曹雪芹艺术描写的卓越成就。这样的例子，在中国文学史上还只能找到这一个。那末，曹雪芹的这种描写，除了继承在此以前的文学作品中的描写外，是否有现实依据呢？当然是有的，而且比较起来，这是更重要的方面。其依据就是我国封建时代长期积累的建筑艺术的辉煌成就，虽然历经战乱，许多著名的建筑都已毁灭了。但到曹雪芹的时代，遗存的和新建的这种府第和园林，确是不少的。特别是在清初战乱平定以后，直到乾隆时期，除封建帝王以外，不少官僚地主和富商巨贾，也纷纷营建私第和园林，这种风气在杭州、苏州、南京、扬州一带是很盛的，苏州和扬州一带，至今还以园林驰名。曹雪芹早年生活在南方，见到扬州、苏州、南京的园林建筑，应该是有可能的。他在十三岁左右家庭被抄没后到了北京，这以后对于北京的宅第和园林，也应该会有较深的了解。特别是在造园史上把南北园林艺术的特点熔铸在一个完整的建筑艺术整体里，当时在实际的建筑中早已这样做了，如早于曹雪芹时代的"圆明园"，就是如此。《红楼梦》中"大观园"的一个特点，就是把南北园林艺术融合为一体，这固然是曹雪芹在文艺作品中的一个创造，但对于当时的建筑艺术来说，则是真实的反映，这也是曹雪芹创造"大观园"的现实依据。当然，"大观园"是一个伟大的虚构，因此，人们不可能到现实中去找一座与曹雪芹所描写的一样的"大观园"，因为作者并不是照着一座现成的"大观园"照相式地描写的，他的描写是对当时建筑艺术成就的艺术综合，是一次文学的再创造，是对文学作品典型环境的成功描写，而不是一座现成建筑的刻版式的模写。

《红楼梦》的艺术成就是多方面的，无论是人物创造或是环境描写，都有杰出的成就，它的语言艺术的魅力是永恒的，它永远散发着古典艺术的芬芳，十分值得我们作深入的探讨。

上面这些意见，只是在读了吕启祥同志文章以后的一点感想，恐怕浅薄和错误都是不可免的，因为没有时间深究，暂时也只好如此。

1983 年 6 月 8 日清晨，

定稿于南京西康路招待所

《红楼梦》的人物视角

——吕启祥《红楼梦会心录》序

吕启祥女士与我一起从事研究《红楼梦》的工作，荏苒之间，已经十五个年头了。在这十五年内，论世事则是沧桑迭起，论《红》事则是艰苦备尝。十五个年头，在人的一生中已占有相当的分量。在这十五年内，开始我们一起（还有其他多位红学专家）从事《红楼梦》的新校新注工作，前后共七年。启祥参加注释，而她的辛劳特多，我是很心感的。当然，自新校注本出版到现在，又已经十易寒暑了。红学，无论是校和注，都已有了很大的进展，我们的新校注本也准备进行修订，但是回顾当年的工作，不独是启祥，其他一起参加校注的朋友，也时时使我有望风怀想之感。

启祥后来又帮助我编纂《红楼梦大辞典》。这又是一项艰巨的工作，时间既久，困难更多，当然这也是一项集体完成的工作，但是如果不是她在奔走筹划，一直到看稿改稿的话，这书的完成至少还要延长若干年，甚至于搁浅。所以在学术工作上，既能奔走组织，又能辛苦研究作出优异的成绩的人，实在是难得的。

更为难得的是启祥在这样繁重的集体任务之下，依然出色地完成了她自己的学术研究工作。1983 年，她完成了她的论文集《红楼梦开卷录》，现在她又完成了她的新的论文集《红楼梦会心录》，并且已经付梓，这实在是大不易的事。这其间有什么诀窍？或者有什么捷径没有？没有，绝对的没有。唯一窍门就是刻苦和勤奋。我深知在这一份成绩的背后，堆积着作者的多少辛劳啊！在学术研究上，成绩和辛劳总是成正比例的，那种不花力气而得的成绩总是靠不住的，所以做学问确实是来不得半点虚假，而启祥的研究工作，最突出的一点就是她肯下真功夫。例如为了要弄清人民文学出版社 20 世纪 50 年代出的《红楼梦》（以程乙本为底本）和 80 年代由我们校注出版的《红楼梦》（以庚辰本为底本）的差别，她竟一丝不苟地将两本逐字逐句地对读，然后把重要的差异一一辑出，共得四百例。试问这样的笨功夫、死功夫有几个人肯下，可是她却毫不犹豫地下了，以这样的精神取得的知识，当然是扎实可靠的了。

这次她的新的论文集取名为《会心录》，这个名字取得很好，因为符合她的实际，以这样的功夫来读书，其会心之多，自然不言而喻了，我曾为她的集子题过一首小诗：

> 十载开卷此会心。羡君真是解红人。
> 文章千古凭谁说，岂独伤心是雪芹！

雪芹当年唯恐无人能解他的书，因此曾有"满纸荒唐言，一把辛酸泪。都云作者痴，谁解其中味"之叹。自雪芹下世以来，多少人在读《红》解《红》，多少人又真正解《红》，这很难说，但只要我们坚持唯物主义，则总是有迹可寻，可得解《红》之门的。刘勰说：

> 夫缀文者情动而辞发，观文者披文以入情。沿波讨源，虽

幽必显。世远莫见其面，觇文辄见其心。岂成篇之足深，患识
照之自浅耳。①

这几句话，说得很客观、很实在而又很科学的，拿来用在读《红》解
《红》上，也很可用得上。曹雪芹的《红楼梦》是举世公认的好书，但
同时也是举世公认的难解之书。因为它是举世公认的好书，所以它必定
是基本上已经被世人理解了，接受了。如果说人们根本读不懂这部书，
又何从能说它的好坏？更何从说到此书的风靡众生？所以《红楼梦》首
先是已经被世人在相当大的程度上接受了，理解了，这是事实的非常重
要的一面。但还有另一面，这就是《红楼梦》确实又留下了不少难解之
处，费人疑猜之处，令人易于错解、误解之处，因此《红楼梦》永远是
一个争论的问题，永远是一个难猜之谜。说它是"一个争论的问题"，"一
个难猜之谜"，并非是指此书的全部、大部，而仅仅只是指它的局部。

　　在世人理解此书的范围内，又还有理解得深浅之别。因为此书有它
的特点，它的浅俗的一面，可以让世人个个能懂，所以可以说世人有很
大的一个比例是大致懂得《红楼梦》的基本故事情节和主要人物的，但
此书的深奥的一面，又深奥得连"红学家"们至今也是见仁见智，争论
不息。所以对于《红楼梦》永远存在着"解红""论红"的问题，无有
止境，无有看透《红楼梦》之时，更无有《红楼梦》认识终点的极乐
世界。

　　启祥十五年来论《红》解《红》的工作，一直放在艺术研究和人
物分析上，我觉得她对《红楼梦》是确有"会心"的，就是这个"会
心录"的书名，也是她读《红》会心的结果，否则怎么会忽然心血来
潮，取名"会心"！

---

① 《文心雕龙·知音篇》。

《红楼梦》的人物视角

收在这个集子里的文章，我先后都曾看过的。对这些文章，我也是有所"会心"的，前面说的她特殊的刻苦勤奋，就是读她的文章而有会于心的一点。另一个"会心"，就是我感到启祥的人物分析，真是鞭辟入里，一针见血，而又行云流水，娴雅从容，读她的文章，不仅是明白她的意思，更是欣赏她的文笔。

我特别感到她对《红楼梦》人物的分析，是有她的"会心"的，是极有深度的，因而也是极能给人以启发的。

启祥对林黛玉的分析，概括为"花的精魂，诗的化身"，这是最精炼不过的概括，她又指出林黛玉的美，林黛玉的病，林黛玉的泪，林黛玉的慧心等等，都是有传统继承的。她更指出林黛玉"是一个充满诗之意蕴的艺术形象"，她说：

> 林黛玉的诗人气质是显而易见的。就作诗本身而言，她有一种不可抑止的创作冲动。……"无赖诗魔昏晓侵，绕篱欹石自沉吟"，一种不能自制的诗的兴会，如醉如痴，象着了魔一样，侵扰着她。……"毫端蕴秀临霜写，口角噙香对月吟"，诗人不消硬做，只需开闸，那灵秀幽香、内美之质，通过毫端口角，自然流泻而出，临霜对月，沉吟抒写。这里用不着堆砌词藻，搜寻典故，是用心灵在写。（着重点是引者所加，下同——庸）使人窥探到素怨自怜、片言谁解、无人可诉的心曲；领略那倾慕陶令之千古高风，感叹举世之解悟乏人的气质。尽管抒发的是现实的感受，却有一种和云伴月、登仙化蝶的空灵缥缈之概。林黛玉是诗人，实在不必有什么名句传世，单是这种诗人的神韵气质，就够令人心折了。①

---

① 见《红楼梦会心录》一书《花的精魂，诗的化身》。

这段分析何等的精彩，它本身也是诗一样的气韵和素质。对于林黛玉自然是最深刻、最贴切的评论了。

对于贾宝玉的分析，启祥抓住了鲁迅的一句话："爱博而心劳。"鲁迅的话，并非句句都是哲言，但这句话确是精到的。然而，这句话几十年来，几人能深刻地认识它，启祥却赏识了这句话的内涵，用来概括贾宝玉，加以层层分析至于透辟，这实在也是一种学力和功力的检验。

有人说贾宝玉是泛爱主义，这似乎合乎鲁迅说的"爱博"。然而，这是一种混淆。"爱博"，是爱得广，但不是无边，"泛爱"是爱而无边，普遍的爱，一切都爱。试问贾宝玉爱贾政吗？大家知道，宝玉只有怕贾政，那里有什么爱，连一个"敬"字恐怕也没有。再试问贾宝玉爱驱逐司棋、晴雯的那班人吗？他爱贾雨村吗？他爱多姑娘吗？最后，他究竟爱黛玉还是爱宝钗，他连这两者到头来也不能"爱博"，而只能真心倾倒于黛玉。所以，以泛爱主义论宝玉者，是毁宝玉也，可以令天下才人一哭。任何一位才人如果遇到这样的"评论家"，只能自认倒了百世的大霉，只能自认是遭此一劫！更有甚者，竟将宝玉初期之"爱博"，解释为宝玉是"性解放论者"，呜呼！吾不知何以言也！雪芹地下有知，岂不愤煞痛煞！天下之无知而玷污宝玉形象一至于此，夫复何言！

然而，鲁迅的"爱博而心劳"，对宝玉而说，尚须补充，即由"爱博"而至"爱一"，宝玉终以"爱一"而逝（出走），黛玉终以"爱一"而终，这是这两个形象的共同点，也是这两个形象根本相通的一面。不明白这一点，就不能从根本上完全明白这两个形象内涵上的互契。

评论界论《红楼梦》分歧最多的人物是薛宝钗，而且意见悬殊，好之者认为是十全十美的完人，恶之者认为是阴险奸诈的坏人。启祥在分析这一艺术形象时，首先摆脱了好人坏人的框架，指出"这是一个活生生的人，一个丰满完整的艺术形象。她有自己的精神世界，有自己的内心矛盾"。然后通过形象外部的冷静揭示了形象内心的激动甚而至于失态，从而证明了这个形象的内心世界是被重重包裹着的。要探测她的心灵，必须透过重重包裹。薛宝钗被称为"冷美人"，对于这个"冷"字，启祥有非常精到的分析，她说：

> 至于金钏含冤投井，宝玉五内俱摧，宝钗却全不动心。她并不全知底细，便对王夫人劝慰得头头是道，以为金钏不是失足便是糊涂，因而死不足惜。其实宝钗这个聪明人岂不揣知其中必有隐情，然而在她看来，做丫头的原该驯服守分逆来顺受，根本不应有这样大的"气性"，赌气寻死是咎由自取。在人命关天的时刻能够"冷静"到成为冷酷，这是作家对薛宝钗式的"明理"解剖得很深的地方。同样的在三姐饮剑、湘莲冷遁等意外事件发生后，不必说宝玉，就连薛姨妈也伤感不已，薛蟠都为寻不着湘莲大哭了一场，惟独宝钗毫不在意，抱着前生命定由他去罢的宗旨，只打点切身的生计俗务要紧。在这一点上，连薛蟠都比宝钗有人情味。可见此刻作者对宝钗的贬抑真是到了入骨剔髓的程度。这样的一个"冷美人"，怎么会得到宝玉那一颗炽热的赤子之心呢！①

这一段分析何等的精到深刻！对这个"冷美人"的"冷"揭示得何等清楚，所谓"冷"，关键是对别人（尤其是下人和同辈人）的冷漠无情。在宝钗的花团锦簇的外表包裹下，在她的温文尔雅的外部仪态下，却藏着这样一颗冷若冰霜的心，这就从根本上与别的形象区别开来了。

---

① 《形象的丰满和批评的贫困》，见《红楼梦开卷录》。

启祥在前边说"这是一个活生生的人",到这里我们果真看到这个"活生生的人"了!到这里我们也方始悟到所谓"冷香丸"等等,也还是这颗冷漠之心的陪衬、装点甚而至于故设的障眼物。特别重要的是启祥把这个"冷美人"的心与"宝玉那一颗炽热的赤子之心"相对照,问题就显得更清楚了。我们识得了这位冷美人的内心以后,回思过去的所谓"钗黛合一"论之类,就会感到实在是一种稀里糊涂的观念。

当然,除了这颗冷漠乃至于冷酷的心被深深裹藏着外,宝钗的其他一切,都是众姐妹中第一流的,因而评论家们很难把她与其他人物完全分清楚,可见要识透这个形象的内涵,多么需要学力和功力啊!

启祥对于王熙凤的分析,也具有这种卓越的洞察力和鉴赏力。她指出这个形象具有泼、辣、酸、狠等等的特性,再加上外表上的美和对上的诌,无疑这些字眼都揭出了凤姐的个性特征。当然,以上这些字限,并不是干巴巴地各自孤立的,相反,它好比做菜的调料,常常是掺和着的,有时辣中有酸,有时泼而加辣等等,总之由这几个字眼作基料,可以变生出凤姐的种种招数和各种各样的面目来。然而,贯穿在这些字眼之间的是一个"欲"字。启祥说:

> 凤姐这个人物是以"欲壑难填"著称的,为了达到自己的欲望,可以不避锋芒、不计利害、不顾后果、不择手段。人物外在"辣"与其内在的"欲"的骚动密切相关。①

一个"欲"字,揭出了凤姐思想和个性的"根",凤姐的许多主要的行为都是以这个字作为她的原动力的。

当然,这样说,并不意味着这一个字就可以概括凤姐的一切,凤姐

① 《凤辣子"辣"味辨》,见《红楼梦会心录》。

同样是一个活生生的人，她有她应有的一切。这个"欲"字，不过如同包裹在薛宝钗内心里的"冷"一样，是人物思想和性格最本质的东西而已。

读启祥的许多人物分析的文章，常常会使你感到新意迭陈，余味无穷。越读这些分析越感到《红楼梦》这部书和红楼人物的容量、内涵太丰富了，抛开其他一切，单从《红楼梦》里的人物来看，曹雪芹对人的认识多么丰富而深刻啊！而这种深刻性，是绝对需要读者的学力和功力才能认识的。启祥对《红楼梦》的人物的分析，可以说又向《红楼梦》的深处走出了一个里程！

由此，我深深感到，曹雪芹是一位伟大的超越于他自己的时代的作家，他的超越性实在太伟大了，在某些方面，可以说他超越到了我们的今天！

应该指出《红楼梦》里众多的人物，其中有一些还有遗传的因素的，如林黛玉、妙玉。我们可以从中国的古典诗词、戏曲中找出她的渊源来（当然已经升华了），但有一些人物，则是曹雪芹全新的创造，如贾宝玉、薛宝钗、王熙凤、史湘云等等。因此，我们对《红楼梦》这部书的认识，对曹雪芹这个伟大作家的认识，特别是对他的超越性的认识，还有待于我们作更多的努力。

古往今来所有的伟大作家，永远是我们的无穷尽的认识对象，曹雪芹更是如此。

1991 年 7 月 15 日于京华瓜饭楼

朱淡文《红楼梦研究》序

　　我最早读朱淡文同志的论红文章，是她发表在 1982 年第三期《红楼梦学刊》上的那篇题为《曹寅小考》的文章。我初读这篇文章，真有如食哀梨、如试并剪的快感，至今我还保留着这一份感受，我曾向不少朋友推荐过这篇文章。我说题目虽然叫"小考"，实际上却是"大考"。全文考证六个问题，都是红学研究或曹学研究中的硬问题，但她却如破关斩将，迎刃而解，令人信服不疑。她为曹寅曾作过康熙伴读举出了硬证；她提出了曹寅的生母不是孙氏而应为顾氏，其身份应该是妾；她又指出了曹寅和曹宣是异母兄弟而不是同母兄弟，他们之间存在着矛盾，等等等等。凡此种种论断，都具有不可动摇的力量。而这一系列的研究成果，实质上对研究曹雪芹的家世和《红楼梦》的创作是具有十分重要的意义的。

　　淡文同志收在这本书里的文章，大部分是考证文章。前些年，红学界曾有一种看法，认为考证式的论红文章，不是红学的主要方面，考证式的研究，出路也不大，因为一旦新材料没有了，考证也就无事可做了……

　　什么样的研红文章算是红学的主要方面，这无关紧要，可以存而不论。重要的倒是如何看待红学研究乃至于古典文学研究、史学研究中的考证问题？考证工作究竟重要不重要，有没有出路？这些认识上模糊不清的问题，应该提出来讨论和加以澄清。

我认为在古典文学研究、史学研究等范围内，考证实在是一个必不可少的基础工作。没有正确的考证，对许多问题的认识，就会含糊不清，不敢下断语。例如有人问：曹寅究竟是否当过康熙的伴读？没有淡文同志的考证，回答只好含糊其辞。又例如有人问：曹寅的母亲既是孙氏，为什么他收在《楝亭文钞》内的文章又称《舅氏顾赤方先生拥书图记》？这其间究竟是一种什么样的关系？在未经考证之前，又只好含糊其辞，但一经考明曹寅的生母不姓孙，是姓顾，是顾景星的妹妹以后，读者自然便恍然大悟顾、曹之间的这种甥舅关系了。由此可见，正确的认识，必须建立在可靠的史料和对史料的可靠的考证分析上，没有史料依据的认识，即凭空的想当然的认识，它总归只是空洞的认识，或者说是主观唯心的认识。

我们不能把考证作为唯一的目的。其实这句话也是含糊其辞的。就考证本身来说，考清楚他所考的问题，对这个问题作出科学的结论来，这就是它的唯一的目的。至于这个正确的结论此后在学术研究中将起何种作用，当然不是考证者可以预先全部料到的。就整个研究工作来说，根本就不存在把考证作为唯一目的的问题。在此为唯一目的，在彼也许就成为研究另一问题的依据。何况就近几十年来的情况来说，学术家不是考证多了，调查研究多了，恰好相反，倒是说空话，说瞎话多了，根本没有调查研究，就胡说什么传统文化要灭亡了，传统戏曲要灭亡了，传统道德也要灭亡了等等等等，难道这样的无稽之谈，不正是这种空疏文风的反映吗？

我之所以提出这个问题，是有感于我们学术研究领域里仍然需要大声疾呼地提倡实事求是的文风，提倡调查研究，提倡考证，提倡说话要有可靠的根据，而反对那种空空洞洞的理论，反对说空话，反对社会上的那种浮滑的文风。

应该说，淡文同志的这部论著，在学术上是有相当的重量的，其原因，就是因为她的许多新颖独到的论点，都是经过认真的考证分析然后得出的结论。而这些结论，都是未经人道语，是属于她个人研究所得，不是稗贩而来。

淡文同志对曹家的败落，作了全面的分析，提出了曹家内部自相残害的主要原因。这个结论，脂批里有过，红学研究中也曾有过，不能算作是完全独创。但抓住这个问题，加以深入地全面地论析，是前人所没有做的。特别是她的这一结论，是建立在对曹氏人物的一系列的"小考"的基础上的。也就是说，得出这个结论，是有一系列的历史调查和考证工作为基础的，因此她的这一结论，也就具有相当强的说服力了。

我所以那么强调考证，丝毫也不是不重视理论，理论是十分重要的，我们目前好的理论文章也并不多，甚至是很少，为什么？其中一个重要原因是脱离实际，脱离调查研究，脱离第一手感性资料，这样他的理论概括，也只能是空洞无物的了。试看前些年的那些长篇大论的"灭亡论"，还有那些动不动以新体系标榜的文章，还有那些玄之又玄的，人们称之为"看不懂的文章"的文章，难道不就是这种空洞无物的理论的标本么？

我希望淡文同志的这部著作问世，不仅为红学界提供一份丰硕的成果，而且在学风和文风上，也能起到刚健清新的作用。

1991 年 1 月 15 日夜 1 时于京华瓜饭楼

万颗珍珠一线穿

——读丁维忠《红楼探佚》书感

　　《红楼梦》是一部绝代的奇书，奇就奇在：一是百读不厌。虽然原作只剩了前八十回，是个断尾巴蜻蜓，八十回以后的原作已经绝迹于天壤间，但就是这样，人们还为她颠倒梦想，爱之护之痛之，而且二百多年来，这种情况，愈演愈烈。一部未完成的小说竟能风靡社会达两百多年，而且此风仍在继续，这种盛况，恐怕在世界文学史上也难得其匹。二是百问不能尽解。《红楼梦》尽管如此痴迷人生，但却存在着不少人们弄不明白的问题，这些问题，问一百个人，也可能有一百个不同的解释，不同的理解。就说对红楼人物的爱憎罢，人们就各不相同。有的热爱林黛玉，痛惜林黛玉，读到黛玉焚稿，几乎要以身殉之。黛玉焚稿已经是后来的续书，尚且如此风靡人生，则其前可知。但有的读者却偏爱薛宝钗，说薛宝钗雍容大度，富贵荣华，是大家风范，且又粉妆玉琢，长得富贵风流，有如牡丹之艳冠群芳，光彩照人。且待人接物又和光同尘，俯仰皆得。但也有喜欢王熙凤的，觉得王熙凤一样富贵风流，光彩夺目，而且八面玲珑，特别是杀伐决断，立竿见影，办事能力强，十个男人也比不上她一个女人。至于《红楼梦》里的不少词句，究竟如何确解，实在很难得出标准答案，各有各的解答，永远也统一不起来。三是百论不一。对《红楼梦》的各个方面的评论研究，尽管可能人人皆赞《红楼梦》，但各赞各的，并不都是同一声调。对《红楼梦》要做到舆论一律，事事评论相同，是永远也做不到的。无怪乎《红楼梦》到今天，反而看法愈多，争论愈烈。

在这样一种纷纭复杂的红楼风雨论坛中，就有一项专题，就是"红楼探佚"。

只要翻翻《红楼梦》的传播史、评论史，就可以发现，清代的人对《红楼梦》后部的情节佚文就开始感兴趣了。如嘉庆二十四年藤花榭刊本的犀脊山樵序《红楼梦补》说："余在京师时，尝见过《红楼梦》元本，止于八十回，叙至金玉联姻，黛玉谢世而止。今世所传一百二十回之文，不知谁何伧父续成者也。原书金玉联姻，非出自贾母、王夫人之意，盖奉元妃之命，宝玉无可如何而就之，黛玉因此抑郁而亡，亦未有以钗冒黛之说，不知伧父何故强为此如鬼如蜮之事?"

又如咸丰十一年辛酉赵之谦的《章安杂说》说："余昔闻涤甫（曾国藩）师言，本尚有四十回，至宝玉作看街兵，史湘云再醮与宝玉，方完卷。"

再如光绪二十二年《续阅微草堂笔记》的甫塘逸士说："戴君诚甫曾见一旧时真本，八十回之后皆不与今同。荣宁籍没后，均极萧条，宝钗亦早卒，宝玉无以作家，至沦于击柝之流，史湘云则为乞丐，后乃与宝玉仍成夫妇，故书中回目有'因麒麟伏白首双星'之言也。"

以上这些记载，说明对于《红楼梦》的后部情节、人物结局早为人们所关注，且有所记述，这也可以说是《红楼》探佚之肇始。其实这正是读《红》者共同心理之反映。所以《红楼》探佚，是红学研究中的必然题目，不是无源之水，无本之木。

万颗珍珠一线穿

丁维忠同志最近完成了他的《红楼探佚》的大著，要我写序。我对《红楼》探佚，虽然感兴趣，但并未深入研究，实在说不出什么意见来，只能说点粗浅的想法。

我对"红楼探佚"曾经有过一些粗浅的思考，我认为探佚第一要有根据，最主要的根据就是《红楼梦》前八十回本文所预示和暗示的信息，特别是第五回集中预示的故事和人物的命运、结局，还有在故事叙述演进过程中所不断透露的信息。这些信息，稍不注意，就会错过，所以读《红》要细心，要不断反复。另外，脂砚斋、畸笏叟等人的批语，包括其他有关人的批语，这也是同等重要的依据。同样这些批语，也需要细心阅读，反复参悟，而又不能穿凿附会。除此以外，作者的家世、经历，包括作品产生的时代环境，也是非常重要的参证，离开了这些，也就是离开了作品产生的特定环境，也就更难获得准确的解悟。

在探佚过程中，最忌讳的是单凭主观想象，把探佚当作创作，完全脱离了根据，这就使得所探的结果没有了可信的依据。因为探佚最大的难处是在无可验证。后部的文字已经全部佚失了，这就无可对证了，这样就更要谨慎小心，更要求有依据，更要求所探的结果合乎情理，合乎逻辑推理，合乎生活实际，而不能驰骋想象。以往有一些探佚的文章不能获得读者的认可，问题常常出在这一方面。

我读丁维忠同志的这部稿子，却与以上所说的大不一样，真正是引人入胜，不忍释手。读这部稿子，我的感触很多：一是我感到作者读《红楼梦》可谓深矣细矣，味之久矣！我一直主张读《红楼梦》第一是要深读。所谓深读，就是不要泛泛而读，不要快速读过，相反要慢慢读，读了后面要回过来再读读前面，这样逐步求得深解。第二是要读得"细"。"细"就是要精细，心细，仔细品味人物的话语，或作者的叙述。《红楼梦》的特点是往往话里有话，正如戚蓼生所说的："注彼而写

733

此，目送而手挥，似谲而正，似则而淫，如《春秋》之有微词，史家之多曲笔。"《红楼梦》的笔法如此复杂，如果不细心地读，往往就会忽略作者埋藏的深意。第三是要反复读，长久地读。只有反复读，长久读，才能生出"悟"来，才能在极熟的基础上发现其深意。王国维引辛弃疾词说："众里寻他千百度，蓦然回首，那人却在灯火阑珊处。"这"千百度"就是极言其多，极言其重复，如果不是这样，就不会有所发现。

以上的这些想法，我觉得丁维忠读《红楼梦》大概就是这样，否则达不到现在的这种深悟。

我读这部稿子的另一突出感受，是觉得丁维忠手里有一根针和一条线，他巧妙地把散布在全书的一句的、半句的脂批，都非常自然地穿了起来，连贯了起来。他还把书里巧妙地暗藏的，并且散在各处的相关的词句，同样用线穿了起来，真是满盘珍珠一线穿。所以读这部稿子，会使你特别感到有味道，而且有根有据而不是驰骋想象，天马行空，不是无根之谈。

举几个例子：

1. 丁维忠认为佚稿的迷失，很可能是被曹頫扣压的。

这一思路，首先是要否定曹頫是脂砚斋之说。过去不少研究者都认为曹頫就是脂砚斋。对此我一直表示怀疑。因为曹家是个理学世家。曹寅《楝亭诗别集》卷四《辛卯三月二十六日闻珍儿殇，书此忍恸兼示四侄，寄西轩诸友三首》第二首诗说："予仲多遗息，成材在四三。承家望犹子，努力作奇男。经义谈何易，程朱理必探。殷勤慰衰朽，素发满朝簪。"诗题的"四侄"就是曹頫，诗里说"成材在四三"的"四"，也是指曹頫，因为曹頫过继给曹寅，所以说"承家望犹子，努力作奇男"。希望曹頫能"承家"，同时嘱咐他"程朱理必探"。要他承的就是这个程朱理学的世家。康熙六十年的《曹玺传》说：曹寅"偕弟子猷讲性命之学"。子猷就是曹宣,即曹颙的父亲。"性命之学"就是"程朱理学"。可见曹寅和曹宣都是尊奉"程朱理学"的,因为康熙大力提倡"程朱理学",他们自然尊奉无疑。此文又说:"颙字昂友,好古嗜学,绍闻衣德,识者以为曹氏世有其人云。"这个"绍闻衣德",就是称赞曹颙能继承家学传统,其中自然包括理学传统。因此曹颙是一个理学的尊奉者,这是有文献可据的。但《红楼梦》是一部思想上反程朱理学的书,书中有生动的描写,特别是曹雪芹在书前的"作者自云"里明确交待"背父兄教育之恩,负师友规谈之德",可见曹雪芹是具有明确的反"程朱理学"传统的意识的,其中当然包括着反家学的传统,所以他才会明白地说"背父兄教育之恩"。"父兄教育之恩"不就是曹寅诗里写的"程朱理必探"吗?然而脂砚斋却是完完全全地支持曹雪芹的,脂砚斋对《红楼梦》是极为倾倒赞赏的,而且从某种意义上来说,他还是曹雪芹的合作者。这样,就出来一个问题,一个"程朱理学"的信奉者,一个家庭理学传统的继承者和维护者,怎么又一变而为反理学传统的人物了呢?对于曹颙这样的思想转变,我们丝毫也找不到任何依据。所以丁维忠根本就没有把曹颙看作是脂砚斋,相反,他认为这个《红楼梦》稿本的"借阅者",且借而不"还"者倒是曹颙。从上引这些史料来看曹颙的思想立场,再加上后三十回的写实程度,也即是揭露程度——社会的揭露、家庭的揭露,可能是比前八十回更深刻而动人,也就是说它的"招祸"的可能性是非常大的。一个刚刚从牢狱里幸存回来的人,一个理学的信奉者,在这两重风险面前(反程朱理学也是一重风险)自然对一部反理学,揭露家庭和社会的《红楼梦》,要严格"控制",严防再起祸端了。

丁维忠说:《红楼梦》的后三十回原著,不是"借阅""迷失",而是被曹颙偷偷销毁的。

丁维忠还说:"前八十回的曹雪芹手稿和脂砚斋原钞评本,也是被曹𫖯一起所毁。"

我认为丁维忠这样的分析,至少于文献资料来看是有较多的依据的,于情节的合理性来说,也是顺理成章的,因而他在这方面的探佚也就有了可信的依据。

所以我更相信脂砚斋不是曹𫖯,《红楼梦》后三十回的失落与曹𫖯确可能有重大的关系。

2. 关于八十回以后究竟还有多少回的问题

《红楼梦》的原稿或曹雪芹原计划写的《红楼梦》究竟有多少回,有没有写完,以前一直众说纷纭,莫衷一是。对于这个十分重要的问题,丁维忠作了认真的考订,首先明确《红楼梦》全书应该是一百十回,也即是八十回之后,还有三十回。

这个问题,对于探佚是至关重要的问题,如果这个问题不弄明白,探佚的工作就会产生困难,就会产生迷茫。所以解决这个后部佚失的回数问题也是探佚工作的一个关键问题。

解决这个问题的方法,仍然是认真细致地分析资料,主要是脂批。丁维忠排列了有关的各条脂批,逐一分析,最后得到准确的确数。

他引己卯本十九回双行夹批:"……留与下部后数十回宝玉'寒冬噎酸齑,雪夜围破毡'等处对看,可为后生过分之戒,叹叹!"从这里得出"下部后数十回"的概念。又引庚辰本二十一回回前总评说:"按此回之文固妙,然未见后卅回,犹不见此之妙。"从这个批里得出了"后三十回"的准确的数字。然后再引庚辰本四十二回回前总评说:"全书至三十八回时,已过三分之一有余,……"三十八回是全书三分之一有余,以三十八乘三,是一百一十四回,"有余",正好是余出个"四"的零数。切合全书一百十回之数。

这几条批语的推算和后三十回整数的记载，是非常吻合的。再有几条笼统和模糊的记载，丁维忠也作了合理而精细的分析，解决了疑难，终于得出了八十回以后，还有三十回佚文的准确而肯定的结论。

在解决这一问题的同时，所引脂批也顺理成章地说明了曹雪芹原稿后三十回是已经写完了的。如前引"按此回之文固妙，然未见后卅回，犹不见此之妙"这段批语，明确地说：这回文字虽然妙，但（你）还没有看到后三十回文字，（你）看了后三十回文字，才会体会出这回文字的真正妙处！这不是明确地说后三十回已写完了吗？庚辰本第十八回眉批说："树（此）处引十二钗总未的确，皆系漫拟也，至末回警幻情榜，方知正、副、再副及三、四副芳讳。壬午季春，畸笏。"畸笏连末回"警幻情榜"都看到了，这更证明全书确是完成了。

当然丁维忠还有更多的引文和分析，这里不必全抄下来，读者自可阅读。

以往对这两个问题一直是模糊的，或者说在我一直不是十分明确的，读了丁维忠的稿子，终于得到了一个明确的概念：八十回后还有三十回，全书一百一十回是已经写完了的。

3. 关于宝黛"木石前盟"被谁毁灭的问题

《红楼梦》里最引人关注的就是宝黛的婚姻结局问题。绝大多数的读者，都受程高后四十回的影响，"瞒消息凤姐设奇谋"，以为是凤姐设了"掉包计"，由贾母、王夫人、薛姨妈共同策划，造成了这场宝黛的大悲剧。

其实，根据后三十回探佚的结果，宝黛的悲剧结局远非如此，而且要比程高所续悲惨而深刻动人得多。丁维忠通过抽茧剥蕉式的层层分析，从薛宝钗金锁的来历到宝钗进京待选所反映她"好风频借力，送我上青云"的本性，等她见到了宝玉，又见到了通灵玉上的吉语与自己金锁上和尚的赠语成为一对时，就觉得自己富贵仕途（依靠丈夫）的命运已注定在这里，因此就改变了主意，想通过"金玉良缘"来实现她富而又贵的愿望。她母亲薛姨妈则利用与王夫人的亲姐妹关系，极力促成其事，最后凭借王夫人的力量，又得到了元春的赐婚懿旨，终于使宝黛的"木石前盟"成为泡影。丁维忠分析黛玉的《葬花吟》，实质上是黛玉的诗谶，黛玉的悲剧结局，实际上诗里已经预示了。我觉得丁维忠的这一解悟，是有道理的。宝黛为了对抗"金玉良缘"，私下早有白首之盟，最后黛玉终于被王夫人严逼致死。所以丁维忠说："扼杀宝黛爱情的是薛姨妈——王夫人——元妃！直接严逼而害死了黛玉的是王夫人！"

我以上的叙述是极其简略的，丁维忠的层层分析，可说细致入微而合情合理，引人入胜得多多，读这部分探佚，似乎让我们读到了后三十回的遗文。

从以上所举几个方面来看，读者大致就可以看到此书的深刻性、可读性和趣味性了。

我上面说过，探佚的结果，不能要求人人来投满意票，这是任何人都做不到的。我对这部稿子虽然极为激赏，但也不是每个问题上都是一样的看法。例如元春的判词"虎兕相逢大梦归"一句，甲戌、庚辰、蒙府、戚序、甲辰、舒序各本均作"虎兔"，己卯、杨藏两本作"虎兕"。我个人还是觉得"虎兔"是对的，（见拙著《瓜饭楼重校评批〈红楼梦〉》）如据"虎兔"来探佚，那所得的结果自然就不同了。再如第七十六回黛玉的"冷月葬诗魂"，别本作"冷月葬花魂"，我认为作"诗魂"对，"花魂"是误句，我早有文章论及。如果以"诗魂"来解析，其结果当又与"花魂"不同。

但学贵自由，不能强人同己，也不必强己同人，更不能强求舆论一律。正是因为有各种不同意见，学术才会蓬勃发展，才会免于"万马齐暗"，千人一腔。所以我对这部稿子里与我的见解有差异的地方，我仍表示对不同意见的尊重。而从整体来说，我觉得丁维忠的这部《红楼探佚》，是探佚学的佼佼之著，是一部深思、精思而新意迭陈之作，从这部书里，读者可以看到丁维忠读书到如何精审的程度，这决不是求快求速所能做到的，这绝对需要下苦功读书，才能有此悟性，这一点是非常值得让人注目的。特别是在当前竞尚浮夸之风的时候，认真读一下这部书，也许是一帖清凉剂，一颗清心丸。这当然又是此书将在学风上所起的另一积极作用了。

2006 年 7 月 2 日夜 12 时

缜密考证　精微析论

——黄进德、吴新雷《曹雪芹江南家世丛考》序

　　吴新雷、黄进德两位同志合著的《曹雪芹江南家世丛考》就快出版了，他们来信要我为此书写一篇序。我与他们两位是几十年的研《红》老友了，他们的著作和文章，我差不多都读过，尤其是研《红》的文章，更是如此。所以要我写点意见，这自然是无可推辞。

　　《曹雪芹江南家世丛考》，这自然是考证曹雪芹的江南家世的，初听起来，似乎只是曹雪芹家世的一部分，事实上也确是"一部分"，而不是全部。然而，曹家自康熙二年（1663年）首任江宁织造起，至雍正五年十二月二十四日由江南总督范时绎"查封曹頫家产"，到雍正六年二月初二日新任织造隋赫德接任，由"新任织造官员隋赫德到彼之后办理"，即办理对曹頫的抄家，在隋赫德到任以前，范时绎只是"固封看守"。所以抄家的报告，即《江宁织造隋赫德奏细查曹頫房地产及家人情形折》，由隋赫德到任以后才具奏。此折除详列曹頫家产外，特别提到"曹頫所有田产房屋人口等项……荷蒙皇上浩荡天恩特加赏赉"，"曹頫家属蒙恩谕少留房屋以资养赡，今其家不久回京"。前面已经指出，隋赫德是雍正六年二月初二日到任的，他在此奏折里也特别交待清楚：

740

"于未到之先，总督范时绎已将曹𫖯家管事数人拿去，来（夹?）讯监禁，所有房屋什物，一并查清，造册封固。及奴才到后，细查其房屋并家人住房十三处……"云云，这件奏折只具雍正朝，而未署年月，但隋赫德是雍正六年二月初二到任的，那么此折自当于隋赫德到任"细查"以后才能奏报，其时间当在二月初二以后数日内。为什么要弄清这一点，就是为了要弄清楚曹𫖯全家是何时回京的（应该特别注意其中包括曹雪芹在内）？按照上面的排比推算，曹家最后结束其江南的家世，应是雍正六年二月初二日以后一段时间内，既不可能在雍正五年底隋赫德未到任以前就回京，也不可能在雍正六年隋赫德到任以后久留不走。所以曹家回京，总在雍正六年二月内或三月初。即公元 1728 年 3 月前后。由此可以算出，曹家在江南的时间自康熙二年（1663 年）起一直到雍正六年（1728 年）止，首尾共 66 年。其中虽然有康熙二十四年到二十八年曹寅回京到内务府供职。但这只是不在江南当官，其家产仍在江宁，有康熙五十一年曹寅死后康熙谕旨"曹寅在彼处居住年久，并已建置房产，现在亦难迁移"为证。所以由此可见，如核算曹家在江南的任职时间，则应扣除康熙二十四年到二十八年这五年的时间，如算曹家在江南居住的时间，则此五年不应扣除，所以曹家首尾在江南的时间应为66 年（虚数）。这 66 年，也就是曹家从发迹到败落的全过程。这也就是说，曹雪芹的江南家世，实际上占了曹家家世的最主要的部分，弄清楚了曹家在江南的这 66 年的情况，那么也就是弄清楚了曹家家世的最主要最关键的部分。所以，这部书初听起来好像只是曹家的"江南家世"，细想起来，却是曹家家世最最主要的部分，也是最为复杂、最难弄清的部分！

　　我这次认认真真地把全部书稿读了一遍，总的感受，就是这篇文章的题目：缜密考证，精微析论。我认为这部书，是曹雪芹家世研究的专著中渡越前人之作，是一部值得认真细读的专著。

本书的上半部，是吴新雷教授的著作，其重点：一、详细疏解了康熙六十年上元县志上的《曹玺传》，等于为《曹玺传》作了详解，并对曹寅的情况也作了考述。特别着重指出曹雪芹的祖籍是在辽宁辽阳，所有丰润说和近来新冒出来的铁岭说都是错误的，文章辨析有力，足以释疑解惑。二、详细考述了曹家在江南的行迹，特别是详述了江宁织造府的沿革，曹寅时代织造府的地理位置和四至临界，以及内部结构。明确了"西园"的位置，指出了"西堂"、"西池"、"西轩"、"楝亭"等景点都在"西园"之内。实际上这座织造府及其花园，也就是曹雪芹早年北归之前的活动场所，《红楼梦》的若干情节的生活素材也与此有关。《红楼梦》第二十八回脂批说："大海饮酒，西堂产九台灵芝日也，批书至此，宁不悲乎？"就是一证。因此考明江宁织造府的位置、西园的位置，对我们研究曹寅、曹雪芹和《红楼梦》都有其特殊的重要性。三、详细考析了"随园"的历史变迁及其四至临界和内部亭榭池台结构，指出了"随园"原是曹家花园，曹家抄家后归隋赫德，后又归袁枚，改称"随园"，因此《红楼梦》"大观园"有某些素材来自"随园"，实际上也就是来自曹家花园，这就可以理解了。① 四、在本书的上半部即新雷同志的文章里，分别考证分析了曹玺、曹寅、曹颙、曹頫等人的事迹，还为曹雪芹写了评传，因此，在这一系列文章中，实际上贯串着曹家三代四个人的活动，另外还有曹雪芹的行迹。所以读完这一部分的文章，对曹家在江南的家世及其活动，也就有了一个极为清晰的轮廓。

新雷同志的文章里，还涉及张云章在康熙五十年十一月所作的《闻曹荔轩银台得孙却寄兼送入都》这首诗里所指的曹寅得孙的问题。这首诗，见《朴村诗集》卷十。诗也确是贺曹寅得孙男而不是孙女，这一

---

① 这里说的"曹家花园"，并不是指织造府里的"西园"，而是指曹家在南京的另一处产业。曹家抄家时有"住房十三处，共计四百八十三间"。

点，新雷同志考证得很缜密（指考证此诗是贺得孙男而不是得孙女）。但是，对曹寅是否得孙的事，我仍然觉得有疑点：一、张云章送了这首贺诗给曹寅，曹寅如真是得孙，自当喜气满堂，为什么人家送诗来贺，自己却置之不理，毫无谢贺之诗？二、曹寅如真的得孙，不等人家来贺，自己当会有诗庆幸自己的大喜事（因曹寅只有单嗣，极望得孙是自然之理），但为什么曹寅竟只字也无？三、曹寅当时正盛极一时，宾朋甚多，倘曹寅真是得孙，除了张云章，别人也自然会有祝贺，或是贺诗，或是贺文，但现在却不见有张云章以外的第二个人来贺，这是为什么？四、曹颙死后，康熙五十四年三月初七日曹頫在《代母陈情折》里说："奴才之嫂马氏（按即曹颙之妻），因现怀妊孕已及七月，恐长途劳顿，未得北上奔丧，将来倘幸而生男，则奴才之兄嗣有在矣。"[①] 如果说曹颙于康熙五十年即已得子，那么此时已是五岁，曹颙之嗣早已有在，用不着等到这个遗腹子出来才算"有在"矣，所以，曹頫奏折的语气，完全是曹颙尚无子嗣的语气，倘若已有子嗣而还这样说，不等于是自己咒骂自己吗？这是绝不可能的。五、倘康熙五十年曹寅确是得孙，而这个孙就是曹雪芹，那么，到曹雪芹于乾隆二十七年壬午除夕去世时，已是 52 岁（虚岁），与张宜泉的曹雪芹"年未五旬而卒"对不上，与"四十年华"更是无法对榫。

有以上五疑，所以我认为对此诗还要作深入的考析。仅此孤证，还不足以定论。当然新雷同志也是在探索，并没有说死。然而，我认为这首诗，也还是值得弄清楚的。我怀疑是张云章的误闻，所以曹寅不好回答，别人也再无贺者。是否如此，当然还有待进一步的证实。

本书的下半部，是黄进德教授的著作。进德同志的论著，向以谨慎缜密闻名，与新雷的合作，可说是珠联璧合。

---

① 见《关于江宁织造曹家档案史料》，第 129 页，中华书局 1975 年版。

　　此书的下半部，重点是分析论证"曹寅与两淮盐政"、"曹寅与扬州书局"、"曹玺与康熙的关系"、"曹家与怡亲王的关系"、"曹家败落的原因"、"曹颀考论"等等，也可以说是曹家末世以前的一些最关键的问题。

　　两淮盐政和扬州诗局这两篇文章，前者着重叙述盐政的内情，实际上盐政历来就是一个弊端百出的地方，曹寅的前任就是如此。曹寅有鉴于此，曾力图更新，但康熙却认为"多一事不如少一事"，至曹寅无可措手。之后，由于康熙南巡，曹寅接驾四次，巨大的开销，只好挪用盐款国帑，落下巨额亏空，至成为败家的根本。但曹寅在盐差任上，一贯恤商爱民，因此曹寅身后，商民在扬州太平坊曾建祠以祀。而扬州诗局一文，则着重论述了曹寅主持全唐诗局，精心筹措《全唐诗》的纂辑刻版，精益求精。在完成了《全唐诗》的刊刻后，又着手《佩文韵府》的刊刻，终于死在任上。本文对《全唐诗》和《佩文韵府》的纂辑渊源，论述精详有绪，对曹寅在刻书方面的其他贡献，也阐幽发微，发人之所未发。

　　特别是对曹寅与康熙的关系，曹家与怡亲王的关系，叙论详密有据，例如对"密折"制度及其前后沿革的阐述，对雍正朱批曹颀请安折上"传奏"、"照看"等词的内涵，多作了翔实可信的考析，足纠红学界长期以来的误解。对雍正心目中究竟有无"父党"的概念，列举多方面的例证说明，雍正继统出自康熙亲定，根本不存在"父党"的问题。因而曹李两家的败落是由于"父党"之说就不能成立。

　　以上各点，都立论有据，论析切实可信，于"红学"多所裨益。

　　关于曹家败落的原因，进德同志一直主张织造亏空说，并说明这个亏空，主要是由于康熙南巡的供应和随从人员的需索，其中包括诸王子的巨款索取等等，因此落下了无法弥补的巨额亏空，成为曹家败落的根本原因，而不是由于雍正上台要清除康熙一朝的某些旧臣。进德同志的

《曹雪芹家败落原因新探》、《三汊河干筑帝家，金钱滥用比泥沙》、《新愁旧恨知多少》这三篇文章是集中论析这一问题的，所论都很切实有据，发人深思。我过去对这个问题的看法，关于织造亏空及亏空的原因等等，都是与进德同志一致的，我只是觉得这巨额亏空是在康熙朝早已存在的事，而且也为康熙所熟知，并且深知其亏空的来由。但康熙只是提醒曹寅早早设法补清，并连批多个"小心"，以示事势的严重，却从不绳之以法。这就是康熙的政治在庇护着他。到了雍正朝，曹家失去了这个政治庇护，而巨额亏空却是抹不掉的，雍正又是个严峻的人，不像康熙——尤其是晚年，一味宽仁，因此曹家的巨额亏空，就成为雍正严刑峻法的"突破口"。而政治的因素是隐蔽的存在、无形的存在，因而也是不容易说清楚的。但读了进德同志的文章，觉得关于曹家经济亏空问题及其原因，我们的看法本来就是一致的，至于是否存在隐蔽的政治问题，看了进德同志对所谓"父党"的分析，也深受启发。深感学问是无尽的，学然后知不足，只有学，才能不断更新自己的知识和学问。我从新雷、进德两同志的著作里，又获得了不少新知！不觉慨然有作，率赋两绝，诗云：

新书读罢意加亲。事事曹家历历明。
三百年来多少谜，两公巨笔一澄清。

百年红学亦纷纶。几个书生乐苦贫。
皓首穷经非易事，江头又见绝痴人。

2000 年 3 月 27 日凌晨 3 时完稿，
宽堂老年不寐，枕上转多文思也

沿波讨源　虽幽必显

　　——读季稚跃《读红随考录》序

　　我曾经说过，研究《红楼梦》，有两个前提，一是应该充分地了解《红楼梦》作者曹雪芹的家世生平和他的时代。其实这一点，对于研究任何一部作品来说，也都是必须的，因为知人论世，了解一部作品，当然首先应该了解作品的作者。但《红楼梦》还不一样，因为《红楼梦》的生活素材，有很大的部分是来自作者的家庭和他亲戚的家庭，它与《三国演义》、《水浒传》、《西游记》等与它的作者的关系都不一样，所以这一点更须要强调。二是应该认真地研究《红楼梦》的早期抄本，即程甲本成书以前的各种《红楼梦》的手抄本，其中尤其重要的是甲戌、己卯、庚辰三本。因为这三本的底本是曹雪芹生前的本子，保留着《红楼梦》稿本初期的形态。又因为曹雪芹对《红楼梦》曾"披阅十载，增删五次"，这就形成了《红楼梦》成书的复杂过程，再加上后来乾隆五十六年用木活字印刷的程甲本，把原来的抄本改动很多，有一些改上去的文字和情节，已经不是曹雪芹的原稿了，所以要研究《红楼梦》的思想和艺术，最好能对《红楼梦》的早期抄本先作一定的研究，这才能了解《红楼梦》的原始面貌。

季稚跃同志，是《红楼梦》研究中着重研究《红楼梦》初期抄本的，他的不少研究论文，基本上都由《红楼梦学刊》发表了，因此，他在学刊发表的文章，我都提前看过。

季稚跃同志对《红楼梦》抄本研究的一大特色是着重文本的相互比勘，许多认识，都是从比勘中得来，而且是在比勘以后。这本来是研究古籍版本的必要手段，似乎不必作为特点提出——这话原也不错，但现在却必须强调这一点，因为现在有一些人研究刻本、抄本，可以根本不看原本就作出惊人的结论，例如说甲戌本是刘铨福伪造的云云。大家知道，甲戌本现藏美国康乃尔大学图书馆，作这种惊人结论的人根本没有见过原本。由于这个原因，季稚跃同志这种坚持用各脂本进行一字一句比勘的硬功夫，就十分值得称道了。

季稚跃同志用这种笃实的工作方法，认真比勘了甲戌、己卯、庚辰等重要抄本，对蒙古王府本、列宁格勒藏本、甲辰本、郑藏本等也都作了同样的研究，所以才写出了收在本书里的各篇文章。所以他的版本研究的文章都是朴实而有价值的，他的数据都是真实的、可靠的。他提出了甲戌本的文句早于庚辰本等，这本来是大家认同的见解，但他可不是人云亦云，而是从他比勘的结果中得出来的，他的这个结论带着不少比勘的例句，所以这个结论就可贵了。同样，他又对庚辰本和己卯本作了逐字逐句的比勘，除了完全认同我提出的庚辰、己卯两本相同的重要特征，因而认为庚辰确从己卯本所出外，同时又查出了不少庚辰本不同于己卯的异文，这些资料，又对庚辰本与己卯本的关系，提出了更为复杂的一面。这个问题，我在作两本比勘，写《论庚辰本》的时候，也已接触到，我在《论庚辰本》的第33页到34页这样说：

　　当然在作了这样的推测以后，我们也还没有把矛盾全部解决。庚辰本上的正文与己卯本的正文除上述这些情况外，还有差异之处，这就是句子中间往往庚辰本有个别的字或词（不是指整句的）与己卯本不一样，庚辰本上这一类异文究竟来自何处，在己卯本同样查不出修改的痕迹，既不"径改"，也不是"贴改"，更不可能是"夹条改"。那末，这类异文只能是边抄边改，如果是个别的文字，还可以认为是抄手的笔误，但这类文字数量虽不甚多，但也不是极少，总之有一定的数量。那末，它是抄手随意妄改的吗？我认为不可能，其理由已如前述，那末，竟是过录者手边另有别本参照吗？在没有资料证实的情况下，我们也很难确断。总之，在从己卯本到庚辰本的全过程中，我们还有这一个环节没有弄清楚。那末，我们还是先把这个矛盾揭示出来，留待大家来解决罢。①

我当时的注意力几乎全部集中在新发现的庚辰本与己卯本惊人的大部分相同的方面，并且发现了在几个抄手中，还有两本的共同抄手，对于这种若干相异的文字，虽然注意到了，也进行了思索，但不得其解，因此采取公布实况，揭示矛盾，以求共同解决的方法。从思想上来说，我对这部分异文的重视程度，远远不及大部分相同的文字。现在季稚跃同志进一步清理了这些相异的文字，重新提出庚辰本与己卯本之间的这一间之差，我觉得还是很有意义的，也许从这一矛盾中，还能探索出庚辰本与己卯本之间更深层的关系来，我希望这一点能引起更多研究者的关心，共同来破解这个难解之谜！

季稚跃同志对列藏本《石头记》的研究，也是值得人们重视的，因为他同样是从逐字逐句的比勘中得来的，这篇文章的最后四点结论，是

①《论庚辰本》，第33、34页，上海文艺出版社1978年版。

切实可信的。

由于季稚跃同志认真的比勘，因此可确定列藏本的抄成年代约在嘉庆年间。列藏本是道光十二年（1832 年）流入俄京的，有人不负责任地说脂本系统的《红楼梦》抄本是刘铨福伪造的，季稚跃同志就指出道光十二年刘铨福还未成年，何从伪造？若从列藏本抄成的年代来说，那时刘铨福还未出生，伪造之说，更是何从说起！

由于季稚跃同志的驳论是立足于事实的基础上的，所以他的驳论，往往切中要害，使对方难以再辩。

季稚跃同志对《红楼梦》的成书过程，对《红楼梦》思想的现代性及超前性，对《红楼梦》里的方言，对曹雪芹的生卒年，对曹雪芹为何未写完《红楼梦》等长期悬而未决的问题，他都有认真的研究和新的见解，所以我觉得他的论文集应该早日问世。

特别是当前有一股呼吁读《红楼梦》文本的热潮，而《红楼梦》的十多种早期抄本（即脂本）也将陆续出版，那末，这部以研究《红楼梦》早期抄本为重点的著作，就更应该早日问世了！

2002 年 9 月 8 日

从"富贵荣华"到"茫茫白地"

——《红楼梦与扬州》序

上世纪70年代中，我因校订《红楼梦》的事，经常要到扬州去。大家知道，扬州、南京，是《红楼梦》作者曹雪芹祖辈的发祥地和衙署、居住地，也是曹雪芹童年到青少年成长的地方。他写《红楼梦》的主要生活素材，是取自他的故家，也取自他的舅祖李煦家，以及当时的社会现实。因之，扬州不但是曹雪芹的故乡，同时也是《红楼梦》的故乡，这一点也不是夸大之词。

扬州与《红楼梦》的关系，一是《红楼梦》作者和作者的家庭与扬州的关系。这方面黄进德、吴新雷等诸位教授已有详确的考证，不必再加重复了。但我还要强调的是，作者的百年望族，其兴旺发达固然是从五世祖曹振彦开始的。而到曹寅的后期（康熙后四次南巡期间），可以说曹家达到了"烈火烹油，鲜花着锦"之盛。接着是雍正易代，曹家也就立即彻底败落了。这就是说，曹家的飞黄腾达至于顶点是在南京和扬州，而其彻底败落到"白茫茫大地真干净"也是在南京和扬州。特别是康熙四十二年曹寅任两淮巡盐御使以后，曹寅在扬州的时间居多，尤其是编刻《全唐诗》以后，扬州更是他的重地了，无怪乎最后他也是死在扬州的。就这一点来说，扬州与曹家，与《红楼梦》的关系就非比一般了。

曹家论身份只是包衣奴才，论官职也只是江宁织造，属内务府，不是朝廷命官。后来虽任两淮巡盐御使之职，也不过是管一方的盐政，与封疆大吏的权位不可比。但曹寅是康熙的亲信，又由他来接驾，安排康熙南巡大事，康熙还委以刻《全唐诗》、《佩文韵府》等重要文事，加之曹寅本身有很高的文化修养，于诗词歌赋、书画琴棋，甚至戏曲、饮馔等等，无一不通，无一不精。他与大画家石涛也有交往，石涛还给他画过画。康熙五十一年三月，曹寅在扬州小市买到明末大画家程嘉燧（孟阳）的一幅山水画，即在画轴两边加题，右边题诗云："长板桥头垫角巾。过江山色未烟尘。猛风吹醒相思树，犹是文园白业人。"左边题云："松圆老人（指程嘉燧）卒于癸未十二月（崇祯十六年，明亡前一年），见牧斋墓志，次岁即甲申之变，目不见刀兵水火，是为吉人，受之（钱谦益）归老空门，末路愈多龃龉，河东君想亦有新官之叹。壬辰三月于扬州小市得此幅，笔墨灵气尚存，孟阳呼之可出也。"题诗和跋，都十分耐人深思。曹寅还结识了不少遗老和当世著名文人，从现存的《栋亭夜话图》题咏之多，即可看出。所以从表面上看，曹寅只是江宁织造和两淮巡盐御使，但实际上他却是上通康熙皇帝下结大批文人遗老，胸次高旷的一位文化特使。通过他确实结识了不少高层次的文人，这对曹家自身来说，也造就了一个真正的高等文学家庭，为子孙后代留下了深厚的文学传统。

曹寅在诗酒文宴之余，还特别讲究饮食文化，他编有《居常饮馔录》，《四库全书总目提要》云："《居常饮馔录》一卷，国朝曹寅撰，……是编以前代所传饮膳之法，汇成一编，一曰宋王灼《糖霜谱》，二、三曰宋东溪叟《粥品》及《粉面品》，四曰元倪瓒《泉史》，五曰元海滨逸叟《制脯鲊法》，六曰明王叔《承酿录》，七曰明释智舷

《茗笈》，八、九曰明灌畦老叟《蔬香谱》及《制蔬品法》。"等等，足见他确实是一位饮食文化的精研者。在中国的古典小说中，无论是短篇或长篇，讲饮食到如此精而雅的程度，除了《红楼梦》以外，没有第二部。其所以能够如此，这与作者的家庭生活是分不开的，而这样的家庭生活与曹寅的饮食文化修养同样是分不开的。

除了以上两个分不开外，还有一个分不开，这就是与扬州分不开。因为《红楼梦》里许多精致菜肴，都是淮扬菜系，有一部分菜至今扬州还很风行，这是大家可以验证的。

1975 年我初到扬州，住在西园饭店里，我曾对饭店经理老友杨礼莘说了我的感受，并建议他索性来恢复并研制"红楼菜"，当时他也深善我说，但却并没有行动。不久，丁章华同志接任西园饭店总经理，当时我与礼莘的谈话她也在场，她却记住了这件事。她一上任，就认真把这件事抓起来了，经过不少次的试验，菜的质量愈来愈提高。那时，我常到扬州来，每来一次，就觉得有所不同。当时一直参与此事的大师傅有好几位，我现在都记不住他们的名字了，还记得有外办的朱家华，西园饭店的金林、于青山、左为民等同志都是一直坚持的，当然后来人事有变动，但丁章华同志却二十多年来一直抓住这件事不放。开始是叫"红楼菜"，后来称为"红楼宴"。我还帮丁章华同志邀请北京的王世襄、王利器、周绍良、李希凡，沈阳的杨仁恺，上海的邓云乡等先生来品尝和研讨过，得到了诸位先生的一致好评。后来还受新加坡周颖南先生的邀请，到新加坡去举办"红楼文化展"，其中包括"红楼宴"的展览。没有想到，这次展览引起了很大的轰动，特别是"红楼宴"到期后还要求延长展览时间，结果单就"红楼宴"又延长了一段时间。那次记得连泰国、马来西亚、日本和中国的香港、台湾的人都专程来品尝"红楼宴"。我是一起陪同去新加坡的，所以记忆犹新。后来"红楼宴"又到广州、台湾、香港、日本、美国展览，都受到了极高的评价。《红楼梦》的饮食文化，能受到国内外如此广泛的欢迎，这是我事先没有预料到的。

所以要说《红楼梦》与扬州，我想一是离不开曹家由盛到衰在扬州的事实，作者的家庭是见过大世面，经过大风浪的。既曾富贵到了极点，又败落到茫茫白地，真是兴也扬州，败也扬州。二是离不开作者从幼年到青少年时期的这段生活都是在扬州和南京度过的，他经历过瞬息繁华，也听过故老的传闻，更身经丧乱，亲历过种种世变。三是离不开扬州的乡土风情和生活，其中包括饮食民情风俗等等。所以，《红楼梦》与扬州的关系，是先天的关系，不是后天的关系，是作者与扬州的血肉关系，而不是作者到扬州去"体验生活"的关系。

当然，以上是就《红楼梦》与扬州的一面而说的，并不是《红楼梦》的全部。作者在写作《红楼梦》时，我相信他对当时的社会、世态、政治、思想，特别是对人生、对爱情、对理想、对人生道路、对社会上各色各样的人等等，已经味之深矣！

我相信，抄家后曹雪芹回到北京，北京的种种，给他的认识深度，肯定是另一种铭心刻骨的感受。这前后两种生活感受的综合，才诞生了伟大的《红楼梦》。不能忘记，《红楼梦》前半部的繁华欢乐生活，也是在作者凄凉的回忆中写出的，而《红楼梦》后半部的生活，可能更加悲凉，更加令人回肠九折！但现在，除了已存的部分外，都已化作"白茫茫大地真干净"了！

2006 年元月三日于瓜饭楼

《清代评点本红楼梦丛书》序

　　《红楼梦》的研究和"红学"的开端，是以评点的形式开始的。《红楼梦》的最早的形式，也即是《红楼梦》还在曹雪芹从事创作的阶段，脂砚斋就同时开始评点了，所以《红楼梦》评点的历史，基本上是与《红楼梦》创作的历史同步的。

　　《红楼梦》的早期，只是抄本，到乾隆五十六年才由程伟元、高鹗合作用木活字出版印本，这是《红楼梦》印本的开端，但还很难说是《红楼梦》抄本的结束。因为事实上《红楼梦》虽然出了印本，但有些人还仍是在手抄《红楼梦》，什么时候是抄本阶段的结束，这就很难说出绝对准确的时间。但《红楼梦》大规模地开始评点并刻板发行，是嘉庆初年的事。据一粟的《红楼梦书录》，现存最早的《红楼梦》评点本是嘉庆十六年（1811 年）的东观阁重刊《新增批评绣像红楼梦》，之后，这种评批本就层出不穷了，此类书，详载一粟的《红楼梦书录》，无用一一罗列。但清代最为流行的《红楼梦》评本，要数道光十二年（1832 年）王希廉评的《新评绣像红楼梦全传》，道光三十年（1850 年）张新之评的《妙复轩评石头记》，光绪间上海广百宋斋铅印的王希廉、姚燮合评的《增评补图石头记》，光绪十年（1884 年）上海同文书局石印本王希廉、张新之、姚燮合评的《增评补像全图金玉缘》等。可以说终清代之世，《红楼梦》的评点始终没有停止过。所以我说，清代的红学研究，主要是《红楼梦》的评点。当然，清代还有一部分用笔记的形式载录的《红楼梦》评及有关的记事，此外，还有一部分是用歌咏的方式来评论的，其中包括着诗、词、曲、赋等等各种形式，但其数量，均不可与评点红学相比。

所以编写红学史，不应该只从新红学派的大篇文章开始，而应该从《红楼梦》的评点派开始，也就是从人们习惯说的"旧红学"开始。不承认评点派的红学，等于是割断了红学研究的历史，这样做当然是不全面也不科学的。

事实上，清代的评点派红学是有显著的成就的。我在 1986 年发表的《重议评点派》一文中，指出了红学研究中的十一个重要问题，评点派红学早已提出并发表了自己的意见了。这十一个重要问题是：

一、关于《红楼梦》作者的探索

二、关于《红楼梦》是一部"别开生面"的书的问题

三、关于《红楼梦》的"总纲"的问题

四、关于全书的结构层次问题

五、关于《红楼梦》的人物论

六、关于《红楼梦》的艺术描写

七、关于本书作者的"发愤著书说"和"自叙说"

八、关于后四十回是否与前八十回为一人手笔的问题

九、关于《红楼梦》的抄本问题

十、关于《红楼梦》八十回以后的情节的问题

十一、关于《红楼梦》的索引问题

以上这些问题，并不是仅仅提出，而是都有所阐述，有所发明的。我在《重议评点派》一文中，有较详细的说明，这里不再重复。从以上

这些问题来看，也就可以清楚"旧红学"确是值得重视的了。

清代的评点本《红楼梦》虽然种类繁多，数量不少，但并不是都得到了出版，有的即使出版了，也印数甚少，流传不广，还有笔记式的评论和记述，歌咏体的评赏等著作，出版的也是为数不多。而以上这些书，基本上已经很少流传了。

特别值得重视的是清代甚至到民国初年，还有一批极有价值的评批本《红楼梦》至今未能得到出版，不为世人所知。如再不加抢救，此类书必将湮没无闻，终于消失。

北京图书馆出版社有鉴于此，决心广为搜求，细心甄别，陆续予以出版，成一丛书，名曰《清代评点本红楼梦丛书》，至于有关笔记、歌咏等记《红》、咏《红》之作，亦将一并收入，则有清一代红学尽于此矣，此"红学"界之盛事，亦学术界之盛事也！

是为序。

2001 年 7 月 19 日晨于京东且住草堂

'92中国国际《红楼梦》
学术研讨会开幕词

尊敬的贵宾，尊敬的朋友，尊敬的红学界的同志们：

经过较长时间筹备的"'92中国国际《红楼梦》学术研讨会"现在正式开幕了！这个会议，是由中国艺术研究院、中国红楼梦学会主办，扬州市外事办、徐州市文化局协办，由以上四个单位联合举办的。这个会议得以顺利召开，第一是要谢谢文化部有关领导很快地批准，第二是要谢谢红学界的同志们的支持，第三是要谢谢几位热心于文化事业的企业界的领导，没有他们经济上的支持，这个会是不可能召开的。他们是：

扬州谢馥春日化厂的厂长蒋永正先生

扬州宜陵红楼梦日用化妆品厂厂长王怀刚先生

西园饭店总经理金林先生

安徽特酒总厂厂长柴盛彦先生

由于以上各位先生在经济上的大力支持，我们的这次会才得以顺利召开，在此我谨代表全体到会的同志向以上四位先生表示衷心的感谢！

我们这次大会在扬州召开，还有一个决定性的因素是得到扬州市委和市政府的大力支持。具体来说是扬州市外办全体同志，特别是外办主任丁章华女士，以及外办所领导的西园饭店全体同仁和饭店总经理金林先生。

应该说我们的这次大会，得到了天时、地利、人和。天时是现在国内外的时机和环境都很好；地利是扬州这个地方好，真正是"淮左名都，竹西佳处"，不仅如此，更重要的是它与《红楼梦》和《红楼梦》的作者曹雪芹有着密切的关系，诸位只要稍一移步，随处看看，就可以看到与曹家有关的东西；人和是指我们的东道主好，也就是上面说的扬州市府、外办和宾馆好。在这样的客观条件和环境中，我相信我们的会议一定能开得圆满成功。

我在这里还要代表大会的筹备组，向来自美国、日本、澳大利亚、法国、新加坡、韩国的老红学家和新朋友表示热诚的欢迎，同时我也向来自全国的以及来自台湾、香港的老一辈的红学家和年轻的新朋友表示热诚的欢迎！

唐代的诗人徐凝说："天下三分明月夜，二分无赖是扬州。"中晚唐的大诗人杜牧说："青山隐隐水迢迢，秋尽江南草未凋。二十四桥明月夜，玉人何处教吹箫。"宋代的大词人姜白石说："二十四桥仍在，波心荡冷月无声。"现在，我可以告诉大家，二十四桥就在瘦西湖上，而且目前正是"秋尽江南草未凋"的时节，在这样充满着诗情画意的环境里，我相信我们的会议，也会平添不少诗情，因为我们会中有不少是诗人！

本次会议的中心题目，是《红楼梦》与中国文化。这是一个十分宽泛的题目，同时又是十分切合《红楼梦》的题目。我个人认为曹雪芹是一位伟大的先知和超时代的作家和思想家，曹雪芹对人的自身的完美，提出了远大而又崇高的理想。

在中国历史上，各个时期的先知和哲人，都对人的自身建设的完善提出过卓越的见解，从而使人的自身越来越有所完善和提高。例如孔子提出了仁的思想，他说仁者爱人。《论语·颜渊篇》："樊迟问仁。子曰：'爱人。'" "己所不欲，勿施于人。"《论语·卫灵公篇》："子贡问曰：'有一言而可以终身行之者乎？'子曰：'其恕乎！己所不欲，勿施于人。'"孔子的仁学思想，具有博大精深的内涵，但是它的最根本的一点，是人的自我完善和提高。孟子发挥了孔子的学说，又提出了"天降大任"（《孟子·告子章句下》："孟子曰：'舜发于畎亩之中，傅说举于版筑之间，胶鬲举于鱼盐之中，管夷吾举于士，孙叔敖举于海，百里奚举于市。故天将降大任于是人也，必先苦其心志，劳其筋骨，饿其体肤，空乏其身，行拂乱其所为，所以动心忍性，曾益其所不能。'"）的思想、富贵不淫的大丈夫思想（《孟子·滕文公章句下》："富贵不能淫，贫贱不能移，威武不能屈，此之谓大丈夫。"）以及养浩然之气的思想（《孟子·公孙丑章句上》："敢问夫子恶乎长？" "曰：'我知言，我善养吾浩然之气。'"）。司马迁则提出了"死有重于泰山，有轻于鸿毛"（司马迁《报任安书》，见《汉书》卷六十二《司马迁传》）的生死观，宋代的范仲淹又提出了"先天下之忧而忧，后天下之乐而乐"（范仲淹《岳阳楼记》，见《范文正公集》）的思想。

以上这些事实说明，中国的知识分子一开始就有很高的社会责任感、社会使命感以及社会的正义感。这在人的自我建设和自我完善上起了很积极的作用，这也就是儒家积极用世的思想，一种利他的思想，也就是社会觉悟。

但是从另一方面来说，中国的社会思想，对于婚姻爱情，却较少的详细阐述，有之，也只是在民歌和谣谚里的一些简单和原始的记述。在文学作品里，虽然有稍为具体一些的描写，但也仍还是一种简单的反映。王实甫的《西厢记》描写张生和莺莺的爱情，可以说是大胆而淋漓尽致的了，但它仍没有离开才子佳人的框框，它在反对父母之命、媒妁之言的封建婚姻制度来说，是有冲击力的，但在男女双方爱情的思想内涵方面，却仍然是离不开郎才女貌。后来的《牡丹亭》，对爱情的描写，实际上是对"情"的描写，是十分深刻动人的，但它的故事本身却是虚幻的，对双方爱情的具体内涵，也还缺乏新的进一步的内容。但是，曹雪芹的《红楼梦》所描写的贾宝玉与林黛玉的爱情，却与以上这些作品所描写的爱情大不一样，尽管它是以上这些作品的继承和发展。

《红楼梦》里描写的贾宝玉与林黛玉的爱情的特色，一是它已经摆脱了一见倾心式的框框，它所描写的男女双方，是在长期的共同生活，相互了解的基础上产生爱情的。二是他们的爱情具有丰富的社会内涵。众所周知，宝、黛爱情，首先是思想的结合，具体地说，就是对当时一系列的社会问题的看法一致，例如反对仕途经济，反对封建的婚姻制度，追求自由恋爱，等等。一句话，凡是贾宝玉所反对的，林黛玉都予以同情和支持，因此他们的爱情就有了更为深刻而丰富的社会内涵。三是通过对宝、黛爱情的丰富而具体的描写，使人们感受到，真正美满的爱情的结合，应该是两个心灵的结合，应该是男女双方在文化、修养、思想、气质、爱好上的高度的交融、高度的契合。我认为曹雪芹通过对宝、黛爱情的深刻而具体的描写，无异是向人们展示了爱情的最高境界：真正的爱情，必须是两个心灵的全面的高度的契合。如果依照这样的标准来看，那么，就是在今天也还没有较多的人能够达到，就是再过若干时期，也并不是普遍能达到的。要到达这种境界，需要社会的全面进步，需要人们自身具有高度的文明，需要人类社会物质与精神两方面有极大程度上的提高，这才有可能进入这种境界。

有人说，曹雪芹所精心描写的宝、黛式的理想爱情不是终究破灭了吗？终究只能是悲剧吗？

这正是问题的根本，也是问题的症结所在。因为人们的爱情和婚姻，是离不开具体的社会和时代的，人类婚姻制度的每一个进步，都同时是社会和时代的进步。曹雪芹所描写的理想爱情的被毁灭，也预示了新的时代的必将到来。问题是曹雪芹的理想爱情的实现，所需要的时代历程很长很长，也许再过两个世纪，也许还要更长的时间……惟其如此，他才是真正伟大的先知和超人，他大大超越了他的时代和我们的时代，他的爱情理想只能是属于未来！然而，这是一盏世纪航程的航标明灯，人们借着这一线光芒的照射，才得以看清自己的前程和未来！

前些时候，在京郊通县张家湾发现了一块曹雪芹的墓石，有的同志认为是假的，有的同志认为是真的，目前正在讨论。我本人认为是真的，是无可怀疑的。但是我尊重不同的意见，如果有人能以科学的态度来论证它确是假的，我将虚心受教。按曹雪芹死于 1763 年，即清乾隆二十七年壬午除夕，到今年整整是 230 周年。他毕生坎坷，写了大半部《石头记》，才使他的名字永远与《石头记》连在一起。但是他身后萧条，不知所葬。现在忽然出来了这块墓石，墓石上镌刻着他的名字，这真正成了石头记，由这块石头记下了他的名字。于是以往敦诚、敦敏、张宜泉等人挽诗中不可解之处，由于这块墓石的出现，就一下豁然贯通了。昔杜少陵追伤庾子山的诗说：

怅望千秋一洒泪，萧条异代不同时。

现在我们面对着这位百代文豪曹雪芹的墓石，能不一洒怅望千秋的眼泪吗？

我在凭吊了这块墓石后题了四首诗，其中之一云：

草草殓君土一丘。青山无地埋曹侯。
谁将八尺干净土，来葬千秋万古愁。

今年正值曹雪芹逝世230周年，我们正好在他的故乡、《红楼梦》创作素材地之一的扬州举行国际《红楼梦》研讨会，那么，我们就将这次大会作为对他的隆重纪念罢！请允许我将我题墓石的另一首小诗，作为本文的结束：

中　天遣奇材一石珍。夜台不掩宝光醇。
中宵浩气森森直，万古长新曹雪芹！

1992年9月28日夜11时，写于京华瓜饭楼，

时当曹雪芹逝世230周年

《'92 扬州中国国际〈红楼梦〉研讨会论文集》序

在扬州举行的"'92 中国国际《红楼梦》学术研讨会"已经胜利地落下了帷幕，会议的论文集现在也已经编就，即将付梓，回忆当时扬州盛会，正是胜友相逢，佳会常念。

扬州的国际红会不论怎样令人难忘，它终究只是在人生的长河中无数次红会中的一次，我确信《红楼梦》是永远讨论不完的，它将与人类的历史并存。我也确信，在研究《红楼梦》的学术领域里不论有多少种见解，也不论其见解是否发自权威，历史只能选择一种，即真实的，符合客观实际的见解。在"红学"的领域里新的问题和老的问题很多，但不论是哪一方面的问题，我相信历史选择的标准只有一个。我还要说明，我这里所说的历史，不是指短暂的、可以由人的权力和意志左右的"历史"，而是指永恒意义的历史。那时，争论的双方都早已不存在了，历史又往前推移了很远的路程了，任何争论一方的权力和影响早已消失了，那时，人们自然会看到历史的真实结论了。

对于未曾争论或讨论的问题呢？道理也是一样。我说的"争论"或"讨论"也是广义的而不是狭义的，我认为任何人把自己的见解公之于世，就是一种向社会的"讨论"，有时这种"讨论"是以争论的形式出现的，有时是不以争论的形式出现的，但不论是何种形式，它的见解是否符合客观真理，只能由历史来加以选择，加以判断。也因此，我们这本论文集，既是对这次盛会的总结，是给与会者、社会上红学的爱好者的纪念集和读物，更是留给历史作为遥远的将来作历史的选择的一种资料。

人的认识不可能是全知的，更不可能是完全正确的。作为个人，必须认识到自己的非全知和非全真理，才能较为客观地去认识问题，探讨并吸收真正正确的见解，才能毫无芥蒂地去承认自己认识的片面性甚至错误性。

那种陶醉在自我权威里的人，与真理是遥远的！与学人的本色是不相符合的。真正的学人，应该追求客观的真理，以客观真理为依归。所谓"朝闻道，夕死可矣！"这是先哲所启示我们的追求真理的一种伟大精神，是我们的可贵的思想遗产。杜甫说："文章千古事，得失寸心知。"要真正做到这一点是多么难能啊！所以"朝闻夕死"，"得失寸心"，这是我们应该永远用以自励的座右铭。

我自己少年失学，老无所成，虽偶有所论述，却战战兢兢，不敢妄言。尽管如此，恐怕妄言已复不少！我过去相信曹雪芹卒年癸未说，现在看来，就是一种妄言。我在新加坡国际汉学会议论文《曹学叙论》里关于雪芹卒年问题的说法，现在看来，也仍是妄言，但我不敢趁新近出版此书之机加以改动。偷偷地改掉是无济于事的，让人们知道我在那时的认识仍旧是妄言，是错误的，我改变这个看法，纠正这个妄言和错误，是从我得见"曹雪芹墓石"始，这是一种诚实的态度。

扬州国际红会的论文，我感到有许多精辟的见解，是一次认真的学术会议，高水平的学术会议。而且会议上的学风为与会者人人称道，都是抱着虚心探讨来讨论问题的，尤其是海外的不少知名的学者，能不辞万里而来，日本的伊藤漱平先生到了上海，为不误会期，竟然连夜从上海坐汽车赶到扬州。澳大利亚的柳存仁先生也不顾辛劳如期赶到扬州，而且赶写了长篇论文。美国的周策纵兄，是第一次美国国际红会的发起者和策划者，于红学贡献甚巨，他不但惠然前来，而且提前到了国内。法国的陈庆浩兄，也是放弃了其他会议，改变了原定计划，终于到会。中国台湾的皮述民兄在新加坡会后能在扬州重逢，韩国的崔溶澈教授则是初次见面，还有来自中国香港的、台湾的，以及美国的其他许多朋友，真是胜友如云，令人难忘。

我们国内的朋友，也是来自东西南北，远在新疆的，坐飞机到上海，其时间也要超过日本到上海，我们非常高兴不论东西南北的国内的红友也都如期到会了，"有朋自远方来，不亦乐乎"！

那末，就让这本论文集作为红学研究的一个新的国际里程碑罢，就让这本论文集作为这次会议的珍贵的学术纪念罢。

红学之路将永久通向遥远的历史！

1993 年 6 月 26 日于京华古梅书屋

’96 辽阳全国《红楼梦》
学术研讨会开幕词

各位领导、各位同志，女士们、先生们：

　　’96 辽阳红学研讨会经过长时间酝酿和筹备现在开幕了。本次会议，是由辽阳市委、辽阳市政府、辽阳红学会与中国红学会共同举办的，具体的筹备工作和会议经费全由辽阳市人民政府承担，我谨代表全体与会的同志向辽阳市委、市政府和辽阳红学会表示深切的感谢。

　　我记得在辽阳已经开过两次红学会了，而且开得都是很成功的，我预祝本次的会议同样开得圆满成功。

　　在辽阳召开全国红学会议，是有特殊的意义的，这就是因为辽阳是曹雪芹的祖籍。

　　说曹雪芹的祖籍在辽阳，这是有充分的文献根据和实物根据的，这早已成为红学界和学术界的共识。但近年来又掀起了"丰润说"和"辽阳说"的争论。我认为争论是好事而不是坏事，真理愈辩愈明，只要是客观历史事实而不是说假话，不是虚构，就不怕争论。至于曹雪芹祖籍辽阳的历史资料，已经尽人皆知，无需我再——列举了。当然趁这次开会，诸位还可以参观辽阳有曹振彦题名的《大金喇嘛法师宝记碑》、

《玉皇庙碑》和有曹雪芹堂房老祖宗题名的《弥陀寺碑》；到曹雪芹纪念馆，还可以看到曹雪芹祖籍的历史文献和其他资料。

辽阳还有努尔哈赤时代新建的东京城，至今尚在，这都是历史见证。曹寅在《楝亭诗抄》里署明的"千山曹寅"的"千山"，也在辽阳，是一处名胜。为调查曹雪芹的祖籍我曾多次去过，诸位也可以借此机会进行一次实地调查。

当前的曹雪芹祖籍的争论已经进入了误区。

但我认为，只要不否认自曹锡远、曹振彦一直到曹玺、曹寅这些人的有关籍贯的历史记录，那么就不能不承认曹雪芹的祖籍在辽阳。

有人说曹雪芹的祖籍"丰润说"，是指曹雪芹祖宗的祖籍，而不是曹雪芹的祖籍。我正是要郑重指出这一点。我们着重论证的是曹雪芹的祖籍而不是曹雪芹的祖宗的祖籍！不能把这两者混淆，不能偷换论辩的概念。

若是如此，则第一就必须首先明确承认曹雪芹的祖籍在辽阳而不是在丰润，其次方能讨论曹雪芹祖宗的祖籍究竟在何处。现在事实上有人故意把这两种不同内涵的概念混在一起，让一般不明真相的读者弄不清楚，从而导入误区。如果承认曹雪芹的祖籍在辽阳，那么我认为问题就解决了，也就可以不必争论了。如果要争论曹雪芹祖宗的祖籍，那可以让有兴趣的人去争论去，我个人的观点早已在拙著《曹雪芹家世新考》里表明了，无需再加重复。

最近我在研究"弥陀寺碑"，同时涉及清代初年有关孔有德的资料，发现孔有德在天聪七年降金后，皇太极即将他安置在新建的东京城，也即是现在的辽阳。他的部队包括红衣大炮仍归他掌握。皇太极还在浑河边接见他，与他行"抱见礼"，一种最隆重的礼节。他的全部执事仪仗照旧不变。皇太极还在东京城给他赐第，因此随从他的部队也都安置在东京即辽阳。孔有德就是驻守东京的一支实力较强的部队。而一直跟随孔有德的曹雪芹堂房老祖宗曹绍中、曹得先、曹得选、曹世爵等人当时也都住在辽阳。所以《五庆堂曹氏宗谱》的全称是《辽东五庆堂曹氏宗谱》，这个"辽东"两字就确切无疑，它一方面指始祖曹俊是辽阳人，同时也是指他的子孙入关以前也仍在辽阳。"弥陀寺碑"的碑文说："东京□（乃）太祖定鼎之区，人臣何幸，获守兹土！"碑阴的题名里还有见于孔有德降金时的"东来各官名单"上的 28 个人的名字，足见到崇德六年建弥陀寺时，这些旧部也仍在辽阳。再过三年，就是顺治元年（1644 年），大清就入关建立新政权了，曹雪芹的上祖无论是三房或四房的在伍人员就跟着入关了。

曹振彦早在天命六年（1621 年）就归附后金了，曹绍中等人则是在天聪七年（1633 年）降金的，前后相差 13 年。曹振彦先属佟养性，后归多尔衮，曹绍中则始终跟随孔有德。前者是辽东曹氏的四房，后者是辽东曹氏的三房，前者随多尔衮入关后经过一番经历归内务府，后又任江宁织造。后者随孔有德入关后，① 经过一番经历最后在桂林战死，归葬到顺天府房山县张坊镇沈家庵村。

所以我感到辽阳不仅是曹雪芹的祖籍所在地，而且也是清初入关前的一个政治军事重地，有很多值得深入研究的历史情况。我预祝这次会议，既是深研《红楼梦》，深研曹雪芹祖籍的新的开端，也是全面研究清代初年的辽阳的历史、文化的新的开端。

预祝大会圆满成功，祝大家身体健康，万事如意。谢谢大家。

1996 年 8 月 6 日于沈阳凤凰宾馆

---

① 孔有德是随多铎入关的。

《红楼梦大辞典》序

  《红楼梦》是中国历史上的一个奇迹，是中国传统文化孕育的一株阆苑仙葩。

  自从曹雪芹大约在乾隆初年开始创作《红楼梦》以来，① 到现在已经将近有两个半世纪的历史了。在这两个半世纪的《红楼梦》诞生和流传过程中，《红楼梦》已经经历了一个从被人们曲解到正确认识的曲折而坎坷的过程。它曾经被目为"淫书"、"谤书"，被列入禁书之列。但时间对于人们认识事物的美丑好坏，还是具有非常重要的作用的，两个多世纪的时间，对《红楼梦》终于起了根本性的作用，现在已经举世公认《红楼梦》是一部世界性的杰构了。

  《红楼梦》在中国古典小说乃至中国古典文学中，确实是与众不同的。它既是通俗的大众文学，又是深奥的古典文学。就它的通俗性来

---

  ① 按甲戌本《石头记》第一回有"后因曹雪芹于悼红轩中披阅十载，增删五次"的话，后面又说"至脂砚斋甲戌抄阅再评，仍用石头记"。按甲戌是脂砚斋抄阅再评的确定时间。在此以前，雪芹已经"披阅十载，增删五次"。依文理，雪芹之"批阅十载，增删五次"，与甲戌再评之间，似应尚有一些时间的距离，不应看作两者紧相连接。按甲戌是乾隆十九年，则雪芹草创之时，自当在乾隆九年以前矣。

说，它所拥有的读者，决不会在《水浒》、《三国》、《西游》之下。然而，就它的深奥性来说，就远远在《水浒》、《三国》、《西游》之上。甚至可以说，直到现在，我们还没有能完全深刻而正确地认识它和把握它。它的某些领域，我们的认识可能至今还未到达。

从文化继承的角度来说，《红楼梦》诞生在我国历史上封建社会的后期，因此，在它之前的我国的优秀传统文化，就自然成为它先天的营养；所以它所继承的文化传统，要比在它之前的那些长篇小说，丰富而深厚得多。另外，从它的包容的社会生活面和思想内涵、艺术成就来说，它又具有最丰富最广阔的社会生活和最深厚的思想艺术内涵。

作为一部家喻户晓的通俗小说来说，广大的读者在阅读它时，还有很大一部分障碍需要认真排除。作为一部内容深广的古典文学名著来说，就是对于广大的古典文学研究者，也仍然还有许多有待进一步探索的问题。

由于以上这些原因，着手编著一部《红楼梦》辞典，就是十分迫切的任务。《红楼梦》的第一个评论者脂砚斋，好像就已经朦胧地有所认识了。如庚辰本第十九回"茗烟蚑蚑笑道"句上脂批云："蚑，音希。蚑蚑，笑貌。"第二十三回"宝玉只得前去，一步挪不了三寸，偨到这边来"句上批云："偨，撑，去声。"甲戌本第六回"狗儿遂将岳母刘姥姥"句下双行脂批云："音老。出偕声字笺，称呼毕肖。"显然，这些都是脂砚斋当时随手作下的注音。又如甲戌本第三回"一边是金蜼彝"句旁批云："蜼，音垒，周器也。"在"一边是玻璃盒"句旁批云："盒，音海，盛酒之大器也。"这就不仅仅是注音，而且有了词义的训释。己卯、庚辰本十八回写太监出来点了四出戏：

第一出豪宴　一捧雪中，伏贾家之败。
第二出乞巧　长生殿中，伏元妃死。

第三出仙缘　邯郸梦中，伏甄宝玉送玉。

第四出离魂　伏黛玉死，牡丹亭中。所点之戏剧伏四事，

乃通部书之大过节，大关键。

以上正文下的四段批，不仅是指明这四出戏的出处，而且进一步阐明了
作者的用意，比前面的批注又进了一步。特别是到了七十八回的《芙蓉
女儿诔》，几乎是句句加注。如果统计一下脂批中属于注释性的文字，
恐怕也不算太少。于是，到了道光壬辰（道光十二年，公元 1832 年），
洞庭王雪香双清仙馆初刻《新评绣像红楼梦全传》这个有名的评点本
时，此书的卷首就已经有了"音释"。并且在"音释"之末，还附加了
一段话："查全部书中眼生之字尚多，且间有俗体字典所不载者，只可
相沿意会，未能一一音释，挂漏之讥，知不免也。"这部分"音释"，以
后又为后出的《金玉缘》所袭用，上述这段附记，也一字不改地搬了过
来。以至于有的论者，竟以为此"音释"是《金玉缘》首创，实则大
谬不然。在王雪香之后，又有大某山民姚燮所著《红楼梦类索》，[①] 此
书虽非辞典，亦读《红》之工具书也，且可视作《红楼梦》索引之滥
觞。要之，凡此种种，皆可说明读《红》已非泛泛之举，"红学"之既
经成"学"，自必有治"学"之书以副之也。

近三十年来，"红学"大盛，除研《红》本书之外，兼及作者身世
时代及抄本、刻本之研究，"红学"亦遂有内外学之别。而可资检索研
阅之书，亦复更相迭出，治"红学"者殆有目迷心眩之劳。而《红楼
梦》辞典之作，更不可缓矣。

虽然，窃以为《红楼梦》乃天地间至大至深之文，"红学"实亦

---

① 此书首有咸丰十年庚申（1860 年）秋七月著者的序。序末云"暇日校补完成，再
行分卷可耳"。可知作此序时，此书尚未定稿。后来直到民国二十九年（1940 年），才由上
海珠林书店刊出。

771

"宏学"——天地间至大至深之学也。其间有可以诠而释之者，亦有无可以诠而释之者。其可以诠而释之者，皆梦中之实也；其不可以诠而释之而为之词典者，乃梦中之虚者也。夫雪芹要眇之旨，微茫之言，其何以诠释哉！故雪芹有言："满纸荒唐言，一把辛酸泪。都云作者痴，谁解其中味"也！

昔庄生有言：得鱼忘筌，得意忘言。① 夫言筌者，皆得之之具，非所欲得者也。故《红楼梦大辞典》者，言筌者也。吾愿当世之治"红学"者，初以此为言筌，既得雪芹之意，则忘此言筌可也。夫斤斤以此言筌为所得，则失作者之意矣！是为序。

> 1988 年 12 月 20 日，旧历戊辰年 11 月 12 日夜 1 时，
> 写毕于京华宽堂。时距雪芹之逝，已二百
> 二十五周年矣。遥望南天，掷笔三叹

① 《庄子·外物》篇。

《红楼识小录》序

云乡同志的《红楼识小录》已经脱稿了，要我写几句话，作为"序言"。我识云乡同志已经多年，每与他相对，其诚朴有如乡人，而言谈皆务实际，博学多识，纵贯旁通，所以我每次与他晤谈，都不觉日西，可见我们共同的癖好。

我幼年读《红楼梦》，开始毫无兴趣，简直不可终卷，是什么原因呢？一是书中描写的生活、情节、感情、思想，我无法理解。二是书中涉及的典章制度、名物衣着，种种名称实在太繁复了，我简直是摸不着头脑，所以读起来不免有点昏昏然，可见我当时欣赏能力之低。那时我最欣赏的是《水浒传》和《三国演义》，水浒英雄那种豪气干云、裂石惊天的气概，常常令我神往。读《三国演义》，卧龙的深谋远虑，雅量高致；刘备的知人善任，信托不疑；关张的豪气千秋，赵云的死生可寄，都让我感到古人往矣，令人低徊。但是一拿到《红楼梦》，就多次让我废卷不可卒读，实际上那时我的知识太贫乏，阅历太浅薄，对于这样蕴藏着深刻思想和广阔内容的巨著，我一时怎么能读懂它呢？后来，我渐渐感到《红楼梦》这部书，需要疏解，需要对它所涉及的典章制度、名物衣着，以及各类典故语词，进行解释。最好是能编成一部书，

773

类似大辞典一样，凡与红学有关的词目，一并收入，进行疏注，人手一卷，读《红楼梦》就可以减去许多障碍。这样的设想多年来只是我的愿望而已。现在读了云乡同志的《红楼识小录》，我感到我的上述愿望已经部分实现了。

我得幸先读了《识小录》，深深感到云乡同志所写的每一事、每一物，都是切切实实的学问，而不是空论。例如关于"怡红夜宴图"，几十年来说法不一，但云乡同志却别具只眼，自出新意，指出了翠墨并未参加夜宴，掷骰子数点数时，自己包括在内。这足见云乡同志读书深细，辨事明晰。又如他在疏释"虾须镯"时，不仅对"虾须镯"的形状、制法、价值说得头头是道，清清楚楚，而且连乾隆时流行金镯的情况，也作了详细的说明。再如在说到《红楼梦》里描写的轿子时，列举了当时轿子的许多种类和等级，令人有如置身于荣、宁二府之中。至于谈到金饰、金价、黄金器皿，以及芍药、蔷薇、花木果蔬之类，亦皆言之凿凿，娓娓动听。所以读了《识小录》再去读《红楼梦》，就会感到《红楼梦》真正是一部百科全书式的书，它满身是学问，往往在只言片语里，就包含着当时的许多社会现实和风习，一经解释，就会感到它的浓烈的历史感和强烈的生活气息。这对于我们全面的研究《红楼梦》是大有好处的。云乡同志作了一件有补于《红楼梦》研究的非常切实的好事，我们希望他能继续写下去。

当然，我不是说"红学"研究，可以不要理论，如果这样理解我的意思，那就完全搞错了。理论研究，无疑是极端重要的。因为只有理论上的高度概括和深入阐述，才能使我们对这部书的理解达到全面而深入；才能真正明了它之所以产生的时代社会条件和它的丰富内容和思想意义；才能弄清楚它与传统文化的关系和它的创新的实质。总之，对这样一部伟大的著作，不用马列主义对它作认真的深入的全面的研究，不把这方面的研究作为"红学"研究的主要方面，那末，"红学"研究就会失去它的重点。

但是，我们强调理论研究的重要性，并不排斥"红学"研究中的考证、注释和许多专门性的专题研究。恰恰相反，我认为这两方面都不能偏废，而后者恰好是前者的基础，离开了这些具体的研究，离开了对《红楼梦》本身的切实的理解，那末理论研究就会流于空泛；反之，"红学"研究如果只停留在某些考证、疏解方面，那末"红学"研究就会流于琐屑而无法提高，无法达到理论上的综合。由此可见这两者都是不可偏废的，而且是相互可以补充的，而不是相互排斥的，因而我们不应该把这两者的研究对立起来。

还有一点，这两者的研究，无论是哪一方面，各自都会有错误和正确两种情况出现，决不会是哪一方面的研究就一定正确，哪一方面的研究就一定错误。具体来说，我们重视、提倡"红学"研究中的理论研究，但决不能认为只要是"理论"研究，这个研究就一定是可取的正确的，无可评议的了；相反，只要不是理论研究，一涉及考证、疏解之类的问题，就一定不可取，就一定是错误的了。我认为理论研究中，也要区分正确的理论和错误的理论，形而上学和辩证法都是理论，但却不能说都好；唯心论和唯物论也都是理论，同样也不能说都好。反之，在考证、疏解之类的研究中，同样也存在着正确和错误，不能认为凡此就一概错误，一概不要。在"红学"研究中，不应该简单地形而上学地来判断哪一种研究是正确或不正确。离开了研究的成果，离开了研究的内容和结论是很难判断这种研究的正确与否的，何况有一些研究的结果究竟是对是错，还需要经过长时期的历史考验，才能论定其是非功过，所以匆忙地对一种研究（包括理论研究）作出结论，往往不一定正确。五十年代对于马寅初的人口论的否定，就是值得吸取的教训。所以学术研究中真正贯彻党的"百花齐放，百家争鸣"的方针，是一个十分重要的问题，在"红学"研究中也不例外。只有认真贯彻"双百方针"，学术才能繁荣发展，否则就会走向某一片面或极端，就不利于学术研究的发展。而且在"双百方针"中，"齐放"和"争鸣"应该是并重的，只有"齐放"没有"争鸣"，那也是片面的，"争鸣"可以使"齐放"中的各种问题得到深化，得到全面的认识，对一些不正确的东西可以得到纠正，而且"争鸣"本身也就是"齐放"的一种形式，所以在"红学"研究的领域里，必须正确地认真地贯彻"双百方针"。那种不适当的干涉，划定某些范围，认为某些问题不能研究之类的看法和议论，并不有利于"红学"的发展。对于一个研究者来说，当然首先要认真用马列主义的理论作为指导。马列主义的历史唯物主义和辩证唯物主义，是一种完美的科学的理论，是没有偏颇的理论。但是，关键是在真正正确地理解它和运用它，并不是一用上几句马列主义的词句，自己研究的结论就一定是符合马列主义的了；在这个问题的研究上作出了比较符合马列主义的比较科学的结论，并不能保证你在一切问题的研究和所得出的结论上都能如此。马列主义是一门严肃的谨严缜密的学问，没有半点侥幸的余地。然而，当你在研究中确实是掌握了大量的材料，确实是努力实事求是地认真地用马列主义的理论作了深入的缜密的研究以后得出了你的结论，那么也不必害怕这样那样的指责和讥评。要坚信在科学的领域里没有特权，任何权威都必须经过历史的检验。长期的历史实践，会对各种各样的理论和结论作出公正的评价。那些"指责"和"讥评"，它也躲不过历史检验这一关。我们应该有勇气面对理论的论争，我们更应该有勇气面对历史的检验，使我们的研究成果更具有科学性。

　　最近在《水浒》的研究中，江苏大丰、兴化的同志作出了贡献，发掘出了有关施耐庵的家谱、地券、墓志等历史文献，这是极为可喜的大事，随之而来的，当然就会对这些发掘出来的东西进行研究。前些时候学术界有些同志对家谱的研究提出了种种责难，认为对作家的老祖宗，尤其是据说十七、十八代的老祖宗没有必要研究。我不知道这样的规定出于何种马列主义的经典著作，但是活生生的实际是不久之前诗人白居易的家谱被发现并出版和研究了，词人辛弃疾的家谱也被发现了，现在又发现了关于施耐庵的家谱，当然毫无疑问的是不应该把它们抛弃而应该认真的研究。本来"谱牒学"是史学的一个重要部分，是什么时候冷落下来的我不大清楚。但记得"十年浩劫"时期和稍前，是批判过一阵子农村中的"续家谱"之类的封建迷信活动的。封建迷信活动当然应该反对，但学术领域里对古代作家的家谱的研究，当然不属于封建迷信活动，当然是正当的史学研究。至于说十七、十八代的祖宗不应当研究之类的规定，我看也只是某些人的个人见解，不必作为定论的。

归根结蒂，在学术研究上，必须要有坚定不移的信心，这信心首先是对马列主义的信心，其次是对自己刻苦研究的成果的信心。一项学术研究，往往需要多年的苦心钻研，需要掌握大量的史料，需要用马列主义的立场、观点、方法来进行分析和综合，需要自己在公布自己的结论之前多方面进行检验。凡是下了这样的功夫的研究，凡是确实是遵循了马列主义的理论和方法研究得出的结论，就应该具有自己的理论的信心，不必因为有些不同的意见而感到惶然。当然对自己研究成果的坚定性和自信心，决不能因此而自以为是，听不进不同意见，这前后两种思想是截然不同的，不能混淆，这是不用多说的。

我有感于当前"红学"界的某些现状，因而提出这些问题来，其中最主要的是坚持马列主义的理论指导和坚持实事求是的科学态度，也就是要坚持实学而不尚空谈。马列主义本身就要求详细地占有材料，根据事实说话，而决不提倡无补实际的"放空炮"。因为这种"放空炮"，除了表明它徒具虚声而外，什么实际问题也解决不了，而理论之所以可贵，是因为它能解决实际问题。

前不见古人，后不见来者；

念天地之悠悠，独怆然而涕下。

这是陈子昂的一首诗。陈子昂处在中国诗歌发展的重要阶段——初唐时代。现在我们正是处在"红学"发展的重要阶段，也可以说是用马列主义研究"红学"的开始阶段（这个阶段是从1954年开始的）。不过，现在我们的处境，却不是"前不见古人，后不见来者"，相反倒是"前可见古人，后可见来者"。过去的"红学"研究家给我们留下了宝贵而丰富的著述，足可供我们研讨。新一代的"红学"研究者不断发表新著，大大开拓了"红学"研究的园地，"红学"研究的队伍空前扩大，这是我们今天的现实。所以，如果真正能做到用马列主义的理论作指导和充分地掌握作品本身，掌握与作品和作家有关的一切历史资料，把这两者紧密地结合起来，那末，我们的"红学"研究必将会有更新的发展。

云乡同志笃实的治学态度和诚朴的文风，使我受到很大的启示，上面这些话，都是读了云乡同志的《识小录》后有感而发的，也许说得不对，希望云乡同志和读者们有以教正。

1982年4月22日夜

于京华瓜饭楼

《红楼梦新论》序

　　梦溪同志把他的《红楼梦》论文结集成书，嘱我作序。我对梦溪同志研究《红楼梦》的情况是了解的，他的论文，大部分我也在发表前或发表时看过，要我写序，似乎没有理由可以躲懒。

　　大约应该回忆到二十年前的时候了，那时他在人民大学语言文学系学习，经常来看我，谈论一些学术问题。他与当时的其他同学有一些不同，整天钻书本；看电影，逛公园都没有他的份，有些会议也躲着不去参加。于是颇有点对他的责难之词，什么"白专道路"之类，传到我的耳朵里，曾为之分辩，而梦溪同志，则不顾此种物议，继续专注地走他的路。

　　在我的记忆里，那时他用功钻研的，首先是马克思主义基本理论。他一个时期集中攻读《马克思恩格斯全集》，曾给我看过他的大量笔记和卡片，当时他主要是在钻研马克思、恩格斯早期著作中的"异化"思想，后来把这些成果整理成文了。1962 年左右我在写关于道德问题的文章，他也很感兴趣，并多次交谈过。我记得起来的另外一方面的情况，是他对文学史和古典文学的浓厚兴趣。我对司马迁、杜甫是有特殊的偏爱的，他对此也有同好。我当时买到的四川成都杜甫草堂编的《杜甫年谱》,他首先拿去认真读了,对照几种不同的版本,按编年读完了全部杜诗。还有我们多次谈论过《诗经》、屈原、汉魏乐府等等,记得他对《诗经》和汉魏乐府曾写过文章。以上这些,对他后来的治学,打下了一个坚实的基础。

他研究《红楼梦》是什么时候开始的,倒反而记不起来了,但他借我的《杜甫年谱》在还我时,我曾捡出他夹在里面的有关《红楼梦》的资料还给他。他发表的第一篇研究《红楼梦》的论文《探春新论》的初稿,我是看过的,清样排出后恰好他要下乡(那时学生都要下乡一个时期),来不及亲自校改了,他委托我代他校改并退回报社,我代他办了这件事,所以这篇文章在《光明日报》发表时,我比他先看到。后来我们就时常谈《红楼梦》了。这段往事,一转瞬就是二十年!

二十年内,我们国家发生了多少翻天覆地的变化。"闻道长安似弈棋,百年世事不胜悲"。这当然是杜甫的历史感和现实感,但这类诗句,在十年浩劫期间,它总要自动地从你的记忆里跑出来。变化确实很大,社会的,政治的,人事的,思想的,这大概就是苏轼所说的"自其变者而观之"吧。那么"自其不变者而观之",究竟如何呢?我没有留心于此,但却发现梦溪同志对学术的兴趣、对《红楼梦》的兴趣并没有变。见面时,还免不了要谈《红楼梦》。张宗子说:"名心一点,如佛家舍利,虽劫火猛烈,烧之犹不去也。"我们经受的"劫火",可谓"猛"矣"烈"矣!但"不去"的倒不是什么"名心",而是对《红楼梦》爱好之心和对曹雪芹的慕敬之心。治学之道,最难得的是甘于寂寞,甘于清苦。我曾说"艰难长途苦犹乐",要从治学的艰难困苦中找到乐趣,要肯于和勇于作艰难的长途跋涉,这是很不容易的。我认识到天底下的学问,都是从苦中来的,不吃苦,不能突破吃苦这一关,是不可能获得成绩的。龚定庵说:"万一禅关砉然破,美人如玉剑如虹。"治学的攻关，颇有点像佛家的坐禅关，要有坚定不移的信心，要不被一切邪魔外道的色相所引诱，要清醒地认识到我们走的是一条艰难长途，而不是短途旅游，不是风光参观团。二十年，在我们的一生中不算太长，但也不算太短，至少可以说它占去了一个人的生命的四分之一的时间吧！何况这二十年的后十年是在"劫火猛烈"中度过的，而梦溪同志居然对于治学，对于某一门学问的兴趣，钻研和探索的精神和勇气毫不动摇，这是何等的难能可贵啊！我发现我国的许多老一辈的科学家、艺术家、学术家、文学家，他们都有这样的特点，这样的优良品质。这是最最珍贵的精神财富，精神力量，这是爱国主义的表现，这是热爱社会主义事业的表现，值得我们好好地学习。梦溪同志这部三十多万字的论著所以能够结集出版，正是他对治学的坚持精神的结果。

治学还必须有实事求是的态度，离开实事求是愈远，则离开科学真理愈远。这倒不是说"实事"就等于真理，但真理必须从实事求是中得来。因此就要求一个学术工作者，一个笃实的求是者，一个以科学真理为追求目标的人，必须要全面地、确切地掌握有关的资料，对资料做认真的鉴别工作，做"去伪存真，去粗取精"的工作，做脚踏实地的调查研究工作。对于一个客观事物的认识，决不是一次即可完成的，要使自己的认识接近于客观真理，往往需要多次的实践，多次的反复，也即是说其中会包含着多次的失败。认识上的失败常常是由于不了解研究对象的全般，结果说错了话。这在学术研究上是不可避免的，在文艺创作上也是不可避免的，本无足怪。那么，可不可以因此而不去掌握大量资料，不去对资料作考证鉴别工作呢？可不可以因此而不作调查研究呢？答曰：不可以。如果不掌握大量资料而加以精鉴，我们的错误会更多。我们要使自己的研究结论确实反映客观实际，符合客观规律，没有别的办法，只有认真作调查研究，认真做资料的搜集整理和考订工作，这是科学真理的基石。梦溪同志在他的治学历程中,是颇为重视这一点的,这样就使得他的不少文章,具有明显的求实精神,他自己在本书的《自序》和《后记》里也都表达了这种愿望和精神。

研究中国的古典文学,乃至于整个史学,不懂得版本之学,不认真搞校雠工作,学问不可能扎实。然而目前能搞这方面的学问的人已经不多了,精于此道的专家尤其不是很多,我自己虽然痛感这方面没有狠下功夫,所知甚浅,因此常常带有"学不足"之感。特别是版本这门学问,除了大体区别各个时代的版本特征,各个特殊地区的版本特征等等以外,每一部书都还有自己独自的版本特点,有矛盾的特殊性。拿《红楼梦》来说,光是前八十回,乾隆时期的抄本就有十多种,这十多种又各不一样,例如庚辰本与己卯本是一个系统,蒙古王府本、戚蓼生序本、南京图书馆藏抄本戚蓼生序本这三种又是一个系统;《红楼梦稿》前七回,又与己卯本的前七回相同,今己卯本的开头几页已缺失,我们从《红楼梦稿》本的开头,就可以得知己卯本的开头。而号称为乾隆十九年的甲戌本,则又是一个独特的本子,它的抄成年代,实际上较晚。还有木活字本系统的程甲本和程乙本、程丙本等等,要系统地讲《红楼梦》的版本,那真是一言难尽,无怪乎一粟要写成一部四百多页的专著了。然而这个版本之学,也是治学者所必攻的。不懂某一种书的某种版本在先,某种版本在后,不懂得这许多版本之间的相互交叉的情况,研究工作就会陷于混乱,甚至闹出笑话来。梦溪同志参加过一段时间的《红楼梦》校订工作,对《红楼梦》的许多版本多所涉猎,因而才有可能写出《论〈红楼梦〉早期抄本的回前诗和回末诗对》这样的文章来;《论甲戌本〈石头记〉的〈凡例〉》和《〈红楼梦〉的版本演变和红学史上的斗争》等,也属于这类性质的文章。

现在学风问题和文风问题是思想界、学术界的大问题。学风和文风代表着一个学术工作者的思想面貌，归根到底还是社会思想的反映，所以学风和文风从来不是孤立的问题。"四人帮"横行时期的学风、文风，那种假、大、空的东西，那种充满着诡辩和欺骗的东西，那种"左"得不能再"左"的东西，都是适应"四人帮"的政治需要，为"四人帮"的某种目的而存在的。这当然不是说所有写过这类文章的人都有问题，而是说社会上，学术界之所以刮起这股风来，不是平白无故的"起自青萍之末"，而是发自"四人帮"的喇叭筒里。现在"四人帮"垮台已经五年了，我们需要提倡什么样的学风和文风呢？我认为当前我们迫切需要大力提倡马克思主义的实事求是的学风和文风，提倡认真的调查研究，提倡在学术研究中做好基础工作，包括切实的资料整理工作。理论当然是重要的，而且是头等重要的问题，但是没有充实资料的空洞理论是没有力量的，是缺乏战斗性和说服力的。应该看到，目前在思想界、学术界，"四人帮"的余风未清，余毒未除，我们决不能忽略这点。因此，凡是坚持实事求是的学风与文风的研究者，和以这种学风与文风写出来的著作，都应该得到学术界的尊重。

要提倡马克思主义的学风和文风，就必须认真地正确地贯彻党的"双百"方针，真正做到民主的和平等地讨论问题。学术是探讨的领域，发生不同意见和展开论辩是一种正常现象，健康的现象，是理论深化和发展的必要方式。试看马克思主义的经典著作，有多少重要著作，不都是从论辩中产生的吗？所以有勇气的学者从不害怕论辩，也决不害怕批评，更不忌讳批评。当然批评应当是正常的而不应当是打棍子、扣帽子、抓辫子；应当尊重对方而不应该贬抑对方；应当是与人为善的而不应当是与人为恶的。孟轲说："吾岂好辩也哉，吾不得已也！"我很欣赏孟轲这种论辩家的风度，我认为害怕论辩，就是理论上的怯懦的表现。因此，为了坚持马克思主义的理论原则，我们要勇于论辩，善于论辩，而决不是回避论辩。梦溪同志的这部论著中，正好有一部分是论辩性的文章，例如《秦可卿之死与曹雪芹的著作权》就是带有代表性的一篇。当然，谁的理论正确，决不是看谁的自信心足，而是要看谁真正讲出了客观真理。不论是文章或者是书，一经发表出来后，就再也不仅仅是单纯的个人的东西了，而是产生了社会作用，具有社会性了。因此它的正确与否，不论你愿意还是不愿意，不论是毁还是誉，它都得经受长时期的社会实践的，也即是历史的检验。这个历史的"关"是人人必须过的，也是任何理论（只要称得上是理论）都必须过的。我们应该充分相信历史是公正无私的，我们也应该相信马克思主义的生命力和战斗力是永葆青春的。

在当前的思想界和学术界，我们多么希望有"千岩竞秀、万壑争流"的百花齐放、百家争鸣的局面出现啊！我们多么希望在理论上有"振衣千仞冈，濯足万里流"这样高瞻远瞩和发人深思、启人智慧的著作问世啊！

梦溪同志的年龄并不大，今年才满四十岁，这证明我们的中年和青年一辈中，蕴蓄着大量的人才，我们应该鼓励和帮助青年和中年的同志，坚持马克思主义的学风和文风，勇于著书立说，勇于论辩，切不要让人材老去，切不要等他们的头发白了，才让他们去做青年和中年时期就应该做的事。"莫等闲、白了少年头，空悲切！"这几句话，现在还是有意义的。

当然，我们应当谦虚谨慎，任何时候都不应当骄傲自满，在我们伟大祖国五千年的文化积层面前，我们个人有什么值得骄傲的呢？在千百万群众的集体智慧面前，我们个人的一点见识，又算得了什么呢？人最可贵的东西是纯朴，最好的文章的思想和风格我认为也是纯朴。"贲象穷白，贵乎返本"。我们任何时候也不要丢掉这份可贵的思想和精神财富。

梦溪同志这部书的思想内容，是广博而有深度的，他的目光是锐利的，他的文笔也是令人爱读的，这些方面，自然读者有自己的炬览，无须乎我再作介绍。因此我讲了一些关于他的治学方面的情况，这似乎是题外话，然而正因为是题外话，是这本书里他自己不曾讲的，所以我才有必要讲一讲。这或许对于读者，也还有点用处吧。

1981 年 9 月 16 日夜 2 时草于京华瓜饭楼

《红学散论》序

　　顾平旦、曾保泉两同志合写的《红学散论》即将付梓了，嘱我写几句以代序言。我与他们两位熟识多年，皆属"红"友，收在这本集子里的文章，好多也是我早就读过的，要写几句话，自无可推却。

　　平旦同志与我一起搞《红楼梦》的研究工作，并参加《红楼梦》校注，已经七八年了。他原是北京出版社的一位老编辑，经验多，涉猎面也比较广，对工作一直勤勤恳恳。曾保泉同志虽然与我不在一个单位工作，但也经常能见面叙谈，了解较多，他也是一位刻苦而笃实好学的人。

　　文如其人，他们两位的文章，倒确如其人，有一种朴实敦厚的感觉，读起来觉得亲切入味，没有空洞的理论，也没有幻想般的猜测，如清夜闻钟，声声入耳。

　　收在这本集子里的一组关于大观园和恭王府的文章，是他们多年致力研究的结果。特别是对于大观园的平面布局，他们是以曹雪芹在书中的描写为出发点，所以得出了较为实际的结论，这对读者了解《红楼梦》中大观园的艺术结构以及小说情节、典型环境都有好处。他们对恭王府花园和大观园的关系所作的探索，提出了"不是大观园，酷似大观园"源流的新见解。全文具在，就用不着多作介绍了。

《燕市芹迹小考》一组文章，也值得一读。这是前几年我在研究曹雪芹家世时，要调查在北京的有关曹雪芹的遗迹，他们两位都是热心者，而且对此也有很浓的兴趣，所以我每次出去调查，都与他们两位同行。记得我第十次去河北涞水沈家庵村，调查五庆堂祖墓时，不熟悉道路，也无法找熟人问讯，后来就是由顾平旦同志找到一位老同志。他在抗日战争时，在沈家庵村一带太行山余脉区打游击，当年曾住过沈家庵村，我们好容易找到了他，由他带路，才见到了这个群山环抱的村庄。也就是这一次，我们找到了曹家的祖坟墓地。见到了已被砸碎的墓地界石，找到了守墓人言凤林老太太，确证了《五庆堂重修辽东曹氏宗谱》的可靠性。以后我们又同去多次作深入的调查。第二次又发现了完整的墓地界碑。界石砌在水库上，当时取不下来。直到 1980 年夏天，才把它取回的。这次取回界石，平旦同志也是一起去的。

1981 年春，我要到通县张家湾一带去调查曹雪芹的行踪和曹家的遗迹。承老友巫君玉兄为我解决了交通工具，我们一行四人一起出了朝阳门沿潞河逐段调查，到午饭时到达张家湾，查到了张家湾唯一的一家清代的当铺，看来这就是曹𫖯奏折里所说的"张家湾当铺一所，本银七千两"的那个当铺了，张家湾的通运河大桥，张家湾明代所修的旧城遗址以及运粮码头、盐场遗址等等都还存在。虽然样子已大大改变，但仍依稀可辨。我们感到很是欣慰。归途，我们还找到了"水南庄"、"庆丰闸"等处，这都是敦敏诗中多次提到过的地方。现在重读他们写的这一组文章，回忆起来倍感亲切。

关于曹寅的《续琵琶》传奇，是康熙时的抄本，并且是孤本，过去从未有人认真研究过，这次他们进行了认真的研究，弥补了过去的不足。曹寅的另一个剧本《太平乐事》，虽是刻本，但也极少见，他们也对它作了研究和介绍，并据此为文论述了曹寅在戏曲创作方面的成就，这对了解曹雪芹家庭的文学传统，也是有益的。

本集中还有关于曹雪芹的小说和诗歌观点的探讨，这无论是对研究曹雪芹和研究《红楼梦》都是很重要的课题。

我一向认为，《红楼梦》这部百科全书式的书，需要许多人从各个不同的方面，不同的角度作深入的研究，才能把研究推向深入。如果许多同志这样做了，把这些研究成果加在一起，也就成为对这部书的全面的总体的研究。至于有的同志有兴趣从总体上对这部书作研究，也同样是必须的，只会相得益彰，并不会互相妨碍。

前些时候，曾读过邓云乡同志的《红楼识小录》，这可以说是专攻其"小"。这是有特色的一部书，是道人之所未道。现在又读顾平旦、曾保泉两同志的《红学散论》，从研究的问题来说，介乎"小"、"大"之间。从书的结构来说，不是"总论"也不是"综论"而是"散论"。这等于是轻骑或散兵，便于灵活作战，便于深入腹地。何况在这些"散论"之间，又各有专属，各有主题，读起来并不觉得散漫。我想这样的研究和这样的论《红》文章，也一定是读者所欢迎的。就我自己来说，在研《红》的时候，常常觉得顾此失彼，因此就特别希望有更多的同志来做类似上述这几种书的研究工作。以便大家在面此之时，还可以得彼。

这或许也是大家的愿望罢！

1984 年 10 月 10 日夜 10 时

写毕于京华宽堂

《红楼梦：一次历史的轮回》序

我认识杨光汉同志，已经是很多年前的事了，那时"文革"初罢，余风未尽，就在我认识他的时候，也似乎颇招人尤，这反倒加深了我的印象。但是，使我对他真正有较深的认识的，是他给我看了后来在《红楼梦学刊》1980 年第四期上发表的《关于甲戌本〈好了歌解〉的侧批》那篇文章。那篇文章，以极其笃实的功夫，提出了一个完全新颖而又完全正确的结论，回答了老一辈的红学专家吴世昌老先生提出的问题。事后我虽然没有顾得上请问吴先生还有什么意见，而且似乎也未见吴先生再提出此问题，我主观揣度，吴老先生一定是首肯的。

光汉同志在这篇文章里，提出了《好了歌》侧批有三处错行的问题，他正确地指出了这三句侧批原来的位置，与歌文的关系，致错的原因，直至这个过录甲戌本的底本的行款字数，过录时因每行减二字，积累下来，至使过录本增一行，从而使它与原本的行款有了差异，因而另手在循行填钞旁批时，抄错了位置等等。这样的寻行数墨，慎思明辨的文章，我当时读后，不仅是耳目一新，几乎有振聋发聩之感。

为什么我会这么大惊小怪，这是有原因的。我自己做学问有一个习惯，即喜欢先打外围战，也即是我每研究一个问题的时候，总喜欢把与这个问题相关的情况弄清楚，然后再向正题进行研究。所以当我在研究《红楼梦》的思想内容或艺术描写的成就的时候，我就总希望能先把《红楼梦》的文字弄确实，甚至把《红楼梦》作者的身世遭遇等等也弄清楚。解决了这类外围的问题，再来攻研《红楼梦》的思想或艺术，就不至于落空了。譬如有人大赞"冷月葬花魂"是好句，说《红楼梦》的文字以"葬花魂"为是而"葬诗魂"是误句，不足为据，等等。然而，我却私心惴惴不安，觉得万一情况并非如此，雪芹原文确是"葬诗魂"的话，那末，那些论证"葬花魂"为妙句的说法，岂非完全落空。又如"芦雪广""芦雪亭""芦雪庵""芦雪庭""芦雪庐"，同一个建筑，各本的文字如此歧异，那末，贾宝玉等人究竟是在尼姑"庵"里"割腥啖膻"地大吃鹿肉的呢？还是在亭子里、庭院里、茅庐里呢？这就让人十分糊涂了，如果不把这个地方搞清楚，就很难下手分析，难道在尼姑庵里可以茹腥啖血、大开荤戒的吗？

由于以上的原因，在《红楼梦》的研究中，非常重视版本的研究，重视《红楼梦》抄本文字的研究。大家知道，脂砚斋重评《石头记》甲戌本，是现存《红楼梦》抄本中纪年最早的一种，因之，胡适把它称为"海内最古的《石头记》抄本"。对于这个抄本，研究家们是十分重视的，可以说是《红楼梦》抄本研究中的重要依据，也因此，这个本子上有了差错，如果不能研究出一个正确结果来的话，就有可能使我们的研究导入迷途。吴世昌先生已经发现了这个问题，但可惜没有找到开这把锁的钥匙，现在杨光汉同志却正确地揭开了这个谜底，使一直不得其解的问题，豁然开朗，得到了确解。这样的文章，怎么能不给人以特殊深刻的印象呢？

近年来，学术界，也包括红学界，都在热烈地讨论学术研究的新方法的问题，也即是企图在研究方法上进行一种革新。这当然是好的，如果确是新的科学的方法，当然是应该欢迎的，我们总不应该固步自封，

《红楼梦：一次历史的轮回》序

因循守旧罢。但是新方法之所以应该重视，并不仅仅因为它是"新"，而是它能得出科学的正确的结论来，如果它不能得出这样的结果来，那末它的"新"就毫无意义。同样，如果原先使用的方法虽然是由来已久，已算是"旧"了，但它却能得出正确的结论来，那末，就不能因为它属于"旧"方法而把它抛弃。在《红楼梦》研究中版本的考订研究，作者家世生平的考订研究，作者时代的考订研究等等等等，就是如此。杨光汉同志在考订甲戌本《好了歌》批语的位置的问题时，所用的方法，从一些同志看来，会觉得是"旧"方法，不大合乎潮流，但我却认为这是正确的一种方法，它无所谓新、旧，关键在于正确。

光汉同志研究的结果给我的另一个启示是：我们既要重视《红楼梦》以及其他各种古籍的珍贵抄本和版本，又不能把它当作"神物"，神圣不可侵犯。不能只准对它作种种解释乃至于曲解，而不能对它有种种疑问。如果对这些珍贵抄本是采取迷信的态度而不是分析的态度，那末，我们的研究就会僵化。

光汉同志在他的书里，提出了不少新的研究成果，从而在一定程度上增加了近十多年来红学界研究的生气和活力，当然，并不是说光汉同志提出的问题我全部赞同，当然不是这样。科学的问题，只能实事求是，同则同，异则异，不能勉强，更不能搞关系学。所以在科学的问题上，最可贵的是说真话，说实话，而要反对说假话，反对游谈欺人。光汉同志提出的雪芹在己卯、庚辰之间南行游幕的问题，说实话，我就一直持保留的态度。这个问题当然不是光汉同志首先提出的，因而我的保留态度，也不仅仅是对光汉同志一人。所以使我一直持保留态度的原因很简单，就是证据不足。现在拿来作为证据的材料，只有敦敏（《可知野鹤在鸡群》一首）、张宜泉（《怀曹芹溪》一首）、敦诚（《寄怀曹雪芹（霑）》一首）的三首诗，而且诗未明写，是靠分析得出的结论，我认为这充其量是单方面的不确定性的材料。不少人（包括光汉同志）认为雪芹此次南行是当尹继善的幕僚，但是，就是在这个关键问题上，从尹继善的一面，或从南京这一面来说，却拿不出任何一点点可资佐证的资料，以与上述三首诗呼应、对证，从而增强这三首诗的证据力。这就是说，在这个问题上，至今还只有单方面的不确定性的分析性材料，而缺少相对应的确定性的证据，因此，这个结论，至今只能停留在猜测性和分析性上，因为缺乏确证，因此也就不能作为确论。

雪芹是否游幕的问题，并不涉及雪芹是否有失身份的问题，仅仅涉及作出的论断是否有充分的根据的问题。

作为一部学术著作，能够在学术领域里解决一些问题和推进一些问题，固然是大可喜之事，但不能要求一部学术著作尽是这样的内容，没有一点点讨论性的内容甚至有差错的观点，这种想法是不现实的。因此，如果在一部学术著作里能提出新的争论的问题或把原先争论的问题推向新的更高的争论焦点，这同样是值得欢迎的一种学术贡献。所以光汉同志此书的问世，不论从哪一角度来说都将是对当前红学的一种促进。

1989 年 8 月 30 日晚 1 时

于京华瓜饭楼

《红楼梦：迷人的艺术世界》序

　　说《红楼梦》创造了一个迷人的艺术世界，我认为这句话十分正确，一点也不过分。

　　自从《红楼梦》在乾隆十九年前后以抄本的形式流传以来，到乾隆后期，抄本已风行于世。之后，也就随即有咏《红》、评《红》之作，层出不穷。议论《红楼梦》而几挥老拳者有之，读《红楼梦》而幽闺自怜、感伤身世乃至以情死者有之，如果不是《红楼梦》以它强烈的艺术感染力深刻地打动了千千万万读者的心，那末，上面这种种异乎寻常的现象就不可能发生。

　　《红楼梦》确实以它震撼人心的思想力量和艺术力量，给社会以强烈的震动，给人们的心灵世界以强烈的震撼。

　　从宏观方面来看，《红楼梦》这个迷人的艺术世界，是清代前期（康熙、雍正、乾隆）社会历史生活、政治生活的一个真实的而又是艺术的反映。它是通过荣、宁二府的兴和衰，通过荣、宁二府一年四季的日常生活，通过荣、宁二府的几件重大事件（可卿之丧、元妃省亲、除夕祭祖等等），通过荣、宁二府家族之间的种种矛盾，通过青年一代对生活的不同理解和不同追求，通过宝、黛、钗、湘、玉之间的爱情和感情的纠葛，特别是通过从发生、发展、巩固到破灭四个阶段的宝、黛爱情悲剧等等的情节所表现出来的。

《红楼梦》通过以上一系列事件的展现，使你感到它的描写，事事迷人，处处迷人；使你感到曹雪芹笔端再现生活的巨大魅力；使你感到打开《红楼梦》，随时随处都可以呼吸到浓厚的生活气息；使你感到几乎分不清楚究竟是生活的迷人还是艺术的迷人。一句话：使你看到了活生生的清代前期的社会生活，从而真正展现了一个迷人的艺术世界。

《红楼梦》这个迷人的艺术世界，当然是由各部分的具体描写所构成的，犹之乎一座大观园，它是由许多具体的杰出的建筑群组成的，离开了怡红院、潇湘馆、蘅芜院、稻香村以及大观楼等等的具体建筑，也就不成其为大观园。

作为一部长篇小说，首先是要塑造一系列能永远活在读者心头的典型人物。典型，并不是阶级或阶层的平均数，典型必须是活生生的社会的人，也就是恩格斯说的"这一个"。伟大的作家曹雪芹，在《红楼梦》里塑造了一系列栩栩如生的永远活在人们心头的典型人物。曹雪芹塑造小说人物的方法和他赋予形象的内涵，确实有独到之处，这就是本书著者周中明兄突出地指出的，曹雪芹所赋予他的人物的思想内涵，不即如《三国》、《水浒》那样是忠、孝、节、义的道德概念，恰恰与此相反，曹雪芹所赋予他的正面人物的思想和理想，是一个"情"字。我认为周中明兄指出的这一重要特征，确是发人之所未发，是完全切中曹雪芹对他的理想人物塑造的独特之处的。

在小说主要人物和正面人物的塑造上的这种思想内涵的演变，正是从明中叶以来由李卓吾、汤显祖、冯梦龙等人所代表的反对封建传统思想，提倡人性，赞美自由恋爱式的爱情这种文艺思想的反映，也就是资本主义萌芽这种新的经济形态在意识形态领域里的反映。所以从社会发展和思想发展的角度来看，贾宝玉、林黛玉这两个为曹雪芹所倾心塑

《红楼梦：迷人的艺术世界》序

造、全力肯定的人物，确实具有新人的意义。

曹雪芹在塑造这些典型形象和小说人物的时候，所用的手法也是有区别的。如同中国画里的人物画那样，有的是工笔重彩，有的是工、写结合，有的则是简笔勾勒。很明显，读者在读《红楼梦》的时候，会十分明显地感觉到，曹雪芹在写贾宝玉、林黛玉、薛宝钗、王熙凤等人的时候，与写其他一些人物是很有不同的。鲁迅曾经指出中国传统小说人物的一个重要创作方法就是画眼睛，所谓"传神阿堵"，这当然不错。但是发展到曹雪芹写贾宝玉、林黛玉、薛宝钗、王熙凤的时候，就已经不是单纯的片面的性格描写，如《三国》、《水浒》那样，更不是简单的画眼睛了。不错，《红楼梦》里对王熙凤、林黛玉、贾宝玉和薛宝钗等，都有关于眼睛的特笔描写，如说王熙凤是"一双丹凤三角眼，两弯柳叶吊梢眉"，说林黛玉是"两弯似蹙非蹙罥烟眉，一双似泣非泣含情目"，说薛宝钗是"脸若银盆，眼如水杏"，说贾宝玉是："面如傅粉，唇若施脂，转盼多情，语言若笑，天然一段风韵，全在眉梢，平生万种情思，悉堆眼角"等等等等。但是，凡读过《红楼梦》的人谁都清楚，对这四个人的描写，以上这种画眼睛的方法所起的作用，毕竟是有限的，读者对这四个人物形象的深刻印象，主要是通过作者对他们的十分精细的全部描写。当然在《红楼梦》里，也确有一批用工、写结合的方法来描写的人物，例如：尤三姐、薛蟠、柳湘莲、贾琏、贾瑞等等就是如此，对他们的描写，既有工细的部分，也有大笔濡染的简笔勾勒的部分。此外，《红楼梦》里还有不少人物是用简笔勾勒的方法准确生动地勾画出来的，虽只寥寥数笔，但同样收到了生动传神，使读者过目不忘的效果。例如醉金刚倪二、贾芸的舅舅卜世仁和舅妈、老仆焦大、铁槛寺的老尼净虚、小尼姑智能、丫环小红、小丫头佳蕙、歌妓云儿、马道婆、赵姨娘、贾环等等，这些人物有的在书里只占极少的篇幅，有的甚至只出来过一次，但是读者却永远记住了他们。

　　以上三类人物，虽然在写法上有繁简粗细的区别，但他们有一个共同点，就是俱各传神。可以说《红楼梦》人物塑造上的最大的特色，就是每个人物都各具神韵，各有各的风格、气派和韵味，而且是味在酸咸之外，即各有各的个性特征，你不能简单地用性格分类法把它们归入某一类。读者可以试着掩卷闭目存想，自然就会感到林黛玉和薛宝钗是两种完全不同的风韵、气派；同样，你再想想王熙凤、史湘云、妙玉，就又各不相同，风韵别具。所以无怪乎与曹雪芹同时的宗室诗人永忠要题诗说"传神文笔足千秋，不是情人不泪流"了。说《红楼梦》的人物传神，正是抓住了《红楼梦》人物的最主要特征，不是说《三国》、《水浒》的人物不传神，但那是粗线条的，《红楼梦》人物的传神，是细腻熨帖，深入骨髓的，因此这些人物，都各有各的个性，各有各的神韵和气派，绝对不能相混，既不能与《红楼梦》里的其他人物相混，也不能与历史上《三国》、《水浒》或其他作品里的人物相混。红楼人物，就是别具一格的红楼人物！

　　当然，以上所说，只是问题的一面或主要的一面，从另一方面来说，她们毕竟还是有她们的共同点的。例如，她们同是青春少女，同是闺阁千金，同在一个封建大家庭里生活，因此有着同样的命运和前途，而且她们同是有较高的文化修养的，王熙凤虽不识字，但生活在这样一个有高度文化修养的封建家庭里，凭着她的聪明，又受到家庭的文化薰陶，因此也显得并不俗气和伧气，所以，以上这许多人（还有不少，不可能一一列出），虽然个性不同，却又能和谐地组合在一起。

　　当然，构成他们气派、神韵上的区别的，是他们的独特的个性和行动，例如醉卧芍药这样的行动，就只能是史湘云而不能是林黛玉或薛宝钗，到栊翠庵去乞梅，就只能是贾宝玉，而决不能是另外一个人，栊翠庵品茗时把刘姥姥喝过的成窑茶杯掷掉不要的，也只能是妙玉，而惜花飘零，感伤身世，为之悲叹，为之收拾掩埋的也只能是林黛玉，如此等等。由此可见，人物的个性是靠人物的行动来表现的，没有了人物的独特行动，也就没有了人物的独特的个性，同时也就没有了人物的独特的风格和神韵。

塑造人物的另一个重要的因素，是人物的独特而富于个性化的语言。语言是塑造人物形象的一个特殊重要的手段，有如在生活中听人说话，只要是自己熟悉的人，哪怕你不在场而是在别处，只要你一听他的说话，也就会立即知道这个人是谁。《红楼梦》里人物的语言都是高度个性化的语言，黛玉的语言尖而敏，但不刻，晴雯的语言尖而锐，但也还不能算刻，王熙凤的语言可以说是甜、酸、苦、辣俱全，而且尖而且刻。何处是刻？凤姐第二次诓贾瑞，叫贾瑞在空屋里等，贾瑞道果真？凤姐说："谁来哄你，你不信就别来！"贾瑞道："来，来，来！死也要来！"明明哄贾瑞，反说"谁来哄你"明明要他来上当受死，偏说"你不信就别来"。大某山人在这句话旁批道"反拶一句尤毒"，"毒"者，刻之甚也。还有，王夫人查问她发放月钱的情况，显然是有人在王夫人面前告了她了，她当着王夫人的面不敢表露什么不满，等王夫人走后，却恨恨地说："我从今以后倒要干几样刻毒事了！"切齿之声，令人如闻如见。

至于宝玉，秦钟抢着要喝智能手里的茶，"智能抿嘴笑道：'一碗茶也争，难道我手上有蜜！'"虽只一句话，把沉浸在初恋中的青年女尼的心态刻露无遗！为了要给贾蓉捐一个前程，贾珍向大明宫内监戴权问："银子还是我到部去兑，还是送入内相府中？"戴权道："若到部兑，你又吃亏了！不如你称一千两银子送到我家就完了。"一句话，把戴权贪贿卖爵的勾当和贪婪的嘴脸和盘托出。《红楼梦》的人物语言是极富个性化、极为生动精彩的，这里不可能一一举例。总之，《红楼梦》就是藉着这样生动的个性化的语言来塑造典型人物的。《红楼梦》众多的典型人物和个性化的人物，形成了《红楼梦》的长长的人物画廊，也形成了《红楼梦》这个迷人的艺术世界里的这座形象艺术的宫殿，发出了迷人的光彩和魅力。

　　小说中的人物和情节，都是在具体的环境中进行的，没有适宜于人物活动的环境，人物就无法活动，故事情节和人物的内心世界也就无法开掘，所以小说中的典型人物必须给予典型的环境。从这一点来说，《红楼梦》的环境描写，也是提供了非凡的典范。曹雪芹所创造的荣、宁二府和大观园，为小说中的人物创造了最好的活动环境。可以毫无夸张地说，《红楼梦》的环境描写，即荣、宁二府和大观园，是这个迷人的艺术世界的重要的组成部分，也可以说，没有荣、宁二府和大观园，也就没有《红楼梦》。荣、宁二府和大观园，与《红楼梦》人物已经形成了不可分割的关系。

　　此外，除了这个大环境，《红楼梦》里每一个故事情节的发生和进行，也都是有它的最适宜的环境的。例如贾琏偷娶尤二姐，必须是在府外的小花枝巷；柳湘莲饱打薛蟠，必须是在城外的苇塘；王熙凤毒设相思局，只能是在荣国府里；林黛玉、薛宝钗、史湘云、贾宝玉等人的诗社，必须是在大观园内开设；而十二个女优习戏唱曲的地方，必须是在与大观园不即不离的梨香院，这样既别于园内的小姐丫环，也为后来的情节"牡丹亭艳曲惊芳心"创造了条件；而王熙凤的弄权，则必须是在铁槛寺内，因为不可能让老尼到荣国府去进行这项活动；至于妙玉这个特殊身份的人物的活动环境，既不能脱离大观园，更不能与宝、黛、钗、湘一样在园中占一处院落，于是只好为她另行建造一个栊翠庵，这样，既在园中，又与宝、黛、钗、湘有区别。所以，即使是在大观园里，其具体环境的使用和描写，也是随着人物和情节的需要而选取的。也由于此，大观园的环境描写，一直处在动态之中，而不是静止不变，加上四季的转换，各种节日的来临，大观园常常是万象更新，给读者以充分的新鲜感，这样也就使这个迷人的艺术世界更为迷人。

《红楼梦：迷人的艺术世界》序

　　还必须指出，《红楼梦》的描写，其主流是现实主义的，但并不是任何情节的描写都是现实主义的，曹雪芹有时成功地运用浪漫主义的方法，有时也采用象征主义，这样，他所创造的这个迷人的艺术世界也就常有某种程度的浪漫色彩和神秘色彩。但是，这些方面，非但没有损害这个迷人的艺术世界，相反，倒是为这个迷人的艺术世界增添了色彩感和迷人感！

　　周中明对《红楼梦》的艺术，包括语言艺术、人物描写艺术、环境艺术和结构艺术等等，作了多年潜心的研究，写出了不少有分量的论文，最近他的论文要结集成本书在台湾和大陆相继问世，这对红学界来说，是件大好事。他连连来信，要我为这本书写叙，但我对《红楼梦》的艺术描写，或对《红楼梦》这个迷人的艺术世界，并没有作认真的深入的研究，不得已，只好说一说我对《红楼梦》的艺术描写的粗浅理解，由于时间匆促，也由于我一直在旅途中，无法查书，只能凭自己的记忆，因此我无法将这些论点展开，只好先写一个大概，作为备忘。我的浅见究竟是否妥当，也只好一并请中明兄和读者们指教了。

1989 年 7 月 30 日夜 2 时，

写于荆溪寒碧山庄

《红楼梦配角塑造艺术》序

　　据统计，《红楼梦》里一共写了九百多个人物，当然，其中有相当一部分是仅有名字的或者是着墨不多，只有十分简略的几笔，但不论怎样，《红楼梦》里能够给读者留下较为深刻的印象的人物，至少也在百数。但是，在过去和现今的《红楼梦》研究中，《红楼梦》的人物分析和研究，还仍然只集中在十几二十个人身上。这种情况，对于要全面了解、研究这部不朽巨著来说，是远远不够的。一部《红楼梦》虽然确有它集中而重点描写的人物，但《红楼梦》这座艺术之宫，决不只是仅仅由这些少数人物组成的，如果不能全面而充分地去分析、评价与这些重点人物密切相关的其他人物，那末，就根本不可能真正全面地深刻地理解这部《红楼梦》。

　　我读《红楼梦》，深深感到，作为典型形象来说，《红楼梦》里确实十分成功地塑造了一系列的不朽的典型，而这些典型形象，毫无疑问都是独立存在的，他们是单个的而不是群体的。但这其实还只是问题的一个方面。问题另一方面，是这些典型形象的存在，往往又是有所依傍的，有所映衬的，因此在一个典型形象的身边，还存在着与它联结在一起的其他艺术形象。如贾宝玉这个典型形象，作为他的补充或陪衬，就还有茗烟、袭人、晴雯、麝月等人的存在。林黛玉这个典型形象，也绝对不可能离开紫鹃而独立存在。其次，如薛宝钗之与莺儿，王熙凤之与平儿，贾母之与鸳鸯等等，等等。这一些自成组合的形象，在《红楼梦》里是实际的存在。看不到这些形象之间的相互关系，看不到作者的这种苦心经营，是不足以论《红楼梦》的。

在《红楼梦》里，还有另一种情况，即在某种程度上这一形象对另一形象是一种反衬，是一种对照或补充。例如贾政之与赵姨娘。人们单看贾政，怎么能想得到他还有这样的一个小老婆赵姨娘呢？而作为赵姨娘的映衬或补充，则还有马道婆，所谓物以类聚，人以群分。于是，贾政不单是与那些清客相公有关，而且与赵姨娘这个艺术形象还有更密切的关系，它使人们从不言中了解贾政其人的另一面，这不是对贾政的一个反衬和补充吗？再例如"王熙凤毒设相思局"的一回中，王熙凤故意选了贾蓉、贾蔷去捉贾瑞，试想这样的事，王熙凤如何可对蓉、蔷两人讲，既然可对蓉、蔷两人讲，而且还安排二人去捉他，而且还淋漓尽致地写出了贾瑞的丑态，那末，作者的笔，不是用"空谷传声"法，把王熙凤与蓉、蔷之间的关系，传给读者了吗？那末在这里，蓉、蔷两人的形象，对王熙凤这个形象岂不又是一种反衬或补充吗？

《红楼梦》里还有一些形象，它既是同于群体里的，但又是单个儿的。例如焦大，他当然属于贾府的老家人中的一员，但他又了然不群，与谁都挨不上。再如晴雯，她既是同于宝玉身边贴身丫头中的一个，但又与众不同，独往独来，有她的独立性。

再有，《红楼梦》里干脆还有一些独往独来的人物，与谁都挨不上，例如醉金刚倪二，在古董行的冷子兴等等。

总之，《红楼梦》里众多的艺术形象，其存在的形式是各不相同的，对这许多并非主角的艺术形象的思想内涵、存在形式，与其他艺术形象之间的关系、其相互所起的作用等等等等，如果能作一番系统的分析，整体的分析，那末，我想对《红楼梦》的研究，无疑将是一种新的极有意义的贡献。

　　周书文同志写了一本《红楼梦配角塑造艺术》，要我写几句话，我想我上面的一些想法，或许与他书里所写的不无关系，因此就写了出来，藉资谈助。

1987 年 10 月 28 日夜 1 时于京华宽堂

《红楼梦》韩文译本序

高丽大学的崔溶澈教授和翰林大学的高旻喜教授合作，把《红楼梦》译成了韩文本，这是红学史上的一件大事，也是两国文化交流史上的一件大事，值得庆贺。

《红楼梦》是一部世界一流的小说，它概括反映了康、雍、乾时代清代社会的各个方面，而尤其深刻生动地描绘了上层贵族社会的生活和矛盾。它对这一时期的政治、思想冲突也有深刻的反映。当然它反映的手段是文学的艺术的而不是直白的政治和思想。它对当时社会上人们最关心的科举制度和妇女守节问题，也作了生动而巧妙的批判，它对当时的社会道德和虚伪浮夸风气也有极生动的描写，甚至它利用小说人物的名字，也对社会投以讽刺，如卜世人（不是人）、单聘人（善骗人）、戴权（大权）等等。

但是《红楼梦》为人们提出来的最现实、最迫切也是最深刻的问题是人生问题、婚姻问题和妇女问题，而这三个问题又是密切相关的，也可以说是一个问题的几个方面。

曹雪芹笔下贾宝玉和林黛玉的爱情，写得多么有诗意而又多么生活化，贾宝玉、林黛玉对青春的眷恋和爱惜，对爱情的执着——执着到生死系之，对前途的憧憬，对理想生活的追求……这种种都牵动着读者的心，都让人们与他们息息相关；然而，由于不可抗拒的压力，这美好的青春，美好的人生，美好的理想，美好的爱情，一切都化为泡影，最后只好无可奈何地以悲剧结局，而这样的一个大悲剧，多么具有震撼人心的力量！

所以，曹雪芹虽然是写的二百多年前的古人，但至今他对每一个人物的描写，仍牵动着今人的心，牵动着不同地区、不同国家的人的心。因为人的命运都是有相同的一面的，因为人人都要经历爱情和生活的，人人都会有悲和喜的。特别令人赞叹的是，曹雪芹在二百多年前提出的人生问题和婚姻问题，至今还是现实的而不是过去的，这就非常值得我们来反复阅读《红楼梦》了。我相信韩国人民读了《红楼梦》，面对着书中人物的命运，也同样会产生理解和共鸣的。

但是，《红楼梦》是一部很难翻译的书，日本的松枝茂夫先生和伊藤漱平先生都曾与我说过这个问题，因为他们都用日语翻译过《红楼梦》，有切身的体会。现在崔溶澈教授和高旻喜教授当然也会经此难点。我与两位教授相识多年，我深知他们对《红楼梦》的研究是很有成就的，对《红楼梦》的理解也是很深的，因此他们是以红学研究专家的身份来翻译这部书的，所以他们自然会很理想地解除这些难点，取得非常理想的成果的。这也是韩国人民的幸运，当然也是中国人民的幸运，因为借重这个《红楼梦》的韩文译本，两国人民可以得到更深、更富有历史内涵的沟通了。如果曹雪芹地下有知，他也一定会感到欣慰和幸福，会深深地感谢两位教授的！

2007 年 7 月 27 日于瓜饭楼

《红楼梦》校注本三版序言

　　本书初版于 1982 年，至今忽忽已历二十五周年，发行量已逾三百五十万套。1994 年，当此书面世十二年的时候，我们曾修订过一次，改正了初版中的一些疏漏讹误，也吸收了红学研究上的新成果。现在距离上一次的修订，又已过了十三个年头。红学是一门最具群众性的学问，它拥有的研究队伍和读者，可能远比其他学科的人数要多得多。这十三年的过程，在红学的研究上，自然又有很多的收获，因此，我们决定再次进行修订。

　　记得 1975 年校订开始之初，我们曾为选用底本，进行过热烈的争论，最后决定采用乾隆二十五年的庚辰本（指底本的年代）为底本，现在看来，当时的这个选择是正确的。广大读者和研究者接受和认可这个本子就是最好的证明。同时，对庚辰本的研究不断深入，而且 1994 年齐鲁书社又出版了同样以庚辰本为底本而又汇集脂评的校订本，到 2006 年，作家出版社又出版了一种庚辰本的校订本，这说明庚辰本的真正价值，日益为学术界所认识了。我们作为首次大胆采用庚辰本为底本来校订《红楼梦》的学人，当然是欢迎的。《诗经·小雅·伐木》说："嘤其鸣矣，求其友声。"这种学术上的求同之心，是大家可以理解的。

我们注意到，新出的以庚辰本为底本的校本，尤其是 2006 年的作家本，大量采用了我们的校订成果，这是值得欢迎的。当时我们遵国务院古籍整理组组长李一氓先生之嘱，校记要精，只有重要的改动才作校记。这样做，一方面是为了方便读者的阅读，避免烦琐；另方面，也是为了降低书的定价，有利于读者购买。所以我们大量校改的文字并未出校记。遗憾的是，作家本的校者，并不说明他的校本上的校文，基本上是用了前人的成果，他把这些校文用黑体字排出，还在《校勘说明》里明确说："补改文字，一律用黑体，使之和原抄文字相区别，便于读者区分与比较。"这段话分明就是告诉读者，这些用黑体字排的文字，全是他新校出来的。而实际上这些用黑体字排的校文，有百分之九十以上是我们早就校出来的。这只要用人民文学出版社出版、中国艺术研究院红楼梦研究所的校订本一对就明白了。

我们的校订本，距今已二十五年了，当时用了七年时间才完成了这项任务。现在有的同志同样采用庚辰本作底本，大量采用我们的校文，这足以说明当时对底本的选择和校订文字的斟酌去取，是经得起时间的考验的，也为后来的校订者起了铺路的作用。

学无止境，学问是与时推移，日新月异的，红学也是一样。所以我们这次的校订，参阅了近十多年来的多种新校本和红学论著，自觉收获较大。这些收获，当然不是个人的，而是反映了红学研究的成果，应该看作是红学界的共同成果。

这次校订，计正文修订共 428 条，其中前八十回 407 条；后四十回 21 条；校记修订共 62 条，增加 28 条，修改 34 条，均在前八十回；标点修订共 87 条，前八十回 52 条，后四十回 35 条。注释修订共 203 条，增加条目 132 条，前八十回 118 条，后四十回 14 条；修改条目 71 条，前八十回 64 条，后四十回 7 条；凡例修订共 3 条。

以上是这次修订的总情况。

这次校订，校和注两方面都有相当的进展，这些都已包含在书里，不再一一列举。

这次参加校订工作的人手较少，主要是冯其庸和胡文彬、吕启祥、林冠夫四个人。冯其庸同志负责正文的校订，吕启祥同志负责注释的修订和增补，胡文彬同志正文和注释两方面的工作都参加，并且由他来承担校和注两方面的合成工作，林冠夫同志，考虑到他的身体，主要是请他参加讨论和商量去取。胡文彬同志合成后，最后由冯其庸同志统一审阅和修改定稿。由于第一道工序校和注都做得很认真，所以校注两方面的修改面和难度虽然较大，但质量却比以往有所提高。胡文彬同志的合成工作，负担很重，文字量也大，但做得非常认真细致。尽管恰值酷暑，我们还是尽心尽力尽快地完成了预期的工作任务。

当然，在这项工作启动以前，原校订组的副组长李希凡同志和我们四人，还有人民文学出版社的领导管士光同志和古典部的周绚隆同志曾一起开会商量确定这项工程，之后还分别取得了散处在各地的原校订组成员的同意。这也是促使我们四个人加紧努力的因素。

这里特别要谢谢陈熙中教授，他应我们的邀请，为我们写了几十条修订意见，都十分可贵。还有老友黄能馥老先生，重新为我们审定修改了有关服饰方面的注释，还有安徽的老友周中明教授，也曾来信关注本书的校订。

在整个校订过程中，任晓辉同志协助我们做了许多诸如查阅资料、复印稿件、递送信息等等的工作，使得这项工作得以快速有效的运转。

本书自初版以来，不断收到各地热心的红学朋友的来信来稿，有的是热情鼓励，有的是指出错误，对我们都有很大的帮助。最近，我们又收到河南新安县冯东先生的来信，他为我们细心地查出了错字、注码误差等等问题。还有河北的一位红友萧凤芝同志，他来信告诉我们《红楼梦》第四十七回庚辰本作"十月一"是对的。这是北方为已故亲人送寒衣的民俗节日，不能改作"十月初一"。我们请教了周围的老北京人和北方的朋友，都说至今仍有"十月一，送寒衣"的民俗，所以我们仍依庚辰原本作"十月一"。在此我们敬向以往所有在报刊上发表文章指谬商榷和来信来电的读者朋友表示衷心的感谢！

凡此，都说明，《红楼梦》的研究和校订，既离不开红学研究者，也离不开广大读者。《红楼梦》的修订工作，不会到此结束。我们希望今后能继续走专家和群众结合的路线，实事求是地将这部名著整理得更为完善。

红楼梦校注组

2007 年 8 月 13 日

《〈石头记〉古钞本汇编》序

　　1911 年，《石头记》古钞本戚蓼生序本由上海有正书局石印出版，这是《石头记》古钞本最早问世的一种。但当时研究《红楼梦》的人似乎对戚序本的问世，没有引起足够的重视。只有鲁迅在 1920 年撰《中国小说史略》的时候，引文全用戚本的文字，而不用当时最流行的程伟元、高鹗以木活字排印的《红楼梦》的文字，可见鲁迅先生已经注意到《石头记》古钞本的重要价值。但鲁迅先生的独具只眼，并未引起当时《红楼梦》研究者的注意，学术界对戚本的反应也不大。相反，胡适在 1921 年撰写《〈红楼梦〉考证》（改定稿）时，还说："程本所改的似胜于戚本"，"故程本一出即成为定本，其余各钞本多被淘汰了。"①

　　1927 年，胡适意外地买到了《石头记》甲戌本，到 1928 年 2 月胡适写出《考证〈红楼梦〉的新材料》。他在这篇文章里说："我们现在可以承认脂本是《红楼梦》的最古本，是一部最近于原稿的本子。"从这篇文章开始，《红楼梦》的古钞本脂砚斋评本才开始引起研究者的重视。到 1933 年 1 月，胡适又写出《跋乾隆庚辰本〈脂砚斋重评石头记〉钞

---

　　①　见《胡适红楼梦研究论述全编》，第 112 页，上海古籍出版社 1988 年版。

本》，指出"此本的底本出于戚本之前，除甲戌本外，此本在今日可算最古本了。"①由于胡适连续两次高度评价两部《石头记》古钞本，于是人们才知道在戚本和程本之外，还有《石头记》的更古的原始钞本在。从那时起，直到现在，《石头记》（有的称《红楼梦》）的古钞本不断有所发现。现将先后发现的这些古钞本列举如下：

一、《脂砚斋重评石头记》。简称"甲戌本"，1927 年发现，残存十六回。1949 年胡适带到台湾，后存美国康奈尔大学图书馆，今已为上海博物馆收藏。

二、《脂砚斋重评石头记》。简称"己卯本"，原为董康所藏，后归陶洙，存三十八回。1975 年，中国历史博物馆发现三回又两个半回的残本，合计共存四十一回又两个半回。后来陶洙又钞配了一部分，今藏国家图书馆。

三、《脂砚斋重评石头记》。简称"庚辰本"，八十回，其中六十四、六十七两回是早期钞配。原为徐星署所藏，后归燕京大学图书馆，现藏北京大学图书馆。

四、《戚蓼生序石头记》。简称"有正本"，八十回，1911 年上海有正书局石印。近来发现《有正本》的原底本，存前四十回，藏上海图书馆。

五、《戚蓼生序石头记》。简称"南图本"，八十回，藏南京图书馆。

六、蒙古王府本《石头记》。简称"蒙府本"，原八十回，钞配成一百二十回。1960 年发现，藏国家图书馆。

七、梦觉主人序《红楼梦》。简称"甲辰本"，八十回，1953 年发现于山西，现藏国家图书馆。

---

① 同前注，第 159 页。

八、杨继振藏本《红楼梦》。简称"杨藏本",一百二十回。原题《红楼梦稿本》,因此称不确,而此书原为杨继振藏,故用今称。1959年发现,现藏中国社会科学院图书馆。

九、舒元炜序《红楼梦》。简称"舒序本",残存四十回,吴晓铃原藏,今藏首都图书馆。朱南铣有影钞本,藏国家图书馆。

十、郑振铎藏《红楼梦》。简称"郑藏本",存二十三、二十四两回,郑振铎原藏,现藏国家图书馆。

十一、俄藏本《石头记》。简称"俄藏本",八十回,缺五、六两回,实存七十八回,俄罗斯科学院东方学研究所圣彼得堡分所藏。1984年中苏两国达成联合出版协议,由中华书局于1986年出版。

十二、卞藏本《红楼梦》。简称"卞藏本",存前十回及三十三至八十回目录。2006年在上海发现,原由刘文介藏,现归卞亦文收藏。

此外,尚有扬州靖应鹍藏本《石头记》,可惜出而复失。故现在实际存在的就是以上十二种。

以上十二种《石头记》或《红楼梦》钞本,均分藏各处,有的在私人手里,有的在国外(如俄藏本),有的则分藏在各处的图书馆里,甚至还有同一部书分藏在两个图书馆的,读者取阅极为不便。何况《石头记》(《红楼梦》)是我们国家的文化瑰宝,万一再碰到一些意外,造成不可挽救的损失,那问题就更大了,扬州靖应鹍藏本的出而复失就是一个现实的教训。[①] 为了保护国宝,也为了读者取阅研究方便,故由国家图书馆出版社发起,拟将以上各本依原样汇编影印,经报国家出版总署后,已将此项计划列入国家"十一五"出版计划。

此次汇编原则,只依原样汇编影印原书,有关研究文字概不汇入。原本中有的已经前人将该书某些残缺补钞,为使读者看到各书的今貌,

---

① 靖本问世后,未曾影印,故失落后便成消失,无法挽救。

所有前人的补钞，一概依原样收入，不加剔除。本编对以上各本也不作评价，因此项任务，是今后专家们长期研究的事情，本编只提供各钞本的真貌。

各本的序次，有纪年的如甲戌、己卯、庚辰等本，则各依年份序次，其中已无法考定具体年份的，只好适当编次，故各本的序次，并不代表其重要性的程度。

总之，此《〈石头记〉古钞本汇编》，其任务就是真实客观地影印原本，不附任何主观意见，敬请读者鉴察。

2009 年 9 月 18 日夜 12 时

红楼要籍解题

小 引

"红学"目前已经成为一门国际性的学问，国际红学研讨会已经开过两次，"红学"的其他国际交流方式，如相互访问，《红楼梦》文化艺术展览等等，也在不断进行。无论是国内或国外，都有一大批《红楼梦》的爱好者在研读《红楼梦》，他们需要了解研究，"红学"应该阅读哪些书籍？这些书籍本身有些什么值得注意的地方？昔南皮张之洞曾撰《书目答问》以为读者指南。鲁迅先生亦曾提出读《四库全书简明目录》，缘此类书，可以启示读者以门径也。今"红学"已广行天下，读《红》者甚众，而无"答问"之书以助读者，因不揣谫陋，草为《红楼要籍解题》，非敢自是，实冀少助于读者也。其有未尽善处，尚祈读者指正或予以补充，使其稍臻完善而有益于《红》友也。

本文拟分三部分：一、《红楼梦》版本部分。此栏列《红楼梦》乾隆以来所见知之重要抄本及重要刻本（包括评点本），其知而未见者，概予从略，盖未济于实用也。二、曹雪芹家世部分。凡与曹雪芹家世、交游有关之书籍或重要资料，皆予记述，以便"红"友检索。三、研究部分。凡后世治"红学"之重要专著,皆择要录入。然世之治"红"专著,古今中外,汗牛充栋,为便"红"友,要而不滥,以免心迷目眩,幸勿责其简陋。又,为取便"红"友,每种要籍,皆略作介绍,以提示此书与治"红"相关处。限于篇幅,只能短言,未敢放论,祈读者鉴谅。

《红楼梦》版本部分

甲　戌　本

此本全称"脂砚斋重评石头记",因在第一回第八页 B 面于"满纸荒唐言"诗后,有"至脂砚斋甲戌抄阅再评,仍用石头记"数语,故简称为"甲戌本。"

此本每面十二行,行十八字。第一页首行顶格题"脂砚斋重评石头记",第二行"凡例"两字,第三行起有"凡例"五条,为他本所无。"凡例"之末,有七律一首,诗前横书"诗曰"两字,此种款式,亦见于其他脂评抄本。诗云:"浮生着甚苦奔忙。盛席华筵终散场。悲喜千般同幻渺,古今一梦尽荒唐。漫言红袖啼痕重,更有情痴抱恨长。字字看来皆是血,十年辛苦不寻常。"此诗亦为他本所无。

此本原应是八十回,今残存十六回,计:一至八回;十三至十六回;二十五回至二十八回。胡适认为此本本来就只有这十六回,作者是跳着写的。按此说未可信。

此本现存美国康乃尔大学图书馆,为胡适所寄藏。1980 年 6 月,余赴美参加国际红学研讨会,会上曾展览此书,嗣后余曾借至寓所翻阅数日,并摄有照片。此本为乾隆竹纸,纸色深黄,墨抄书写端正,并有朱色批语甚多,且极重要,如:"雪芹旧有风月宝鉴之书,乃其弟棠村序也。今棠村已逝，余睹新怀旧，故仍因之。"（第八页 A 面眉批）此批使我们得知三事，一、雪芹有弟名或字叫"棠村"，曾为雪芹初作《风月宝鉴》作序。二、雪芹初作名《风月宝鉴》，此书可能是《红楼梦》的前身，从"睹新怀旧"句子可以得到线索。三、棠村先雪芹逝去。又如第八页 B 面眉批云："若云雪芹披阅增删，然后（则一庸按）开卷至此这一篇楔子又系谁撰？足见作者之笔狡猾之甚。后文如此处者不少。这正是作者用画家烟云模糊处，观者万不可被作者瞒弊（蔽）了去，方是巨眼。"按这段批语，直接指出文中"批阅增删"之说是作者故意模糊之词，且嘱咐"观者""万不可被作者瞒蔽了去"。又如本面眉批云："能解者方有辛酸之泪，哭成此书。壬午除夕，书未成，芹为泪尽而逝，余尝哭芹，泪亦待尽。每意觅青埂峰再问石兄，余（奈）不遇癞（癞）头和尚何，怅怅！"按这条批语，涉及雪芹之卒年，为壬午说者之主要依据。围绕着这条批语，红学界已展开了长期的深入的争论。总之甲戌本上批语甚多，其中有些重要批语是甲戌本所独有的，故此本虽然残存十六回，但它在《红楼梦》版本史上却占有重要的地位。

此本现知最早为大兴刘铨福藏。刘铨福字子重，其父刘位坦字宽夫，皆好藏书，晚清时人。此本有刘铨福跋语，极有见地。铨福之前为何人所藏则不得而知。另有刘铨福友人孙桐生的批语三十多条，孙字筱峰、小峰，四川绵州人，在批语中自署"左绵痴道人"。

此本之另一特点是版口下端署"脂砚斋"三字，亦为诸抄本所无。

又此本现存十六回中凡"玄"字皆不避讳，如第一回之"此乃玄机，不可预泄者"，"玄机不可预泄"，"户户弦歌"三处；如第二回之"悟道参玄之力"一处；第五回之"即可谱入管弦"一处，第六回之"使人头悬目眩"一处，共六处有"玄"字皆不避讳，这种完全不避"玄"字讳的情况，在其他十一种本子中均无。这一事实，对于研究这一版本，自当加以重视。

此本由胡适于 1927 年买得，1928 年 2 月，胡适写出《专证〈红楼梦〉的新材料》一文发表，为研究此本的第一篇重要论文。之后，这个本子一直由胡适私人收藏，直至 1961 年始在台湾影印出版，之后不久，上海中华书局上海编辑部遂据以影印。以后续有重印，目前此影印本已很容易买到。

己 卯 本

此本全称"脂砚斋重评石头记"。因书中第三十一至四十回之总目页上写"己卯冬月定本"，称此本为"己卯本"。此页又题"脂砚斋凡四阅评过"，故知此本为脂砚斋第四次阅评本。

此书原为董康所藏，后归陶洙。

此本原亦应是八十回，今残存一至二十回（其中第一回残起首三页半）；三十一回至四十四；六十一回至七十回，内六十四、六十七两回系抄配，实存己卯原本三十八回。1975 年，吴恩裕先生和我，又发现了原由历史博物馆藏的三个整回又两个半回的《石头记》旧抄本，就是己卯本散佚出来的部分，这样，己卯本实存四十一个整回又两个半回。

此本是乾隆竹纸，纸色已呈深黄色，与"甲戌本"、"庚辰本"用纸相同。

此本开头有"护官符下小注"贴条及"昌明隆盛之邦"贴条。现残存之第一回从"只以观花修竹，酌酒吟诗为乐"起，此前三页半文字全失。现有之三页半文字是陶洙抄补。

此本每面十行，行三十字，其行数与庚辰本完全一样，每行之起讫，及中间之空白等均同，甚至不少错别字亦相同。

此本避"玄"、"禛"、"祥"、"晓"诸字的讳，前两字是避康熙、雍正的讳，是当时的国讳，后两字，经吴恩裕同志和我考证，是避怡亲王允祥和弘晓的讳，后来我在北京图书馆又发现了怡亲王的藏书书目；《怡府书目》，在此书目上也同样避"祥"、"晓"字讳，这个书目还盖有"怡亲王宝"和"讷斋珍尝"、"怡王讷斋览书画印记"等三个图章，这更确切地证实了"己卯本石头记"，确是怡亲王府的抄本。怡亲王弘晓和曹雪芹是同时代人，他生于康熙六十一年（1722 年），比曹雪芹小七年，他死于乾隆四十三年（1778 年），比曹雪芹晚死十五年。按据现存的"甲戌本"可知乾隆十九年（1754 年）已有抄写工整的《石头记》抄本流传。己卯是乾隆二十四年（1759 年），"己卯本"是脂砚斋四阅评过本。那末怡亲王府在抄录此四阅评本时，必然只能在己卯年以后。

在现有的十多种《石头记》（包括署名《红楼梦》的）早期抄本中，只有这个"己卯本"，考出了它的抄藏主人是怡亲王，这对研究《红楼梦》的抄本和它的早期流传情况，都是很有意义的，特别是曹頫在被抄家以前的雍正二年（1724 年），雍正朱批说："你是奉旨交怡亲王传奏你的事的。诸事听王子教导而行。你若自己不为非，诸事王子照看得你来……除怡王之外，竟可不用再求一人托累自己。……若有人恐吓诈你，不妨你就求问怡亲王。况王子甚疼怜你，所以朕将你交与王子。……"从这段朱批里，可以看到曹家已面临山雨欲来的形势（当时雪芹舅祖李煦已被抄家，全家家破人卖），另一方面，也可看到曹家与怡亲王的特殊关系，则由此可想怡府所抄《石头记》底本与来源，极有可能直接借自曹家，如果真是这样，那末，这个"己卯本"确实就显得弥足珍贵了。

现存"己卯本"上正文下的双行小字批，共计717 条，与庚辰本对照，完全一样，只差一个字。但"己卯本"上却无己卯年的朱笔眉批，这些眉批倒被庚辰本过录下来了，这其间究竟是什么原因，还有待于大家深入研究。

现"己卯本"原抄本藏北京图书馆，后发现的三回又两个半回藏中国历史博物馆。1980 年，上海古籍出版社出版绢面线装影印本，后又出版影印平装本和精装本，已将后发现的三回又两个半回合在一起且基本剔除了陶洙过录的文字，颇便阅读。

庚 辰 本

此本全称"脂砚斋重评石头记"。因在后半部的回目总目页上有"庚辰秋月定本"字样，故简称此本为"庚辰本"。

此本八十回，现存七十八回。缺六十四、六十七回。系乾隆竹纸，纸色深黄，与"甲戌本"、"己卯本"相同。

此本每面十行，行三十字，抄写行款，与"己卯本"完全一致。"己卯本"每十回装一册，有一页十回的总目，"庚辰本"与"己卯本"全同。特别是现存"己卯本"的回目与"庚辰本"的回目也完全相同。尤其是"己卯本"第十一至二十回的总目只有八回，而"庚辰本"也同样只有八回。再有"己卯本"第二回回目中扬州的"扬"错写作"杨"，"庚辰本"也是如此，到第十四回"己卯本"改正为"扬"，"庚辰本"也同样改为"扬"。第六十二回回目的下句"己卯本"把"石榴裙"写作"柘榴裙"，"庚辰本"也同样错作"柘榴裙"。又如"己卯本"十九回第三面第二行在"小书房名"的"名"字下空了五个字的空白，在"想那里自然"句下有大半行空行，形成一行大空白，这种情况，到"庚辰本"里也同样如此。更奇怪的是五十六回正文之末，"己卯本"加上了一句"此下紧接慧紫鹃试忙玉"一行小字，显然这是给下面接抄者的提示，不是《石头记》的正文，恰恰就是这一行小字，也同样保留在"庚辰本"五十六回的同一位置。总之，"己卯"、"庚辰"两本抄写款式及抄写文字上的特殊相同之处甚多，此处不能一一列举（请参见拙著《论庚辰本》，上海文艺出版社出版）。

"庚辰本"在第十二回前无朱笔眉批、旁批，也无正文下双行小字批；第十二回起，有朱笔眉批、旁批及墨笔双行小字批。此本批语较多，且有许多重要批语，如第十三回第二面眉批云："树倒猢狲散之语，全（今）犹在耳，屈指三十五年矣，哀哉伤哉，宁不痛杀！"此回末又有眉批云："读五件事未完，余不禁失声大哭，三十年前作书人在何处耶？"又回末评云："通回将可卿如何死故隐去，是大发慈悲心也，叹叹，壬午春。"第十六回眉批云："大观园用省亲事出题，是大关键事，方见大手笔行文之立意。畸笏。"第二十回眉批云："茜雪至狱神庙方呈正文，袭人正文标昌（目）：花袭人有始有终。余只见有一次誊清时与狱神庙慰宝玉等五六稿，被借阅者迷失，叹叹！丁亥夏，畸笏。"第二十二回眉批云："凤姐点戏，脂砚执笔事，今知者聊聊（寥）矣，不怨夫！"又同回末另页墨批云："此回未成而芹逝矣，叹叹：丁亥夏畸笏叟。"第七十五回前增一空页，上书："乾隆二十一年五月初七日对清，缺中秋诗，俟雪芹。"诸多此类的评语，在书中还有不少，这些批语，显然对《红楼梦》的研究，具有头等重要的意义。

此本原为徐星署所藏，后归燕京大学，现藏北京大学图书馆，1955年由文学古籍刊行社影印出版过，近年又由人民文学出版社影印出版。

在《石头记》的早期抄本中，这个本子是抄写年代较早而且最完整的一个本子，对《红楼梦》研究具有特殊重要的意义。

戚蓼生序本《石头记》

此本原为乾隆时戚蓼生所藏。戚蓼生字晓塘，又字彦功，浙江德清人，乾隆三十四年（1769 年）进士，他中进士的年代，距离雪芹逝世，只有六年，则可见他与雪芹曾有一段时间同代。他中进士后，在京任刑部主事、郎中等职，到乾隆四十七年（1782 年）始离京出守江西南康府。戚蓼生所藏的这个本子估计是他在京之时所得，故这个本子也是一个早期抄本。戚蓼生曾为这个本子写了一篇序，冠于卷首，故此本又简称为"戚序本"。

但这个本子最大的特点，是经过加工整理过了，全书共八十回。在上述这三个本子残缺的部分，戚序本一律都补上了，就连六十四、六十七两回，"己卯""庚辰"两本都标明此两回缺（按；现在所见"己卯本"上此两回是后来武裕庆所抄补），到了戚本，也已补齐，十九回"小书房名"原有的空行，此本也一气写下，不留痕迹，第二十二回的结尾，此本也已补齐了。按戚蓼生卒于乾隆五十七年（1792年），此年是壬子，上年为辛亥，则正是程伟元、高鹗所整理的木活字本第一版（今称"程甲本"）已经行世，第二版（程乙本）亦将或亦已行世的时候。由此可见，戚蓼生序的这个整理本，从时间上说，要早于程、高本。这个整理本的回后加了不少题评的诗、词、曲、散，还有眉评、正文下双行小字评，其中包括了大量的脂砚斋原评。至于这个本子究为何人所整理，目前还无从查考。

由于这个本子虽经整理，但其正文基本上仍是脂评本原文（有小的差异），而又包含了不少脂评，回前、回后的题评，也有一部分是脂评文字，它不像程、高整理此书时，将脂评全部删去，并大量删改小说正文。所以这个本子，仍是脂本系统一个重要的早期抄本。戚蓼生所作的序文，也是一篇极好的评《红》文章。其见解至今仍为不刊之论。

此本于民国元年由上海有正书局石印出版，题为《国初抄本原本红楼梦》，这里所说的"国初"，是指清代"国初"，因其筹备付印工作，作于清末。此本初印本是大字本，后来有正书局又印了一种小字本，即用大字本剪贴缩小。现在已有人民文学出版社重印的大字本，较易购得。

此本的底本，原来一直认为已毁于火，近年忽然发现了一至四十回的底本，现藏上海图书馆。

附：南京图书馆藏戚序本《石头记》，与有正本完全一样，只有几个字的差异，故无需另作介绍。

蒙古王府本《石头记》

此本于 1961 年春由北京图书馆收藏，共装四函，用专印的中缝上端有"石头记"三字的纸张抄写，连史线，朱丝栏，每面九行，行二十字，书法较端正。此书卷首有程伟元序，抄写甚拙劣，显系后来据程本抄配。总目首行题"石头记目"，每册十回，前八十回共八册。八十回以后回目亦系抄配，用的是白纸，没有朱丝栏，字迹亦与前不同，显然不是一起抄下来的。

此本系出自清蒙古王府后人之手，所以称"蒙古王府本石头记"，或简称"蒙府本"。

此本第一回首行无书名题记。

此本正文与戚本大同而有小异，正文下有双行小字批，旁有行间批。第一回前无总评，回末有总评，第二回前有评，回末有"总批"，以后大体回前回后都有评，其文字均与戚本同。

此本批语总数 714 条，其中有 106 条见于其他早期脂本，系脂砚斋所评，其余 608 条为蒙府本所独有。这些独有小批语，有的研究者认为是脂批，但有的研究者已指出不是脂批，是后来阅读者的批语。

蒙府本的底本是庚辰本，研究者们早已指出，这里再举数例：

一、蒙府本十八回"太监出来只点了四出戏"下"第四出离魂"下双行小字批云："伏黛玉死，所点之戏剧伏四事，乃牡丹亭中通部书之大过节大关键。"这段批语，与庚辰本完全一样，一字不差。然而，这段批语是错乱的。看己卯本的文字便可一目了然。原来己卯本这段批语是两段话，第一段是"伏黛玉死，牡丹亭中"，这八个字直写，每行四字，刚好是双行的两行，然后抄写者在双行行末的中间加一"0"以隔断下面的文字，再从"伏黛玉死"四字下接写"所点之戏剧伏四事，乃"至此再回上去另行紧接"牡丹亭中"下写"通部书之大过节大关键"。这样的上下两段批，抄写者不注意中间隔断的这个"0"，就很容易先从右边一行一气直下，写成"伏黛玉死，所点之戏……"这样根本不通的文字了。这样的错乱是从庚辰本开始的。己卯本并没有错。现在蒙府本与庚辰本错得一模一样，这只能说明它所据的底本就是庚辰本的底本。另外这段批语所说的"所点之戏剧伏四事"这句话，并非是针对第四出"离魂"说的，而是概括整个四出戏即"豪宴"、"乞巧"、"仙缘"、"离魂"而说的，是总批点明这四出戏的用意，所以它确是与上文的批不能连接成文的。这段两本相同的错乱批语，恰好是蒙本因袭庚辰本的铁证。

二、蒙府本第十七回贾政游园，有"石桥三港"一句，这句文字，与庚辰本全同。然而也是错的。看己卯本，这句的文字，恰好第三个字蚀损了，只剩下"夸"几笔，实际上就是"跨"字残损掉左半边"足"字和右半边的下部弯勾（勹），故己卯本上又用朱笔，补描成"跨"字。如果说己卯本上还有迹可寻的话，那么庚辰本上就以讹传讹，将这残损的右半边写成了"三"字了。那末这个"石桥三港"的最早的错，也是错在庚辰本。由此我们也可看到蒙本确是与庚辰本有着渊源关系的。

三、第一回石头与僧道的对话，对照甲戌本，可知庚辰本抄漏了一大段文字（己卯本此处已全佚，无从对照），而蒙府本同样也抄漏了一大段文字，而且错得与庚辰本一模一样。

这样的例子还可举出许多，为省篇幅，就不再一一列举了。总之，蒙府本的祖本是庚辰本这是很明显的。

然而，蒙府本并不是径直照庚辰本抄录，仅仅是在抄录中有错漏，而是在庚辰本的基础上，进行了较大程度的补缀和删改，这些情况，略同戚本。但它与戚本还有区别，一是蒙府本应早于戚本，例如前述"离魂"下错乱的双行小字批，到戚本就改正过来了。二是戚本在蒙本的基础上，又有若干改动，所以我们不能把蒙本和戚本完全等同。

现在蒙府本已有北京书目文献出版社的影印本，颇便研读。

乾隆抄本百廿回《红楼梦》稿

此本于 1959 年发现，由中国社会科学院文学研究所收藏。此本首由秦光第次游题"红楼梦稿本，佛眉尊兄藏，次游签"，下有"次游"一印章，复有"文云秘笈"一印章。次由杨继根又题"红楼梦稿，己卯秋月，董董（此二字草书，很难辨认，是否是'董董'尚难定论）重订"，下盖"又云印□"一印章，第三页题"兰墅太史手定红楼梦稿百廿卷，内阙四十一至五十卷，据摆字本抄足，继根记"，下盖"又云"一印章，第四页由于源题"红楼梦稿，咸丰乙卯古花朝后十日，辛伯于源"，下盖"于源私印"一印章。此外，第二、三页上，尚有杨继根的"猗欤又去"、"江南第一风流公子"等印章。

此书共一百廿回，抄本。前八十回是脂本系统的本子，后四十回是程本系统的本子。

但在前八十回中，一至七回是据己卯本所抄，其文字都同己卯本。按现存己卯本已残剩四十一回又两个半回，第一回开头残三页半。现存的文字是从"只以观花修竹，酌酒吟诗为乐"开始的，因此我们已无法看到己卯本的开头三页半的文字。现在既然可以确证此本的开头七回是据己卯本过录的，那末，这部分对己卯本的研究就更有用处。

此本第八回至八十回，据专家研究，是脂本系统的拼合本。也就是说，并不是据一个本子过录下来的，因为这部分是出自脂本系统，又因为这部分无论是回目或正文都有与其他脂本不同的地方，甚至有些异文还优于其他脂本，所以很值得重视。

此本的后四十回，红学界有不同的看法，一种认为它是程高本付印以前的稿本，不是定稿本，第七十八回写的"兰墅阅过"是可信的，这四个字也是高鹗的手迹。换句话说，这是程高系统的第一个稿本，故此抄本开首的题签都称"红楼梦稿"是可信的。

另一种意见，认为后四十回，其中一部分是程乙本，共二十一回，另一部分共十九回，它既非程甲本也非程乙本，是来自一个特殊的底本。它的文字简练而又通畅，不是因为删节，而是原文就是如此。这说明在程高排印本之前，早已有八十回后的文字存在了，所以由此可见说高鹗续作后四十回是不妥当的。既然这个本子不是高鹗的稿本，那么这个本子称"红楼梦稿"就不符合事实。确切的名称应该称杨继根"旧藏本红楼梦"。简称"杨本"。因为这个本子根本不是高鹗的稿本，所以七十八回上"兰墅阅过"这四个字，也不是高鹗的手迹（参见林冠夫《谈杨本》一文，《红楼梦研究集刊》第二辑，上海古籍出版社出版）。

又这个本子缺四十一至五十回的十回，现在这部分文字是杨继根据程甲本抄补的，这在开头杨继根的题记里已有说明。

又这个本子已称《红楼梦》而不称《脂砚斋重评石头记》或《石头记》了，这在《红楼梦》旧抄本中，也是十分值得注意的。

这个本子现有上海古籍出版社出版的影印本。还有香港潘重规先生对此本的核定本《核定本红楼梦》。

列宁格勒藏本《石头记》

此本现藏苏联科学院东方学研究所列宁格勒分所图书馆，系道光十二年（1832 年）流入俄京。我于 1984 年 12 月与周汝昌、李侃两位同到列宁格勒鉴定此抄本，并与苏方进行谈判，达成了双方合作、由我中华书局出书的协议。

此本共三十五册，八十回，中缺五、六两回。线装，有包角。抄本用的是清代常见的竹纸，纸色浅米黄，纸质似不够薄净光洁，比起"甲戌本"、"己卯本"、"庚辰本"等乾隆抄本的纸质和黄脆程度来，似都显得"新"一点，纸质比较粗糙。

这个抄本的底本是属于脂砚斋评本，这是无可怀疑的。一是这个抄本的正文，用脂评系统的"庚辰本"、"甲戌本"等，可以大致检核出来；二是这个抄本上的某些残缺处，也可以从"庚辰本"上查到根据，如抄本第二十二回末尾只到探春的灯谜"前身色相总无成，不听菱歌听佛经，莫道此生沉黑海，性中自有大光明"为止，以下残缺。查"庚辰本"此回正文，与此抄本残缺的情况完全一样；三是抄本上还保留着脂砚斋的批语数十条，这些批语，大多还可以从"庚辰本"、"甲戌本"等脂砚本上找出来。由此可见，此抄本确是出于脂本系统的。

这个抄本的批语，包括眉批、正文下双行小字批、正文旁夹批，大约共有三百余条，眉批和夹批是后人的批语，正文下的双行小字批，则当是脂批旧文为多，现举七十九回（包括八十四）数例如下：

> 亏得这样情性，可谓奇之至极。（正文。下同）
>
> 别书中形容妒妇，必曰黄发鬈容，岂不可笑。
>
> （批语。下同）
>
> 只因七事八事，都不遂心。
>
> 草蛇灰线，后文方后不见突然。
>
> 按：第二个"后"字是衍文。
>
> 说着满屋里人都笑了。
>
> 王一贴又与张道士遥一对，时犯不犯。

　　　　按："时"应作"特"。

王一贴心有所动。

　　　　四字好，万端生于心，心邪则意在于财。

　　　　　　按：末句似应作"心邪则意邪"，"庚辰本"

　　　　作："心邪则意射则在于邪"。亦误。

便骂我是醋汁子老婆拧出来的。

　　　　奇文奇骂，为迎春一哭，又为荣府一哭，恨薛蟠何等刚

霸，偏不能以此语及金桂，使人忿忿。此书中全是不平，又全

是意外之料。

以上所举各例，都见于"庚辰本"同回，文字小有歧异，可以互校。即

此，不仅可证批语确系脂批，亦且可证正文实为脂本文字。

　　此抄本抄定年代，据十七、十八回已分开。十九回已有回目，十九

回"庚辰本"于：

　　　　因想，这里素日有个小书房，名□□□□□内曾挂着一轴

美人，……

这段文字内有五个字的空白。现此抄本尚残留两个字的空白。又"庚辰

本"于此下一行"曰这般热闹，想那里自然"以下，有二十字的空白，

此抄本已全抄满，不留空白。据此，则可知此抄本所据底本，似当晚于

"庚辰本"，而其抄定之时间，据纸质纸色均不及"甲戌"、"己卯"、

"庚辰"各本，则最早似不能早于乾隆末年（乾隆五十年到六十年，公

元1785—1795年），最晚不能晚于道光初年（道光元年到道光十年，公

元1821—1830年），或当在嘉庆年间最为可能（公元1796—1820年）。

　　此抄本另一重要特点，是六十四、六十七两回不缺和七十九、八十

二回未分开。目前国内各本第六十四、六十七回有的保留着残缺，如"己卯本"、"庚辰本"（己卯本上现有六十四、六十七回是后人抄补的，"庚辰本"上此两回仍缺，现在影印本上是借别本补的）；有的则已补齐，如"戚本"、"王府本"等等。经初步考查，此抄本的六十四、六十七回，或亦出于"戚本"系统，至于七十九、八十回两回未分开这一情况，为各本所无，至今还是《石头记》抄本中仅见之现象。大家知道，曹雪芹当年创作《石头记》，并不是按回目逐回撰写的，而是下笔一气写出好多文字，然后"纂成目录，分出章回"，因此这未分章回，未纂目录的本子，自然就绝大可能是早期的本子（指其所据底本而言）。检之"庚辰本"，这两回已经分开，只是八十回尚无回目，则可见"庚辰本"这两回又似乎当晚于此抄本。由此可以想象，此抄本底本的若干部分，应是早于"庚辰本"（这部分所占比重不大，现在还只能确指七十九、八十回），而其余部分，则当晚于"庚辰本"。也即是说，此本在抄写之时，所借底本，有可能是借用几种抄本合成的，否则就难以解释以上这种矛盾现象。

此抄本所用衬纸，是清高宗的《御制诗》第四、第五两集。按《御制诗》第四集刻成于乾隆四十八年（1783年），第五集刻成于乾隆六十年（1795年），则此衬纸，当系重装时衬入，其重装时间，必在嘉庆末道光初。总之。当在其抄毕装成后相当一段时间内再行重装，则其时必已晚于乾隆六十年甚久，否则，庶民抄书装书，岂敢犯封建皇帝之"天威"！

此本重装之证据，一为检视抄本，尚可见残留装订线之洞眼；一为第二十六回末，有一行批语：

此下在十篇之后，误订，今挪正。

此外，尚有第六十五回被分装在第二十九册、第三十册和第三十一册这三册内，以上三种情况，皆足证明此书确经重装，无可疑议者。

此抄本所据底本既系脂本旧文，且其中部分还保存早期未分回之初状，抄本正文虽颇有脱漏，然亦甚多可以与其他脂本对核，足以补其他脂本之钞误钞漏者，因已弥足珍贵矣。

此抄本今已由中苏合作，由中华书局影印出版，其中错装各回，均已订正无误。此本于道光十二年（1832 年）流入俄京，至 1985 年重归故国，其间共历一百五十二年，实为红学史上之佳话。

作者附记：本文只写完了版本部分，后面的部分因故未写。

1988 年 12 月 14 日

怀旧空吟闻笛赋

——《红楼梦》新校注本 25 周年纪念
座谈会上的发言

新校注本《红楼梦》自初版至今，已经二十五周年了。如从开始校注至今，则已三十二年了。这三十多年的过程，好像只是一转瞬间，但是，这一瞬间，已经有好多位领导和参预这项工作的同志作古了，当我们纪念这部书出版 25 周年之际，更增加了对他们的怀念。

本书最早动议和立项，都是袁水拍同志倡议的，后来经国务院文化组批准，即由水拍同志任组长，由李希凡同志和我任副组长。不幸水拍同志已过世多年了，但没有他的倡议，这项工程是不可能启动的。

本书的校注过程，迭经风浪，一种风浪是当时正值"四人帮"垮台前后，"四人帮"一垮台，就谣言蜂起，说校注组是"四人帮"搞的，要取消校注组。我当然不能同意，而且这个校注组成立的全过程我十分清楚，与"四人帮"没有关系。当时谣言沸腾，因此刘梦溪、沈天佑两同志出于关心，恳切地劝我回去罢，不要再受这种冤枉气了。当时大部分同志都已经由于本单位工作需要而调回去了，留在小组的还有我和林冠夫、吕启祥、沈天佑等几位。我考虑如果我们几个人真的回去了，就造成事实上的"四人帮"垮台，红楼梦校注组就解散，等于是坐实了谣言。所以我决定不走，其他几位同志也留下。但这种无形的谣言不断。幸亏在这最困难时期，我请示研究院的书记苏一平同志，苏一平同志非常明确地表示支持我们继续搞下去，把这个工程完成好，不要理睬那些毫无根据的谣言。这样我心里有了底。正在这时，进驻文化部的军代表华山同志碰到我，说：你们是否回去？我说：回去当然可以，但我们是由国务院文化组出具文件把我们借调来的，如果要回去，也得有国务院文化组的文件说清楚情况，我们才好回去向组织上交待。他一听就说，那就不要回去了。在此之前，华山同志还曾提出过，现在正是批《水浒》很紧张，所以《红楼梦》的事想先停一停。我说我们这些人都是研究《红楼梦》的，对《水浒》并未深研，所以也不能去搞批《水浒》的事。这样华山同志就同意我们继续校注《红楼梦》。"四人帮"垮台后，贺敬之同志出任文化部长，我向贺敬之同志汇报工作，并请示有关《红楼梦》的校注工作。贺敬之同志立即明确地说：《红楼梦》的校注工作不能停，相反还要加紧。这项工作与"四人帮"没有任何关系，那些谣言没有用。由于贺部长十分明确的答复，这件事就算稳定下来，一直到完成。所以当着纪念此书的出版二十五周年的时候，我们特别要怀念水拍同志，是他为此书的校订立了项，才可能有后来的成果。可惜此书出版时，他已经不在了。还有当谣言蜂起的时候，多亏苏一平同志一直坚定不移地支持这项工作，可惜他现在也已不在了，但我们永远不能忘记他的支持。特别是要感谢贺敬之同志，没有他的最后一锤定音，此书也很难顺利完成，幸好贺敬之同志健在，我要感谢他并祝愿他健康长寿。

此书在快要完稿的时候，我院创办了"文化艺术出版社"，当时筹建出版社的几位领导多次找我，要我将书稿交文化艺术出版社出版，他们是出于维护文化艺术出版社和研究院的利益，他们的想法是可以理解的，但却给我出了一个难题。因为校注工作开始之初，就说定由人民文学出版社出版，出版社提供了影印庚辰本作为底本，又派了责编王思宇同志多次参加会议，因此在我们的思想中从未想到过要给别的出版社，更从未想到过个人利益，现在文化艺术出版社的领导提出了这个问题，我感到十分为难。但我不能不守信用，不能不顾已经与人民文学出版社约定的事实。所以我不能接受他们的要求。后来他们又提出私下给我个人很大的好处，希望我把稿子交给他们，这使我感到更加不能这么做，我也明确地谢绝了。后来实在无法了，我提出由领导出面与人民文学出版社协商，如果你们商量妥了，人民文学出版社愿意放弃，那我就听领导的。但他们又不同意出面，说稿子是作者的，由我代表作者（指校注组）就可以了，这我当然不能这样做。不久，又告诉我此书由文化艺术出版社出，中宣部林默涵副部长已经批示。我说有默涵同志的批示，当然就好办了，请你把默涵同志的批示给我。他说没有书面的批示，是口头说的。我说那不能算，我自己去找默涵同志，我向默涵同志详细地汇报了此书校订开始就有人民文学出版社参预，他们提供了底本、参预了会议，并一开始就明确由人民文学出版社出版的情况。默涵同志听了我的汇报，立即就说："我同意你的意见，还是应该给人民文学出版社出，你坚持的意见是对的。他们向我说起这部书稿时，没有说这些情况，所以我同意了。现在全面了解了情况，还是应该守信用，讲原则，不能拿回来。"默涵同志还答应由他去告知文化艺术出版社，不要再让你为难。这样，这个问题算终于得到解决。有关这个问题，我也征求过希凡同志的意见，希凡同志也是明确地说：不能拿回来。我征求启祥、冠夫的意见，他们也说不能拿回来，所以当时也并不是我一个人不同意拿回来。

出版社领导和院部分领导，也是出于好意，这我能理解。但我坚持不能这样做，也完全不是为自己，这大家也是清楚的。

此书出版后，所得稿费，百分之六十上交，百分之四十分给大家。连续工作七年的拿250元，其他拿200元或更少一点不等。这个事实说明所有参加工作的同志都不是为了个人得什么利益，而是为了完成一项事业。

以上所讲的还不是校注工作本身，至于校注工作本身，也是困难重重。当时最有争议的是选择底本的问题。我主张用庚辰本，但有的同志主张用戚本或别的本子，为此事有争议。这个问题是事关全局的根本性问题，底本选错了，下面的工作就会受很大的影响。我们最初印的征求意见本，就是以"庚辰本"为底本的，但我心里总不踏实，恰好碰到"四人帮"垮台，小组工作有一段时间陷于停顿，我利用这一段时间，写了《论庚辰本》一书，全书十万字，先在香港《大公报》全文连载，接着就由上海文艺出版社出版。此书出版后，反响很大，虽有少数不同意见，也是在庚辰本与己卯本的关系问题上，不是在对庚辰本的评价上。这样我心里对以庚辰本为底本算是踏实了。小组的同志意见也一致了。这以后我们就开始了正常的校订工作，这项校订工作，是以庚辰本为底本，参以其他十余种脂本，进行校订。在校订中，也时有争论，这恰好是这个本子能校订得较好的原因，因为有了不同意见，就好仔细斟酌，去取得当。此书从初校至今，25年来，文字上无大差错，正赖当时有不断争论的原故。

在注释问题上，困难同样很大，因为它涉及面太广，而以往又没有一个精注本。这项工作是由陶建基同志负责的，参加的人最初有沈天佑、孙逊、吕启祥，后来有朱彤、张锦池、丁维忠等同志，其中多数同志都先后回去了，就由留下来的三位继续干。陶建基同志年纪大了，丁维忠同志调来较晚，所以吕启祥同志实际承担的任务很重。记得为了注释《红楼梦》里妇女的服饰和佩饰，曾到故宫珍宝馆去参观实物，为了了解清前期满族的风俗习惯，曾请教过启功先生，关于医药方面，经常请教的是巫君玉医师，瓷器方面曾请教过故宫专家冯先铭先生。我还记得在本院图书馆的会议室，我们开过一次关于注释的会，经再三商讨，每条注释力求找到典故或史料的最早出处，这样，在原有的基础上又作了进一步的努力。使全书二千多条注释基本达到了要求。

此书从初版至今，根据人民文学出版社的报告，已发行了三百余万套，这是一个相当大的数字。由于此书的出版，也使我们的红学研究有了一个坚实的基础，加上在这之前已有中国红楼梦学会的诞生，有《红楼梦学刊》的创刊，不久又有《红楼梦集刊》的创刊，这样就形成了红学研究的一番新气象，红学界也形成了大团结的局面。二十多年来，红学历经风雨，至今不断，但红学研究的基本队伍未能动摇，而长期以来一些不可靠的观点，如"丰润说"以及喧嚣一时的"揭秘"之类，却已基本上得到了澄清。

面对着此书出版二十五周年纪念，我更加怀念我们风雨同舟的同志们，特别怀念已故的许多同志，如前面提到的袁水拍、苏一平同志，还有校注组已故的同志：陶建基、徐贻庭、朱彤、祝肇年、沈彭年、顾平旦同志。当时的顾问有吴世昌、吴恩裕、吴组缃、启功、周汝昌先生等五位，前四位也都去世了，另外为此书撰写过注释条目的王雪苔、江辛眉、朱家潜、巫君玉、杨廷福诸先生也已作古了。尤其是对此书校点注释工作提过不少重要的意见并给我写过不少书面意见的叶圣陶、叶至善先生也已先后作古了。

特别是此书刚出版，国家古籍整理组的领导李一氓老先生就为此书写了书评，并称赞此书的校注繁简得宜，"可为定本"。这是对我们全组工作人员的莫大鼓舞，不幸李一氓先生也已作古了。我敬向以上已故的许多同志表示深切的怀念，并向校注组健在的同志致以亲切的问候，可惜有几位同志因事或因病未能到会，更加增加了我对他们的思念。刘禹锡的诗说"怀旧空吟闻笛赋"，我现在深深体会到了他的情怀。

学问是无止境的，红学也是无止境的，希望在若干年后，再进行一次校订，使此书更趋于完善。我已经进入虚龄八十五岁了，我的回忆，可能有错忆和疏漏，如有错忆，敬请指正并予原谅。

2007 年 2 月 14 日

后 记

收在这本集子里的文章跨度很大，最早是上世纪七十年代写的，最晚是现在不久前发表的。这些文章，除少数错别字或其他笔误和错排，加以改正外，都是发表时的原样，未再作修改。

编排次序，只是将内容大致相近的编在一起，以便阅读，如果按时间先后编，文章内容的跨度就更大，阅读更不便，所以也就作如此处理了。

谢谢朱玉麒教授为本书作了终校，改正了不少以前未发现的差误。

宽　堂

2009 年 12 月 25 日

2011 年 4 月 18 日再记